Datenbasen
Datenbanken
Netzwerke

Praxis des Information Retrieval
Herausgegeben von Rainer Kuhlen

Band 2 Konzepte von Datenbanken

K · G · Saur
München · New York · London · Paris 1979

CIP-Kurztitelaufnahme der Deutschen Bibliothek

Datenbasen, Datenbanken, Netzwerke : Praxis d. Information Retrieval / hrsg. von Rainer Kuhlen. — München, New York, London, Paris : Saur.

NE: Kuhlen, Rainer [Hrsg.]

Bd. 2. Konzepte von Datenbanken. — 1979.
ISBN 3-598-10034-5

Druck: Pera-Druck KG, Gräfelfing
Binden: Thomas-Buchbinderei GmbH, Augsburg
Printed in the Federal Republic of Germany
ISBN 3-598-10034-5

Inhaltsverzeichnis

Vorwort

Was sind Konzepte von Datenbanken? Das Gebiet des Information Retrieval ist nicht zuletzt aus terminologischen Gründen heikel, da verschiedene Fachdisziplinen ihre Zuständigkeit dafür reklamieren. In diesem zweiten Band des Sammelwerks zur Praxis des Information Retrieval wird die informatische Komponente stärker betont. In der Informatik sind Begriffe wie Datenbank, Datenbasis oder Netzwerk wohl definiert. Dokumentare gebrauchen diese Begriffe ebenfalls, wenn auch - und dies ist entscheidend - mit anderem Interesse.

Dokumentaren, die Datenbasen durch ihre Auswertungstechniken erstellen und die Datenbanken im Retrieval nutzen wollen, ist die logische und physikalische Organisation der Daten in verschiedenen Komponenten der Datenbank in der Regel gleichgültig oder unbekannt. Sind Datenbasen der Rohstoff des Information Retrieval, so sind Datenbanken die organisierte Darstellung der die Information repräsentierenden Daten. Die Organisation der Datenbanken ist abhängig von dem jeweils zugrundeliegendem Datenmodell. Datenmodelle, Konzepte von Datenbanken, sind in der Dokumentation bzw. in der angewandten Informationswissenschaft kaum als theoretische Aufgabe bewußt. Und doch hat das jeweilige Konzept der Datenbank entscheidenden Einfluß auf die Repräsentation und Wiederfindung der Daten, also auf die effektive Speicherorganisation und die Zugriffsmöglichkeiten über die Funktionen der Retrievalsoftware.

Wie schon im ersten Band wird nicht versucht, stark normierend in den terminologischen Gärungsprozeß einzugreifen. Es bleibt also z.B. bestehen, daß in diesem Band der Begriff 'Datenbasis' zuweilen anders definiert wird als im ersten Band. Der Kontext macht die jeweilige Bedeutung eindeutig. Interessant ist der Versuch der Dokumentare, sich mit dem Begriff 'Informationsbank' (s.Artikel Bernhardt) von dem reinen Informatik-Begriff 'Datenbank' zu emanzipieren. Ist diese Begriffsprägung Ausdruck des Selbstbewußtseins des IuD-Gebietes, spiegelt sich also in ihm die reflektierte Zuständigkeit des Retrievalfachmanns wider, so ist diese Entwicklung zu begrüßen. Soll damit aber die in den letzten zehn Jahren häufig betriebene, meistens unfruchtbare Abgrenzungsstrategie zwischen Dokumentation/Informationswissenschaft und Informatik erneuert werden, so liefe dies der Intention dieses Sammelwerks entgegen. Diese Intention kann man umschreiben mit zielorientierter Integration.

Im Vordergrund stehen die Interessen der Nutzer von maschinellen Informationssystemen. Sie sollten mit den besten Instrumenten versehen werden, unabhängig, welche wissenschaftliche oder praktische Disziplin ihre Zuständigkeit dafür behauptet. Der politische Kampf um die Eigenständigkeit der Wissenschaftsdisziplin Informationswissenschaft, in derem Brennpunkt sicherlich die Aufgaben des Information Retrieval stehen, braucht nicht mehr intensiviert zu werden. Die Informationswissenschaft etabliert sich akademisch. Sie kann dabei allerdings auf vieles zurückgreifen. Wäre es anders, hätten diese drei Bände nicht entstehen können.

Die Artikel dieses Sammelbandes, indem sie Material aus verschiedenen Disziplinen und unter unterschiedlichen Gesichtspunkten bereitstellen, sollen zunächst den Horizont erweitern helfen. Das systematische Handbuch des Information Retrieval - das ist ja schon im ersten Band betont worden - ist damit für den deutschen Sprachbereich noch nicht geschrieben. Ein Kochbuch des Information Retrieval, nach dem einige Leser selbst nach der Lektüre des Mottos zum ersten Band gefragt haben, erfordert noch mehr theoretisches Wissen und fundiertere praktische Erfahrung.

Die ersten beiden Artikel (Horst Langendörffer und Hubert Hüther) geben den Überblick über die entscheidenden Datenmodelle - das hierarchische, das netzwerkartige und das relationale. Die Anwendung eines CODASYL-artigen Datenbanksystems auf ein Retrievalsystem der Literaturdokumentation wird am Beispiel von TELDOK gezeigt. Das relationale Datenmodell erweitert die Möglichkeiten maschineller Informationssysteme über die Bedürfnisse des bisherigen Dokument-Retrieval hinaus. In dem Artikel von Karl-Heinz Dreckmann werden Integrationsmöglichkeiten der Datenmodelle beim Aufbau eines Datendokumentationssystems gezeigt. Rüdiger Bernhardt und Walter Grothstück erläutern aus der Sicht des Retrievalfachmanns die Probleme beim Aufbau von Daten-/Informationsbanken, zum einen mit Blick auf das Freitextsystem STAIRS, zum andern mit Blick auf das deskriptororientierte System GOLEM. In den danach folgenden drei Artikeln stehen die Probleme der mehr sozialwissenschaftlichen Umfragen-, Forschungs- und Projektdokumentation im Vordergrund. Differenzierte Benutzerbedürfnisse mit komplizierten Fragestrukturen erfordern hier individuell zugeschnittene Systeme, unter Ausnutzung vorgegebener Systemmöglichkeiten, z.B. von APL, GOLEM oder FIDAS. Hans Eberhard Seelbach und Willy Siegler diskutieren Information-Retrieval-Probleme unter dem Gesichtspunkt der Darstellbarkeit auf Mini-Computern und stellen in Aussicht, daß sich die wesentliche logische Organisation von Datenbanken durch diese neue Technologie kaum verändern dürfte. Peter Bollmann und Erhard Konrad stellen mathematische Modelle des Information Retrieval vor und legen besonderen Wert auf die Möglichkeit des 'unscharfen' Retrieval durch fuzzy sets. Die beiden letzten Artikel (Georg Barth und Reinhard Jabben) leiten zu den Themen des dritten Bandes über, welcher der Erfahrung bei der Nutzung von Retrievalsystemen gewidmet ist. Es wird ein Vergleich der Retrievalfunktionen, speziell der Dialogfunktionen, der in Deutschland besonders häufig zum Einsatz kommenden Retrievalsoftware angestrebt:DIRS, STAIRS, TELDOK, ORBIT und DIALOG (zu GOLEM und DSS vgl. andere Artikel der beiden ersten Bände).

Der Herausgeber möchte auch an dieser Stelle noch einmal allen Autoren sehr herzlich für ihre Mitarbeit danken. Hoffentlich ist die Arbeit nicht nur Mühe gewesen. Fräulein Hehle hat wieder den Großteil der Manuskripte geschrieben. Die Artikel zum dritten Band liegen zum Teil vor, zum Teil wird intensiv an ihnen gearbeitet, so daß das Gesamtvorhaben bald abgeschlossen sein wird.

Der Herausgeber

im Juli 1979

Horst Langendörffer

Datenmodelle und die Anwendung eines CODASYL-artigen Datenbanksystems auf ein Dokument-Retrieval-System

Zusammenfassung

Es werden zwei der für die Anwendungen wichtigen Datenmodelle vorgestellt. Dabei handelt es sich um das hierarchische- und das CODASYL-Datenmodell. Das Datenmodell hat Auswirkungen auf ein darauf aufbauendes Datenbanksystem. Zwei auf diesen Modellen beruhende Datenbanksysteme (IMS,DBS44Ø) werden beschrieben. Zunächst wird der grundsätzliche Aufbau eines Datenbanksystem skizziert. Die Anwendung eines solchen im Bereich des Information Retrieval wird an einem Beispiel dargestellt.

Abstract

Two data models which are of practical importance are presented, namely the hierarchical and the CODASYL data model. A data model influences the data bank system based upon it. Two data bank systems based on these models are described (IMS, DBS44Ø).Beforehand the basic construction of a data bank system is sketched. The application of such a system to the field of information retrieval is demonstrated in an example.

Die Benutzer eines rechnergestützten Informationssystems möchten ihre spezifischen Informationen den Regeln ihrer Problembereiche entsprechend verarbeiten lassen. Sie sind aber meist nicht in der Lage, sich ihre eigenen Systeme zu erstellen; d.h. sie sind auf Schnittstellen angewiesen, die von den Herstellern solcher Systeme angeboten werden. Der Hersteller möchte das Anwendungsspektrum seines Systems möglichst breit halten und geht daher von allgemeinen Modellierungskonzepten für die Schnittstellen aus. In den letzten Jahren haben sich im wesentlichen drei Modellierungssysteme herausgebildet: das Hierarchische Modell, das Netzwerkmodell und das Relationenmodell. Auf die beiden erstgenannten wird in diesem Beitrag näher eingegangen.

Eine Menge in sich zusammenhängender und in einem rechnergestützten Informationssystem gespeicherter und verwalteter Informationen wird - dem Sprachgebrauch der Informatik folgend - als Datenbasis bezeichnet. (In der Dokumentation wird der Begriff 'Datenbasis' meistens etwas anders bestimmt, vgl. Bd.1, S. 19.) Die Menge der von einem Informationssystem angebotenen Modellierungskonzepte wird das Datenmodell dieses Informationssystems genannt. Es legt die Menge der anwendbaren Operatoren und deren Wirkung fest. Die Konkretisierung der Konzepte wird dagegen vom Benutzer seinen Erfordernissen entsprechend vorgenommen,und zwar im Datenbasisschema (Datenbankschema bzw. kurz: Schema). Dieses Schema wird mit den Mitteln einer Datenbeschreibungssprache (engl.: Data Definition Language, DDL) formuliert. Die Operationen mit den Daten werden mittels der Datenmanipulationssprache (engl.: Data Manipulation Language, DML) beschrieben. Datenmodell, Datendefinitionssprache und Datenmanipulationssprache bilden im wesentlichen die Schnittstelle des Informationssystems.

Der Klassifikation von Informationssystemen nach Schnittstelleneigenschaften folgend [LOCKEMANN 78],heißt ein Informationssystem Datenbanksystem, wenn seine Schnittstelle das hierarchische bzw. Netzwerkmodell als Datenmodell bietet. Diese Schnittstelle ermöglicht eine einheitliche Beschreibung der Datenbasis und erlaubt ihre Verwaltung als eine Einheit. Ursprünglich nur lokal zugängliche, meist redundante Daten können zusammengefaßt behandelt werden (Datenintegration). Hierbei kann eine Mehrfachdatenhaltung vermieden werden, was die Aktualisierung der Daten wesentlich erleichtert. Darüberhinaus wird durch diese Schnittstelle eine zentrale Kontrolle über den Inhalt und den Gebrauch der Datenbasis möglich. Weiterhin wird aufgrund dieser Schnittstelle eine weitgehende Datenunabhängigkeit erreicht; d.h. daß existierende Anwendungsprogramme beim Wechsel des Trägersystems der Datenbasis oder bei Änderung der Datenorganisation auf dem Datenträger nicht neu geschrieben oder angepaßt werden müssen.

Ein Anwender soll nur den Bereich der Datenbasis sehen, der für seine Anwendung relevant ist. Daher ist es erforderlich, eine Anwenderschnittstelle vorzugeben und dem Anwender die Möglichkeit zu bieten, sein eigenes "Externes Modell" in einem "Externen Schema" zu beschreiben. Dabei muß sich jedoch das externe Schema aus dem Datenbankschema ableiten lassen; d.h. der logische Inhalt des externen Schemas darf dem logischen Inhalt des Datenbankschemas nicht widersprechen.

Für die im Datenbankschema logisch beschriebenen Daten (logische Datenorganisation) muß noch festgelegt werden, wie sie auf dem Datenträger abgelegt werden und welche Zugriffsmöglichkeiten bestehen sollen (physikalische Datenorganisation). Dies legt nahe, eine weitere Schnittstelle, die "Interne Schnittstelle", vorzusehen. Sie muß u.a. Möglichkeiten zur Darstellung aller Informationen über den Aufbau der abgespeicherten Daten, die Speicherung der Daten usw. bieten. Solche Informationen werden im Internen Schema beschrieben.

Diese Schnittstellenhierarchie ist im Laufe der Zeit zum Ausgangspunkt für die Datenbanksystem-Architektur geworden. Insbesondere seit den Empfehlungen des Standards Planing and Requirement Committee (SPARC) des American National Standards Committee on Computers and Information Processing (ANSI/X3), kurz zitiert als ANSI/X3-SPARC-Report. In diesem Bericht wird vorgeschlagen, die Daten in drei getrennten Ebenen zu sehen und sie auf jeder Ebene jeweils durch Datenmodelle darzustellen und entsprechende Schemata zu beschreiben. Jedem dieser Modelle ist eine eigene Schnittstelle zugedacht. Die aus diesen Überlegungen resultierende prinzipielle Architektur eines Datenbanksystems zeigt die nachstehende Abbildung (Bezeichnungen dem ANSI/X3-SPARC-Report entsprechend; konzeptuelles Schema = Schema).

Das Datenbankmanagementsystem ist die Software, welche die von den Anwendungsprogrammen verlangten Zugriffe wie Lesen, Ändern, Einfügen und Löschen von Daten auf die Datenbank ausführt. Eine weitere Aufgabe des DBMS ist es, die für die Ausführung der Zugriffswünsche, die in den Begriffen des Externen Schemas formuliert sind, notwendigen Operationen auf der physischen Ebene zu veranlassen und dafür zu sorgen, daß die Daten in der im externen Schema festgelegten Form an den Anwender abgegeben werden. Die Schritte, die notwendig sind, wenn ein Anwenderprogramm einen Datensatz lesen will, sind im wesentlichen die folgenden:

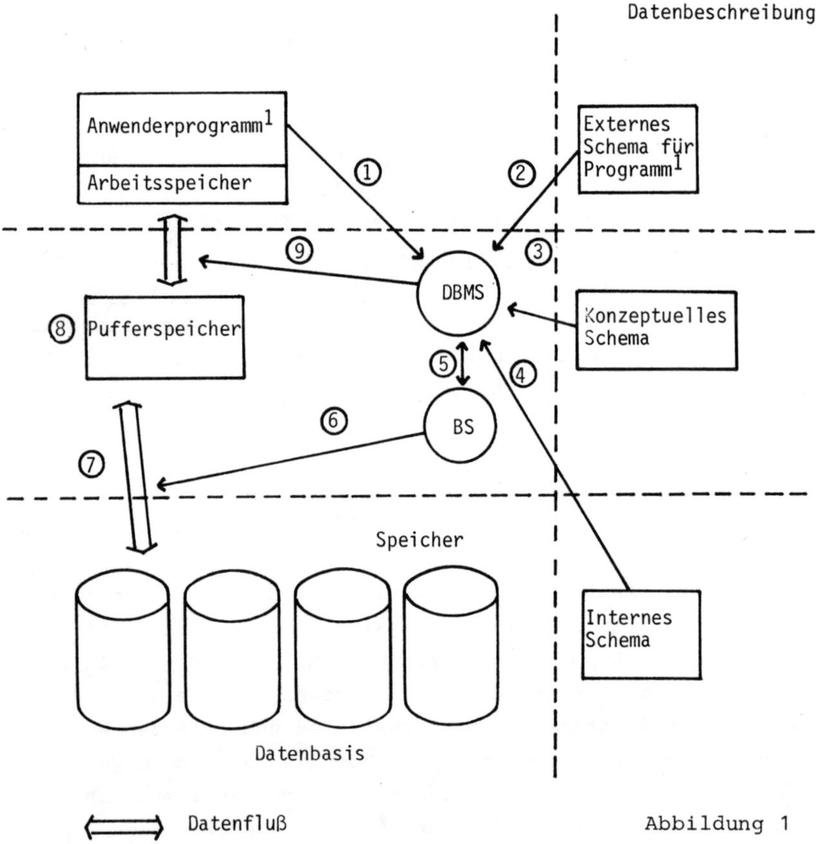

Abbildung 1

① Das Anwenderprogramm[1] ruft (mittels der DML) das DBMS auf.

② Das DBMS wertet das vom Anwenderprogramm verwendete Externe Schema aus; d.h. entnimmt dem Externen Schema die Beschreibung der verlangten Daten.

③ Das DBMS greift auf das Konzeptuelle Schema zu und besorgt für die in Frage kommenden Daten die entsprechenden Teile dieses Schemas.

④ Das DBMS verschafft sich die benötigten Teile des Internen Schemas, ermittelt, welche physischen Sätze zu lesen sind, und legt die gegebenenfalls auszunützenden Zugriffspfade fest.

⑤ Das DBMS übergibt dem Betriebssystem die Nummern der zu lesenden Speicherblöcke.

⑥/⑦ Das Betriebssystem übergibt die verlangten Blöcke dem DBMS in einem Pufferspeicher.

⑧ Alle erforderlichen Datenumformungen, die durch Unterschiede zwischen Konzeptuellem Schema und Externem Schema bedingt sind, werden vom DBMS durchgeführt.

⑨ Das DBMS überträgt die Daten vom Systempuffer in den Arbeitsspeicher des Anwenderprogramms[1], wo sie dann weiterverarbeitet werden können.

Entsprechend dem auf der Konzeptuellen Ebene angebotenen Datenmodell spricht man von einem Hierarchischen bzw. Netzwerk-Datenbanksystem.

Das am häufigsten installierte Hierarchische Datenbanksystem ist das von der Firma IBM entwickelte Information Management System (IMS). Auf das in diesem System angebotene Realisierungskonzept für das hierarchische Datenmodell wird in diesem Beitrag näher eingegangen. Der Vorschlag zur Realisierung des Netzwerkmodells, der von der Data Base Task Group (DBTG) der Conference on Data Systems Language (CODASYL) gemacht wurde, steht im Mittelpunkt dieser Arbeit; zum einen deshalb, weil eine Vielzahl kommerzieller Systeme auf diesem Vorschlag aufbauen, und zum anderen, weil er das hierarchische Modell als Spezialfall enthält. Systeme, die das Netzwerk-Datenmodell in der von CODASYL vorgeschlagenen Realisierung anbieten (oder vom CODASYL-Typ), werden im folgenden

CODASYL-artige Datenbanksysteme genannt; d.h. daß der CODASYL-Vorschlag in vollem Umfang nur beim Datenmodell berücksichtigt ist. (Die CODASYL-Vorschläge umfassen u.a. Datenschutz/-Sicherung sowie das Interne Schema).

Da die Vorschläge von unterschiedlichen Gruppen gemacht wurden, weichen die einzelnen Bezeichnungen voneinander ab. Daher sind in der nachstehenden Tabelle die Bezeichnungen zusammengestellt.

	ANSI X3 SPARC	CODASYL	IBM Data Language I (DL/I)
Anwendersicht der Daten	Externes Schema	Subschema	Program Specification Block PSB
Logische Gesamtsicht der Daten	Konzeptuelles Schema	Schema	Logische Datenbankbeschreibung Logical DBD
Physische Sicht der Daten	Internes Schema	Physische Daten	Physische Datenbankbeschreibung Physical DBD

Die Ausführungen in diesem Beitrag beziehen sich in der Hauptsache auf die logische Datenorganisation, da diese für den Anwender eines Datenbanksystems von primärem Interesse ist. Auf die physische Datenorganisation wird nur insoweit eingegangen, als sie für das Verständnis der Beispiele erforderlich ist.

I. Logische Datenorganisation

1. Das hierarchische Datenmodell

Die Einführung der Datenmodelle erfolgt anhand von Beispielen.

Für die Ausleihe einer Bibliothek werden bestimmte Grundinformationen benötigt; beispielsweise über den Benutzer; etwa Benutzernummer, Name, Wohnort und das Ausleihedatum usw. Benutzernummer, Name, Wohnort, Ausleihedatum werden als elementare Datenelemente EDI (elementary data item) bezeichnet (nach ANSI-COBOL). Diese elementaren Datenelemente können z.B. folgende Werte haben:

elementare Datenelemente	Wert
Benutzernummer	S1Ø2141
Name	Meier, H.
Wohnort	Frankfurt
Ausleihedatum	79Ø214 .

Es werden also mehrere EDIs benutzt, um etwas zu beschreiben. Eine Kollektion solcher EDIs wird als Datensatz (record) bezeichnet. Die bisher beschriebene Information ist für den Ausleihvorgang noch nicht ausreichend, da noch fehlt, was ausgeliehen wurde. Um die ausgeliehenen Objekte zu beschreiben, werden weitere EDIs benötigt; z.B. Titel, Autor- bzw. Herausgeber, Signatur und Erscheinungsjahr.

elementare Datenelemente	Wert
Titel	Computer data base organization
Autorname	Martin, J.
Erscheinungsjahr	1977

Die so entstehende Menge von Datensätzen kann, entsprechend den darin vorkommenden EDIs, in zwei Klassen eingeteilt werden: in Titelsätze und Ausleihsätze. Bei fester Reihenfolge der EDIs in den einzelnen Datensätzen sind die Sätze einer Klasse vom gleichen Typ.

<u>Datensatztypen</u>

Titelsatz:

Signatur	Titel	Autor/ Herausg.-Name	Erscheinungs- jahr

Ausleihesatz:

Ben.Nr.	Name	Wohnort	Ausleihdatum

Datensatz-Exemplare (occurrences) zum Typ Titelsatz sind beispielsweise folgende:

J.3340	Information retrieval on-line	Lancaster F.W.	1973
2.78 A 40	Computer data base organization	Martin J.	1977

und für den Datensatztyp Ausleihesatz:

SI02142	Mueller, N.	Saarbruecken	790213
SI02141	Meier, H.	Frankfurt	790214

Zwischen den einzelnen Datensätzen besteht die Beziehung "hat ausgeliehen". Diese wird graphisch durch eine Linie zwischen den Datensätzen bzw. den Datensatztypen dargestellt.

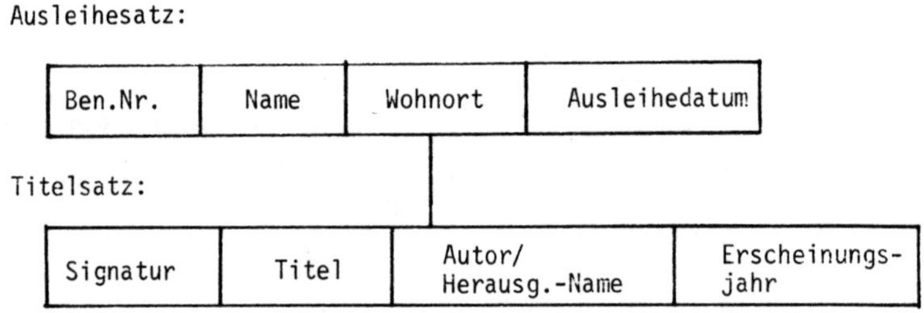

In Kurzform:

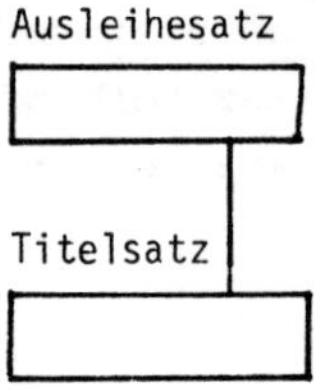

Dies ist die graphische Darstellung des für die Ausleihe gewählten Datenmodells. Sie wird auch Datenbankdiagramm bzw. Kettenstenogramm genannt; eine Bezeichnung, die im weiteren Verlauf dieser Arbeit erklärt wird.

Ein Daten-Exemplar zu diesem Modell ist das folgende:

S1Ø2141	Meier, H.	Frankfurt	79Ø214

2.78 A 4Ø	Computer data base organization	Martin, J.	1977
J.334Ø	Information retrieval on-line	Lancaster F.W.	1973

Damit wird dann ausgedrückt, daß Meier, H. am 14.2.79 die beiden Bücher mit den Signaturen J.334Ø und 2.78 A 4Ø ausgeliehen hat; d.h. die zwischen den Exemplaren bestehende Beziehung kann so beschrieben werden, daß es zu einem Exemplar vom Typ Ausleihesatz ein oder mehrere Exemplare vom Typ Titelsatz geben kann.

Zur weiteren Erläuterung dieses Datenmodells dient im folgenden ein umfangreicheres Beispiel. Ausgangspunkt hierfür sei ein regionaler Verarbeitungsverbund mehrerer Bibliotheken, die ihre Bestände zu Katalogisierungszwecken zentral verwalten wollen. Dabei soll zur Verringerung der Redundanz nicht zu jedem Titelsatz der körperschaftliche bzw. persönliche Urheber angegeben werden. Es sollen aber die Verweisungsformen der Urheber mitberücksichtigt werden. Hierzu werden die folgenden Satztypen eingeführt:

- Urhebersatz-A (Urhebersatz in Ansetzungsform)
- Urhebersatz-V (Urhebersatz in Verweisungsform)
- Titelsatz
- Lokaldatensatz.

Der Urhebersatz-A enthält neben der Ansetzungsform für den Urheber eine fortlaufende Numerierung der auftretenden Ansetzungsform; er kann also graphisch so dargestellt werden:

Urhebersatz-A

Urheber-Nr.	Urhebername Ansetzungsform

Völlig analog ist Urhebersatz-V aufgebaut:

Verweisungs-Nr.	Urhebername Verweisungsform

Exemplare für diese Satztypen sind beispielsweise:

Verweisungs-Nr.	Urheber in Ansetzungsform
104711	Martin, J.

Für Urhebersatz-A und

Urheber-Nr.	Urheber in Verweisungsform
79Ø536	Martin,James

für Urhebersatz-V.

Der Titelsatz enthält etwa neben einer fortlaufenden Nummer (Dokumentnr.) des Titels den eigentlichen Titel, die Auflage und das Erscheinungsjahr. Das Erwerbungsdatum, die Signatur usw. werden im Lokaldatensatz aufgenommen. Exemplare dazu sind:

Dok.-Nr.	Titel	Auflg.	Ersch.-Jahr
171Ø39	Computer data base organization	2	1977

bzw.

Signatur	Bibliothek	Erwerb.-Datum
2.78 A 4Ø	Univ.Bibliothek Saarbruecken	781Ø1Ø

Die zwischen den einzelnen Satztypen bestehenden Beziehungen lassen sich auf folgende Weise charakterisieren:

- Zu jedem Urhebernamen in Ansetzungsform kann es mehrere Verweisungsformen geben.
- Jedem Urheber (Ansetzungsform) können ein oder mehrere Titel zugeordnet werden.
- Der Titel kann in mehreren Bibliotheken vorhanden sein.

Das Datenmodell läßt sich graphisch so darstellen:

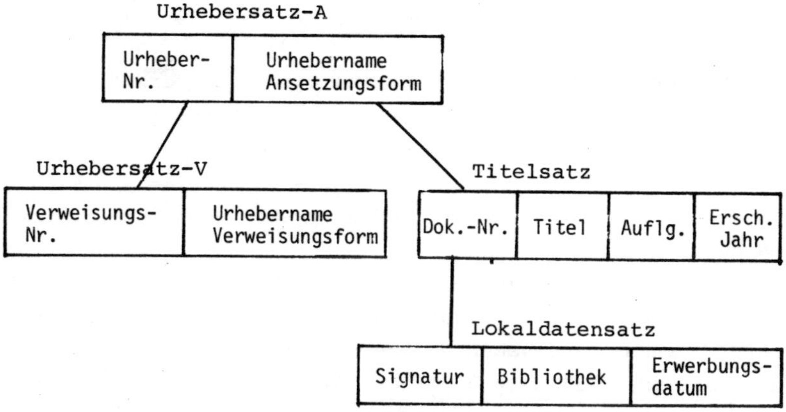

Ein Exemplar zu diesem Datenmodell ist das folgende:

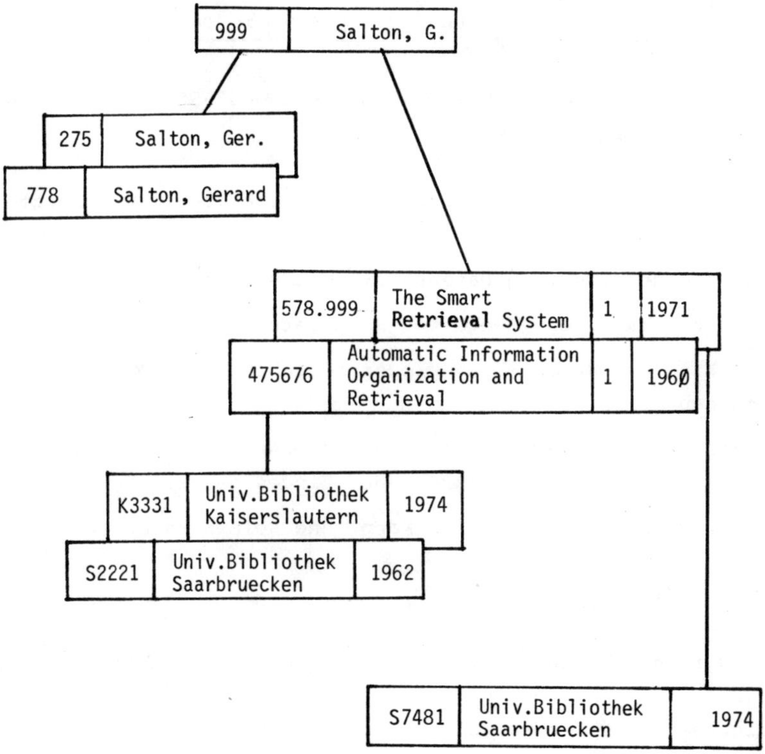

Das letzte Beispiel zeigt deutlich die hierarchische Natur der zwischen den Satztypen bzw. Exemplaren bestehenden Beziehungen.

Es gibt vier verschiedene Satztypen, wobei Urhebersatz-A als Wurzel, die anderen als abhängig bezeichnet werden; von diesen hat wieder jeder einen Vater; umgekehrt gibt es zu jedem Vater wenigstens ein Kind. Zu jedem Exemplar jedes Datensatz-Typs kann es jede Menge (auch Ø) Exemplare jedes zugehörigen Kind-Datensatz-Typs geben:
Die Vater-Kind-Terminologie, die für Datensatz-Typen eingeführt wurde, wird auch für Datensatz-Exemplare verwendet; dabei werden alle von einem gemeinsamen Vater-Exemplar abhängigen Exemplare eines bestimmten Kind-Typs als Zwillinge (twins) bezeichnet. Im obigen Beispiel sind dies die Exemplare

275	Salton, Ger.	und	778	Salton, Gerard

bzw. die Titel mit den Dok.-Nr. 578.999 und 475676 bzw. die beiden Lokaldatensätze.

Zusammengenommen kann das hierarchische Datenmodell wie folgt beschrieben werden:

- Es gibt einen einzigen Datensatz-Typ als Wurzel.
- Die Wurzel kann jede Menge von Kind-Datensatz-Typen haben.
- Jedes Kind der Wurzel kann wieder beliebig viele Kind-Datensatz-Typen haben.
- Zu jedem Exemplar eines gegebenen Datensatz-Typs kann es beliebig viele (auch Ø) Exemplare jedes Kindes geben.
- Kein Kind-Datensatz-Exemplar kann ohne seinen Vater existieren.

2. Das CODASYL-Datenmodell

Nehmen wir an, daß zu dem im vorigen Abschnitt beschriebenen Datenmodell die sachliche und inhaltliche Erschließung zu dem Titel hinzugenommen werden soll, um eine inhaltsbezogene Recherche zu ermöglichen. Zu diesem Zweck wird ein neuer Datensatztyp "Deskriptorsatz" eingeführt. Der Aufbau dieses Datensatzes sei folgendermaßen festgelegt:

Deskriptorsatz

Deskriptor *	Deskriptorwert

Ein Exemplar hierzu ist:

16127	Retrieval

Wie kann nun dieser Satztyp in das hierarchische Modell integriert werden? Falls eine Recherche mit Deskriptoren durchführbar sein soll, gibt es nur die Möglichkeit, den Typ "Deskriptorsatz" zur Wurzel zu machen und die Beziehung "relevant für" zwischen Deskriptorsatz und Titelsatz herzustellen. Da es aber nur einen Datensatztyp als Wurzel geben darf, müßte der Urhebersatz-A (und damit auch Urhebersatz-V) zum Kind-Datensatz des Titelsatzes werden.

Dies bedeutet zunächst eine Zunahme der Redundanz bei Autoren mit mehr als einem Titel. Zu jedem Titelsatz-Exemplar müßte das Urhebersatz-A-Exemplar gespeichert werden mit den entsprechenden Urhebersatz-V-Exemplaren. Selbst wenn diese Redundanz (neben weiteren Nachteilen) in Kauf genommen wird, ergeben sich weitere Probleme, die an folgendem Beispiel erläutert werden:

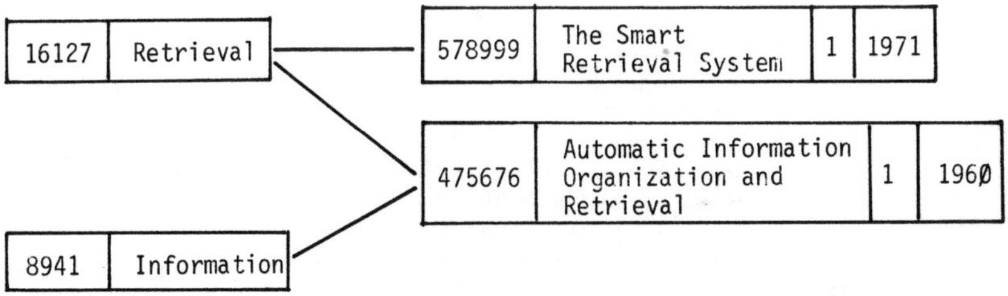

In diesem Fall ist die Forderung, daß jedes Kind-Exemplar nur ein Vater-Exemplar haben darf, nicht erfüllt. Der Titel mit der Dok.-Nr. 475676 hätte die zwei Deskriptorensätze mit den Deskriptor-Nr. 16127 und 8941 als Vater-Exemplare. Auch hier könnten durch Verwendung von Duplikaten die Forderungen des hierarchischen Datenmodells erfüllt werden wie in jedem anderen Falle auch. (Zu jedem Deskriptor alle Titel angeben, für die er relevant ist). Jedoch würde die Redundanz jeden vertretbaren Umfang übersteigen; von den Schwierigkeiten, wenn Titeländerungen einmal durchgeführt werden sollen, ganz abgesehen. Diese Situation zwingt dazu, komplexere Datenmodelle einzuführen. Eines davon ist das CODASYL-Datenmodell (Netzwerk-Modell), das jetzt näher beschrieben werden soll.

Die Grundstruktur im CODASYL-Datenmodell wird durch den Begriff 'Kette' (engl.: set) festgelegt. Auch in diesem Modell wird zwischen Typ und Exemplar unterschieden. Ein Kettentyp wird beschrieben durch einen Datensatz-Typ als Ankersatztyp (engl.:owner) und einen Datensatztyp als Gliedsatz (engl.: member). Ein Beispiel für ein Kettentyp 'Autor-Titel' wäre

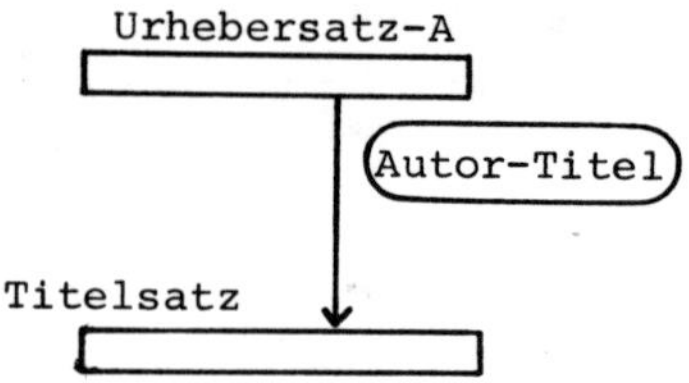

Aus dieser Darstellungsform rührt auch die Bezeichnung 'Kettenstenogramm' bzw. 'Datenbankdiagramm' her. Exemplare zu diesem Kettentyp sind beispielsweise

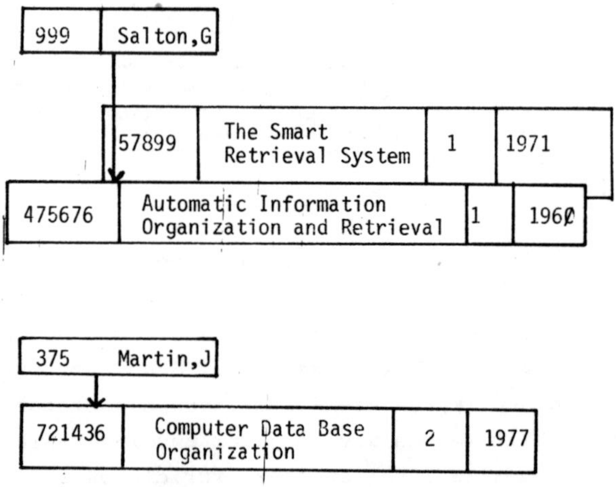

Innerhalb von Kettenexemplaren gibt es stets eine Sortierung der Gliedsatzexemplare. Im Beispiel ist das 'Sortierfeld' die Dok.-Nr.

Die Darstellung eines Kettentyps durch ein Kettenstenogramm trägt deutlich hierarchische Züge; im Gegensatz zum hierarchischen Datenmodell wird jedoch die hierarchische Beziehung zwischen dem Anker als Vater und den Gliedern als Kinder mit dem Kettennamen versehen, gleichzeitig wird die Richtung der Beziehung von Ankersatz zum Gliedsatz durch einen Pfeil angegeben, um in komplexeren Diagrammen Verwirrung zu vermeiden. Die Art der Beziehung zwischen Anker- und Gliedsätzen ist dabei in keiner Weise festgelegt.

Bei der Definition von Kettentypen muß die Regel beachtet werden, daß der Ankersatztyp vom Gliedsatztyp verschieden sein muß. Es dürfen aber Gliedsatztypen selber wieder Ankersatztypen für weitere Kettentypen sein. Ein Beispiel hierzu ist:

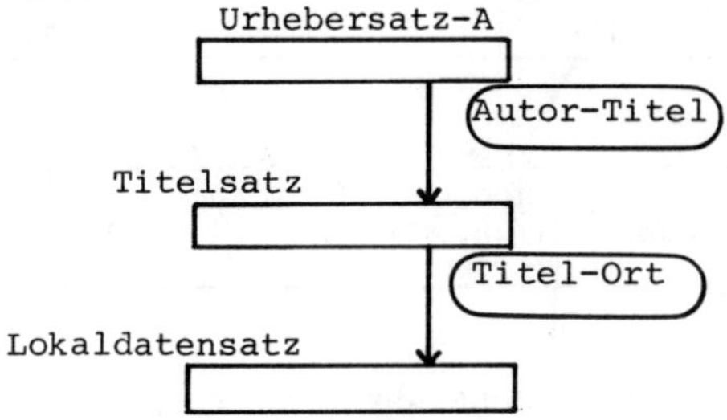

In diesem Beispiel ist der Titelsatztyp Anker für den Kettentyp 'Titel-Ort'.

Ein Datensatztyp darf Anker beliebig vieler Kettentypen sein. Ein Beispiel hierzu ist:

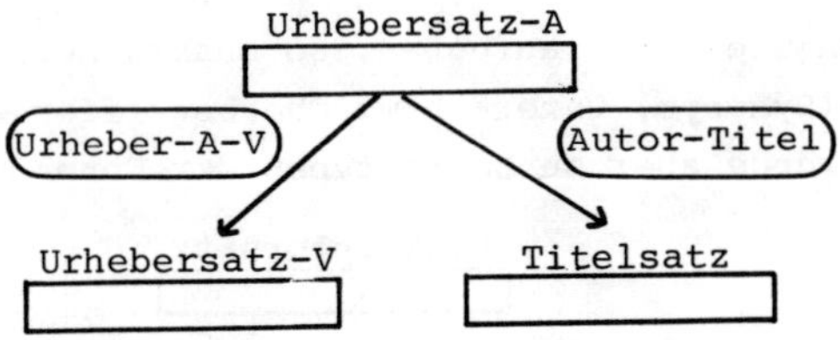

Mit den bisher gegebenen Regeln zum Aufbau von Ketten(typen) kann das hierarchische Datenmodell nachvollzogen werden.

Das hierarchische Modell sowie die gerade eingeführten Ketten legen Zugriffspfade fest; d.h. bei einem Kettenexemplar kann, vom Ankersatzexemplar ausgehend, jedes Gliedsatzexemplar durch einfache Operationen erreicht werden. Dies drückt sich in der Datenmanipulationssprache (vgl. III.3) durch Befehle wie 'HOLE ANKER', 'HOLE NACHFOLGER' bzw. 'HOLE VORGAENGER' aus. Betrachten wir aber den folgenden Kettentyp:

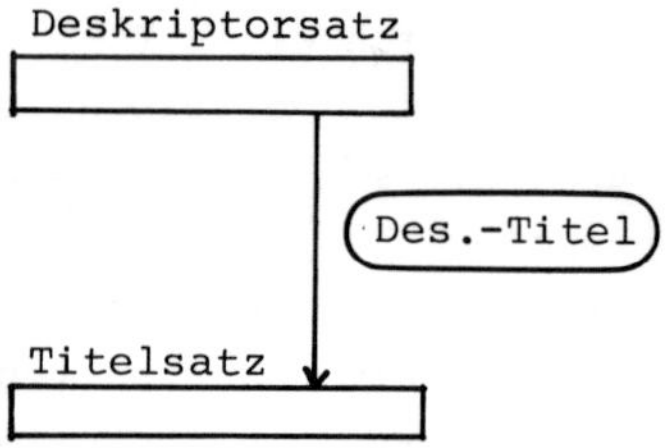

und die zugehörigen Kettenexemplare

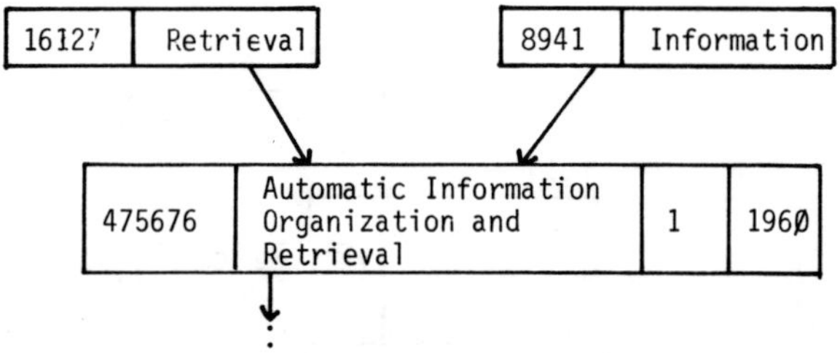

so ist etwa der Befehl 'HOLE ANKER zu 475676' nicht eindeutig ausführbar. (Ist Deskriptor-Nr. 16127 oder 8941 Ankersatzexemplar?) Aus diesem Grund wurde die Regel eingeführt, daß 1 Datensatzexemplar nur in 1 Exemplar von 1 Kettentyp auftreten darf. Bevor auf die Lösung des Problems im CODASYL-Datenmodell eingegangen wird, zunächst noch ein Beispiel.

Will man einen Thesaurus aufbauen, so müssen Beziehungen zwischen Deskriptoren (Synonym, Unter- bzw. Oberbegriff usw.) dargestellt werden. Dies würde aber zu Kettentypen der Form

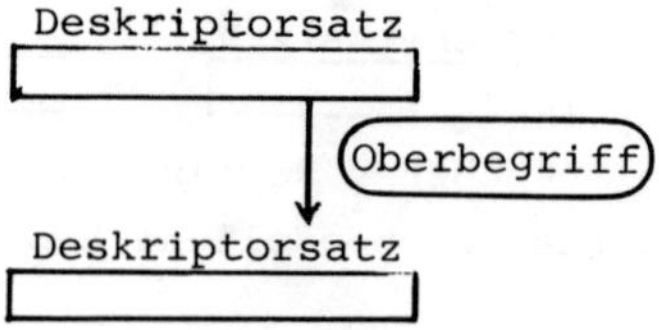

führen, was aber verboten ist, da der Ankersatztyp vom Gliedersatztyp verschieden sein muß. Zur Lösung des Problems wird ein neuer Datensatztyp 'Kopplungsdatensatz' eingeführt, der keine Daten zu enthalten braucht. Dabei wird jeder Deskriptor über den Kettentyp 'Oberbegriff' mit genau einem 'Kopplungsdatensatz' verknüpft, und dieser ist wieder über Kettentyp 'Unterbegriff' mit den Deskriptoren verknüpft, zu denen der Deskriptor Oberbegriff ist. Das Kettenstenogramm hat folgende Gestalt

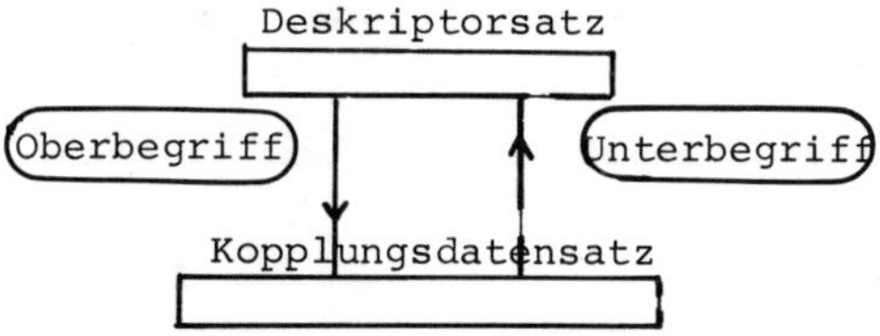

In III.3 bei der Beschreibung der Datenbank sind Beispiele für diesen Fall angegeben. Die Kopplungsdatensätze werden dort "Semantische Verknüpfungssätze(SVS)" genannt. Mit den Kopplungsdatensätzen lassen sich auch die Schwierigkeiten, die bei der Deskriptor-Titel- Zuordnung aufgetreten sind, beseitigen.

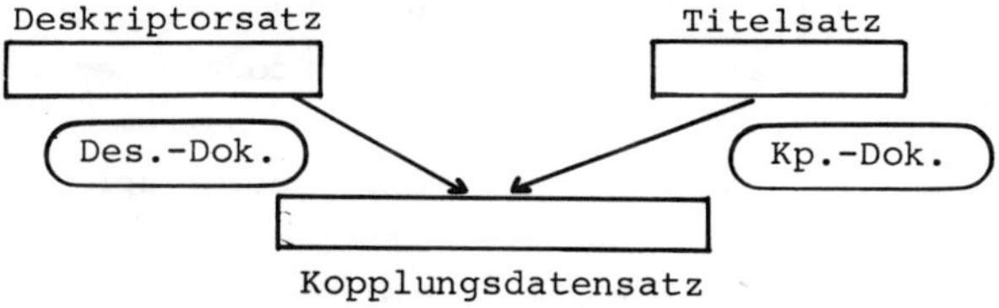

Ein Exemplar hierzu ist:

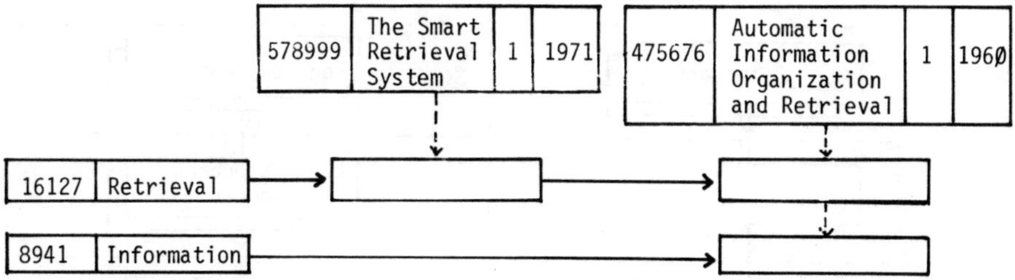

⟶ Kette vom Typ 'Des.-Dok.'

----→ Kette vom Typ 'Kp.-Dok.'

In dieser Struktur kann einmal vom Deskriptor auf die Titel zugegriffen werden und vom Titel aus auf die relevanten Deskriptoren (Hintergrunddeskriptoren). Diese Struktur ist als "Vielfachbeziehung" bekannt. Sie ist in dem Beispiel III.3 dargestellt.

Auf weitere Strukturen, die in diesem Datenmodell darstellbar sind (Netze, Singuläre Ketten = Konventionelle Datei, Vielfachketten), wird in diesem Beitrag nicht näher eingegangen. Hierzu sei auf die einschlägige Fachliteratur verwiesen [DATE 77], [MARTIN 77].

II. IMS als Beispiel für ein hierarchisches Datenbanksystem

1. Hintergrund

IMS steht für Information Management System, ein IBM-Software-System, das zur Unterstützung von Batch- und on-line-Anwendungsprogrammen entwickelt wurde. Es gab im Laufe der Zeit verschiedene Versionen von IMS und verwandten Produkten; die wichtigsten davon sind IMS/360 Version 1, IMS/360 Version 2 und das im folgenden besprochene IMS/VS Version 1 (von IMB meist nur als IMS/VS, Information Management System/(Virtual Storage bezeichnet)), das unter dem Betriebssystem OS/VS (Operating System + Virtual Storage) läuft. Wir verwenden IMS als Hauptbeispiel hierarchischer DBs, weil es eines der am weitesten verbreiteten Datenbanksysteme ist. Da die Bezeichnungen im IMS von den CODASYL-Bezeichnungen abweichen, sind in der nachstehenden Tabelle die "äquivalenten" Begriffe gegenübergestellt.

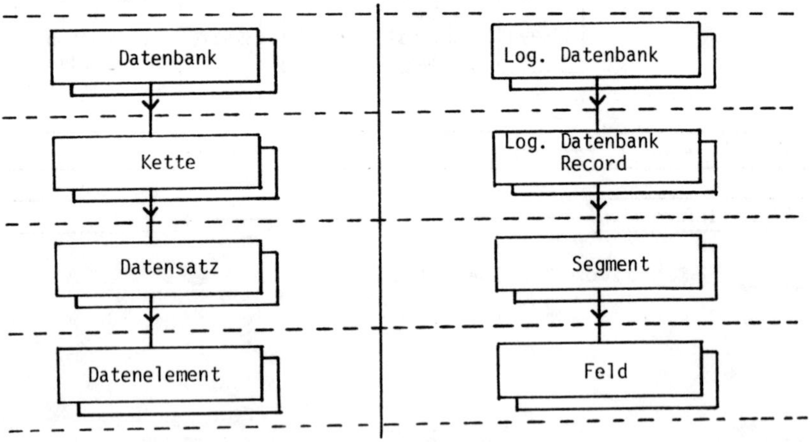

Im folgenden wird der Aufbau eines IMS-Systems dargestellt, wobei zu bemerken ist, daß die Daten in mehreren DBs und nicht nur in einer abgespeichert werden. Dabei ist eine IMS-DB die abgespeicherte Repräsentation einer "physikalischen DB".

Das Datenmodell (kein IMS-Begriff) besteht entsprechend aus einer Menge von physikalischen DBs, wobei physikalisch allerdings nicht bedeutet, daß der Benutzer die DBs genau so sieht, wie sie abgespeichert sind. Jede dieser DBs ist durch eine eigene DB-Beschreibung (data base description, DBD) definiert, in der auch die Speicherabbildung (Vorschrift, wie die Daten auf dem Hintergrundspeicher abgelegt werden) spezifiziert ist. Damit entspricht die Menge aller DBs dem konzeptuellen Schema zusammen mit einem Teil der Definition der zugehörigen Abbildung auf das Interne Schema.

Wie bei der allgemeinen Architektur, arbeitet der Benutzer nicht direkt mit dem Datenmodell, sondern mit einem Externen Modell (auch kein IMS-Begriff), das aus einer Menge von "logischen" DBs besteht, deren jede eine Untermenge der zugehörigen physikalischen DB ist. Jede logische DB wird zusammen mit ihrer Abbildung auf die zugehörige physikalische DB durch einen sogenannten Programm-Kommunikations-Block (program communication block, PCB) definiert. Die Benutzer von IMS sind üblicherweise Anwendungsprogramme in PL/I, COBOL oder /360 AL, von denen aus die DL/I durch Unterprogramm-Aufrufe benutzt werden kann. Der für die Kommunikation zwischen Anwenderprogramm und DB verwendete Arbeitsbereich besteht hier lediglich aus einem Zwischenpuffer (I/O area).

2. Die Datenbank-Beschreibung (DBD)

Die Quelle der DBD besteht aus einer Menge von /360-AL-Makro-Befehlen; diese wird übersetzt und zur Verwendung durch IMS in Objektform in einer System-Bibliothek abgespeichert. Wenn man auf den Teil der DBD, der sich auf die Speicherabbildung und allgemeine Buchhaltung bezieht, verzichtet, sieht die DBD für das Beispiel im letzten Abschnitt, - das dort dargestellte Schema zeigt die hierarchische Struktur einer Physikalischen Datenbank (PDB) in IMS; d.h. den Physikalischen Datenbank Record-Typ (PDBR-Typ)-, folgendermaßen aus:

```
DBD   NAME=BIBLIO
SEGM  NAME=URHEBERSATZ-A, BYTES=37
FIELD NAME=(URHEBER-Nr., SEQ), BYTES=4, START=1
FIELD NAME=URHEBERNAME ANSETZUNGSFORM, BYTES=33, START=5
SEGM  NAME=URHEBERSATZ-V, BYTES=4Ø
FIELD NAME=(VERWEISUNGS-Nr., SEQ), BYTES=4, START=1
FIELD NAME=URHEBERNAME VERWEISUNGSFORM, BYTES=36, START=5
SEGM  NAME=TITELSATZ, BYTES=3ØØ
FIELD NAME=(DOK.-Nr., SEQ), BYTES=4, START=1
FIELD NAME=TITEL, BYTES=288, START=5
FIELD NAME=(AUFLG.,M), BYTES=3, START=293
FIELD NAME=(ERSCH.JAHR,M), BYTES=4, START=297
SEGM  NAME=LOKALDATENSATZ, BYTES=1ØØ
FIELD NAME=(SIGNATUR, SEQ), BYTES=15, START=1
FIELD NAME=(BIBLIOTHEK,M), BYTES=8Ø, START=16
FIELD NAME=(ERWERBUNGSDATUM,M), BYTES=5, START=96
```

SEQ bezeichnet dabei das sogenannte Sequence field, nach dem PDBR Exemplare geordnet sind, bzw. bei abhängigen Segmenten, nach dem Zwillinge geordnet sind. Die Spezifikation M (multiple) bedeutet dabei, daß verschiedene Exemplare, die Zwillinge sind, auf diesem Feld den gleichen Wert enthalten dürfen. Die Reihenfolge der DBD-Statements legt dabei die hierarchische Struktur (von oben nach unten und von links nach rechts) fest, wobei jedes SEGM-Statement unmittelbar von den zugehörigen FIELD-Statements gefolgt sein muß. Dies bedeutet, daß auch die Anordnung der Segment-Typen im Datenmodell festgelegt ist, so daß hier in DL/I eine "get next"-Operation verwendet werden kann. Zusätzlich gilt noch:

- Die Spezifikation des sequence field ist (mit gewissen Ausnahmen) optional.
- Das sequence field ist eindeutig, wenn es spezifiziert wird und nicht gleichzeitig M (multiple) spezifiziert ist (für Nicht-Wurzel-Segmente nur eindeutig unter demselben Vater-Exemplar).
- Wenn ein sequence field da ist, muß das zugehörige FIELD-Statement für das betreffende Segment als erstes gegeben werden.
- Felder dürfen sich überlappen (das kann auch bei sequence fields ausgenutzt werden!).

- Es müssen nur die Felder definiert werden, die als Suchargumente in DL/I-Operationen zu verwenden sind.

3. Hierarchische Sequenz

Das im folgenden definierte Konzept der hierarchischen Anordnung in IMS ist von großer Bedeutung:

Zu jedem Segment-Exemplar ist der "hierarchische Sequenz-Schlüsselwert" (hierarchical sequence key value) definiert als:

- sequence-field-Wert des Segments.
- Mit vorangesetztem Typ-Code (d.h. der Nummer des Typs, durchnumeriert von oben nach unten und von links nach rechts).
- Mit vorangesetztem hierarchischen Sequenz-Schlüsselwert ihres Vaters.

Damit ist die hierarchische Sequenz einer IMS-DB diejenige Folge von Segment-Exemplaren, die durch wachsende Werte des hierarchischen Sequenz-Schlüsselwertes definiert ist. Letzterer ist etwa im Beispiel für

S2221	Univ.Bibliothek Saarbrücken	1962

1 999 3475676 4 S2221

Diese Begriffe sind in IMS deshalb von Wichtigkeit, weil IMS-DBs in hierarchischer Sequenz abgespeichert sind (zumindest logisch), so daß gewisse DL/I-Operationen für sequentielles Retrieval und für Laden der DB in bezug auf diese Anordnung definiert sind.

4. Das Externe Modell bei IMS (LOGISCHE DATENBANKEN)

Das Externe Modell besteht bei IMS aus einer Menge von logischen Datenbanken, und jede logische Datenbank ist definiert als eine Untermenge der (einen) entsprechenden physikalischen Datenbank. Damit ist eine solche logische Datenbank (logical data base, LDB) eine geordnete Menge, deren Elemente aus allen Exemplaren eines Typs eines logischen Datenbank-Records (logical data base record, LDBR) bestehen. Ein LDBR-Typ ist wieder eine hierarchische Anordnung von Segment-Typen; diese Hierarchie ist ein Teil eines PDBR-Typs, wobei als einziger Unterschied zu diesem zugelassen ist, daß aus dem PDBR-Typ beliebige Segment-Typen mit allen ihren Kindern weggelassen werden können. Daraus folgt insbesondere, daß die Wurzel des LDBR-Typs gleich der Wurzel des PDBR-Typs sein muß.

Beispiel:

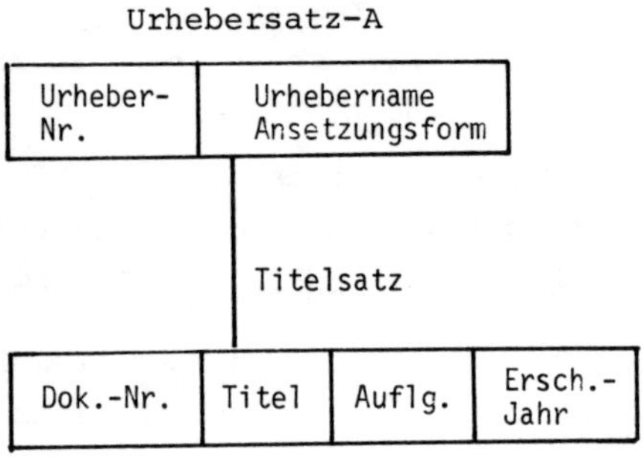

Die in einem LDBR-Typ eingeschlossenen Segmente werden als "sensitiv" bezeichnet; ein mit dieser LDB arbeitender Benutzer wird von den nicht-sensitiven Segmenten nicht einmal deren Existenz bemerken. Bei PL/I werden z.B. diese nicht-sensitiven Segmente bei einer "get next"-Operation einfach übersprungen. Die einzige Ausnahme von dieser Regel ist, daß beim Löschen eines sensitiven Segment-Exemplars auch alle nicht-sensitiven Kinder gelöscht werden, nicht nur die sensitiven. Daher ist es wünschenswert, Benutzern das Löschen eines Segments zu verbieten, wenn dies auch das Löschen verborgener Segmente zur Folge hätte. Das Konzept der sensitiven Segmente gibt den Benutzerprogrammen eine gewisse Unabhängigkeit gegenüber Erweiterungen der PDB (wenn auch keine vollständige). Speziell kann überall ein neuer Segment-Typ als Kind eines existierenden Segments hinzugefügt werden, sofern nicht dadurch eine existierende Vater-Kind-Beziehung beeinflußt wird. Das neue Segment wird für alle bisherigen Benutzer einfach nicht sensitiv sein. Man hat hiermit auch eine gewisse Kontrolle über Datenschutzfunktionen, da man Benutzer daran hindern kann, auf bestimmte Segment-Typen zuzugreifen, indem diese Segmente aus der LDB weggelassen werden, wobei aber die genannten Einschränkungen beim Löschen bestehen.

5. Der Programm-Kommunikations-Block

Jede LDB ist definiert durch einen Programm-Kommunikations-Block (program communication block, PCB), der die Spezifikation der Abbildung zwischen LDB und zugehöriger PDB enthält. Der PCB besteht ebenfalls aus einer Menge von /360-AL-Makros. Die Menge aller PCBs eines Benutzers bildet dessen Programm-Spezifikations-Block (program specification block, PSB). Die Objektform des PSB ist in einer System-Bibliothek zum Gebrauch durch das IMS-Steuerprogramm abgelegt.

Der PCB zu der LDB des vorigen Beispiels hat folgenden Aufbau:

```
1 PCB     TYP=DB, DBDNAME=BIBLIO, KEXLEN=2Ø
2 SENSEG  NAME=URHEBERSATZ-A, PROCOPT=G
3 SENSEG  NAME=TITELSATZ, PROCOPT=I
```

Zunächst wird spezifiziert, daß dieser PCB sich auf eine DB bezieht und daß die zugrundeliegende PDB den Namen BIBLIO hat. Wenn ein Benutzer mittels einer DL/I - "GET NEXT"-Operation ein Segment aus der LDB lädt, wird ihm von IMS außerdem ein sogenannter "vollkonkatenierter Schlüssel" (fully concatenated key), der aus einer Konkatenation aller sequence-field-Werte im hierarchischen Weg von der Wurzel bis zum spezifizierten Segment (aber ohne die Typ-Codes, im Gegensatz zum hierarchischen Sequenz-Schlüsselwert) besteht, in einem besonderen Gebiet des PCB, der "key feedback area", abgelegt. Für das Record-Exemplar 475676 ist der dort abgelegte Wert z.B. 999475676 . Durch die Spezifikation KEYLEN wird nun eine key feedback area reserviert, die groß genug sein muß, um den längsten voll-konkatenierten Schlüssel aufnehmen zu können. In den nachfolgenden Befehlen werden die sensitiven Segmente in der üblichen hierarchischen Anordnung spezifiziert, wobei die Segmentnamen mit denen in der zugehörigen PDB übereinstimmen müssen. Dabei werden für die einzelnen Segmente Verarbeitungsoptionen (processing options) durch die Spezifikation PROCOPT festgelegt. Hier können die Werte G für "GET", I für "INSERT", R für "REPLACE" und D für "DELETE" in beliebiger Kombination und Reihenfolge angegeben werden. Dem Benutzer der entsprechenden LDB werden dann die jeweiligen Zugriffsberechtigungen erteilt. Wenn alle Segmente derselben Option unterliegen, so kann diese global im PCB-Statement angegeben werden; zusätzliche Spezifikationen in einzelnen SENSEG-Statements setzen für diese Segmente dann die globalen Spezifikationen außer Kraft. Die Option L ("load") zum Laden der Anfangsversion der DB darf jedoch nur im PCB-Statement gegeben werden und kann nicht außer Kraft gesetzt werden; umgekehrt darf die Spezifikation K ("key sensitivity") nur im SENSEG-Statement gegeben werden. Mit dieser Spezifikation können Segmente auf dem hierarchischen Weg zu einem sensitiven Segment nichtsensitiv gemacht, also übersprungen werden; spezifiziert werden müssen sie ja aufgrund der hierarchischen Struktur

Beispiel: Die Wirkung von PROCOPT = K bei Titelsatz

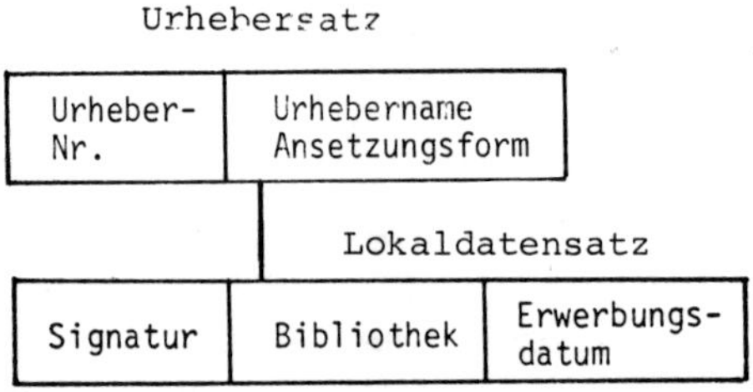

Der voll-konkatenierte Schlüssel abhängiger Segmente enthält jedoch auch die Werte der übersprungenen Segmente, und alle Retrieval-Operationen werden genau so durchgeführt, als wären diese schlüssel-sensitiven Segmente nicht abwesend - nur die Daten solcher Segmente werden dem Anwenderprogramm nicht übergeben. Ein schlüssel-sensitives Segment kann auch nicht als Ziel einer Speicherungsoperation in DL/I (I,D oder R) auftreten, obwohl es natürlich auch gelöscht wird, wenn man seinen Vater löscht.

6. Die IMS-DB-Sprache

6.1 Definition des Programm-Kommunikations-Blocks (PCB)

Die DSL von IMS wird von einer Trägersprache aus (PL/I, COBOL oder/360-AL) über normale Unterprogramm-Aufrufe benutzt. Wenn ein Anwendungsprogramm mit einer speziellen LDB arbeitet, wird der zugehörige PCB als Kommunikationsgebiet zwischen Programm und IMS im Speicher gehalten; bei Aufrufen an DL/I wird die Adresse dieses PCB übergeben, um die gerade zu bearbeitende LDB zu identifizieren.

Wenn eine DB-Anwendung gestartet wird, so wird zuerst IMS geladen, um den benötigten PSB und die zugehörigen DBDs zu bestimmen und aus ihren Bibliotheken zu laden. Das Anwendungsprogramm selbst wird dann von IMS geladen und erhält dabei die PCB-Adressen als Parameter. Damit das Anwendungsprogramm die Information im PCB über eine bestimmte LDB verwenden kann, muß es eine Deklaration dieses PCB enthalten. Diese Deklaration belegt jedoch keinen eigenen Speicherplatz, sondern dient nur als eine Maske für den echten PCB, der nicht im Speicherbereich des Anwendungsprogramms liegt. Ein Bezug auf ein Feld im PCB wird dann als auf das entsprechende Feld im echten PCB bezogen interpretiert.

Beispiel: Eine PL/I-Anwendung, die nur mit im vorigen Abschnitt dargestellten LDB arbeitet, würde etwa die folgenden Befehle enthalten:

```
DLITPLI:  PROCEDURE(COSPCB_ADDR) OPTIONS(MAIN);
          :
          DECLARE 1 COSPCB BASED(COSPCB_ADDR),
                    2 DBDNAME    CHARACTER(6)
                    2 SEGLEVEL   CHARACTER(2)
                    2 STATUS     CHARACTER(2)
                    2 PROCOPT    CHARACTER(4)
                    2 RESERVED   FIXED BINARY(31)
                    2 SEGNAME    CHARACTER(13)
                    2 KEYFBLEN   FIXED BINARY(31)
                    2 #SENSEGS   FIXED BINARY(31)
                    2 KEYFBAREA  CHARACTER(2Ø)
```

Der Prozedurname DLITPLI ist für PL/I vorgeschrieben; alle anderen Namen sind frei wählbar. Dem Programm wird als Parameter eine Liste von Zeigern auf die einzelnen PCBs im PSB (in der Reihenfolge) übergeben. Die PCBs werden dargestellt durch Strukturen, deren Startadressen durch die Zeiger gegeben sind. Diese Strukturen enthalten folgende Felder:

- Name der zugehörigen DBD (DBDNAME)
- ein Feld SEGLEVEL, das nach jeder DL/I-Operation die Segment-Nummer des zuletzt behandelten Segments enthält
- ein Feld STATUS, das nach jeder DL/I-Operation einen aus zwei Characters bestehenden Fehlerschlüssel (blank="fehlerfrei") ent-

hält

- das PROCOPT-Feld der PCB-Definition
- ein für internen Gebrauch von IMS reserviertes Feld RESERVED
- ein Feld SEGNAME, das den Namen des zuletzt behandelten Segments enthält
- ein Feld KEYFBLEN, das die aktuelle Länge des voll-konkatenierten Schlüssels enthält
- ein Feld SENSEGS, das die Anzahl der sensitiven Segmente (2 im Beispiel) enthält
- die key feedback area KEYFBAREA, die den voll-konkatenierten Schlüssel des zuletzt behandelten Segments linksbündig enthält.

Diese Details haben zwar recht wenig mit der hierarchischen Idee an sich zu tun; sie sind aber für das Verständnis der Arbeitsweise von IMS wichtig.

6.2 Die DL/I-Operationen

Die möglichen Operationen in DL/I sind in der folgenden Tabelle dargestellt:

GET UNIQUE (GU)	Direktes Lesen
GET NEXT (GN)	Sequentielles Lesen
GET NEXT WITHIN PARENT (GNP)	Sequentielles Lesen des nächsten Kind-Segmentes für ein vorgegebenes Segment
GET HOLD (GHU,GHN,GHNP)	wie zuvor, zusätzlich wird das Segment gesperrt. Im Anschluß ist DLET/REPL
INSERT (ISRT)	Einfügen neues Segment
DELETE (DLET)	Löschen Segment
REPLACE (REPL)	Ändern von Feldern eines Segmentes

Jede solche Operation wird durch einen Unterprogramm-Aufruf bewirkt, dessen Parameter die Adresse des benötigten PCB, die verlangte Operation, (z.B. GU), die Adresse des E/A-Puffers und die in manchen Fällen benötigte qualifizierende Bedingungen enthalten, die als Segment-Such-Argumente(segment search arguments, SSA) bezeichnet werden. Der Name des Unterprogramms ist von IMS vorgeschrieben; für PL/I lautet er PLITDLI.

```
GU  URHEBERSATZ-A (URHEBERNAME ANSETZUNGSFORM='SALTON,G')
    TITELSATZ (ERSCHEINUNGSJAHR='1971'v ERSCHEINUNGSJAHR='1975')
```

Wenn wir die Daten von Abschnitt 5 annehmen, wobei die nicht-sensitiven Segmente Urhebersatz-V und Lokaldatensatz weggelassen sind, so wird hier die LDB hierarchisch sequentiell nach dem ersten Segment-Exemplar abgesucht, dessen hierarchischer Zugriffspfad allen spezifizierten SSAs genügt; in diesem Fall das Segment-Exemplar mit Dok.-Nr. 578999. Dabei wird nur das Segment-Exemplar am Ende des hierarchischen Pfades übergeben. In der hier vereinfachten Syntax sind die Spezifikation von E/A-Puffer und PCB fortgelassen. Die SSAs bestehen jeweils aus einem Segment-Namen, dem eine Bedingung folgen darf; diese besteht dann aus durch "und" und "oder" verknüpften Vergleichen von Feldern mit irgendwelchen Werten. Als Vergleichsoperatoren sind dabei =,≠,<,>,≤ und ≥ zugelassen; die Vergleiche erfolgen bitweise. Die SSAs bei "GET UNIQUE" und "INSERT" erfordern die Spezifikation des vollständigen hierarchischen Pfades von der Wurzel aus. Bei "GET NEXT" und "GET NEXT WITHIN PARENT" können ebenfalls SSAs verwendet werden; wenn sie da sind, müssen sie ebenfalls hierarchische Pfade spezifizieren, die jedoch überall beginnen dürfen. Bei "DELETE" und "REPLACE" werden überhaupt keine SSAs verwendet.

III. DBS44Ø als Beispiel für ein CODASYL-artiges Datenbanksystem

1. Hintergrund

DBS44Ø steht für Datenbanksystem 44Ø. Entwickelt wurde das System von der Computer Gesellschaft Konstanz. Den Anstoß zur Entwicklung von DBS44Ø gab das von der Firma General Electric entworfene Datenbanksystem IDS, das bereits das in I.2 beschriebene Datenmodell als Modellierungskonzept anbot. Dieses Modell wurde auch in DBS44Ø übernommen. Jedoch nicht alle CODASYL-Vorschläge sind in diesem System berücksichtigt. So bietet beispielsweise DBS44Ø kein Externes Datenmodell und wird aus diesen Gründen auch als CODASYL-artiges Datenbanksystem vorgestellt.

2. Die Datenbankbeschreibung

Datendefinition und Datenmanipulation sind in DBS44Ø in eine Wirtssprache (COBOL, PL/I) eingebettet. Für die hier gewählten Beispiele ist COBOL Wirtssprache. Eine Datenbank in DBS44Ø ist in disjunkte Bereiche eingeteilt, die ihrerseits aus Sätzen aufgebaut sind. Sämtliche Exemplare eines Satztypes müssen demselben Bereich angehören.

Beziehungen zwischen Sätzen werden über Ketten hergestellt, wie in I.2 beschrieben. Eine Datenbankbeschreibung in DBS44Ø gliedert sich wie folgt:

* DATENBANKBESCHREIBUNG Installationsparameter Bereichsdefinition * DATEN Satztypen Speicherungsformen Schlüssel * STRUKTUREN Ketten Kettenrealisierung * DBS-ENDE	Der vorangestellte Stern kennzeichnet ein Element der Gastsprache

Als ausführliches Beispiel für eine Datenbankbeschreibung in DBS44Ø sei hier eine TELDOK (<u>Tele</u>funken <u>Dok</u>umentationssystem)-Datenbank vorgestellt. Es handelt sich dabei um eine spezielle DBS44Ø-Datenbank, auf der zu Zwecken der Literaturrecherche das TELDOK-System eingesetzt werden kann.

Die Datenbank ist in zwei Bereiche unterteilt: den Thesaurusteil und den Dokumententeil. Nachstehend die zugehörigen Kettenstenogramme:

Thesaurusteil

Kettenstenogramm

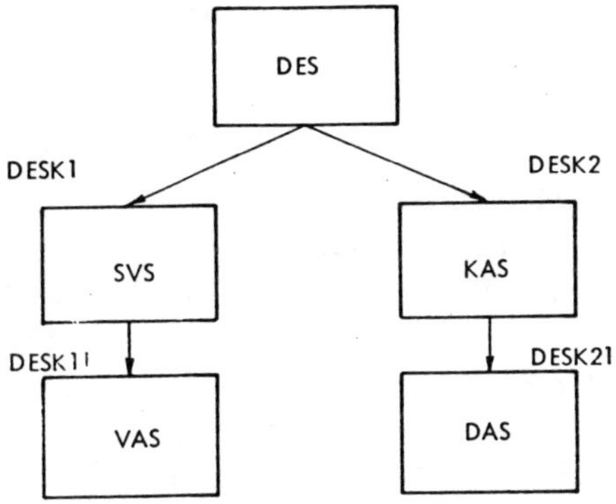

Satztypen:

DES = Deskriptorsatz
SVS = Semantischer Verknüpfungssatz
VAS = Verweisadressensatz
KAS = Kategoriensatz
DAS = Dokumentadressensatz

(SVS, VAS, KAS: Kopplungsdatensätze)

Kettentypen:
DESK1, DESK11
DESK2, DESK21

Dokumententeil

Kettenstenogramm

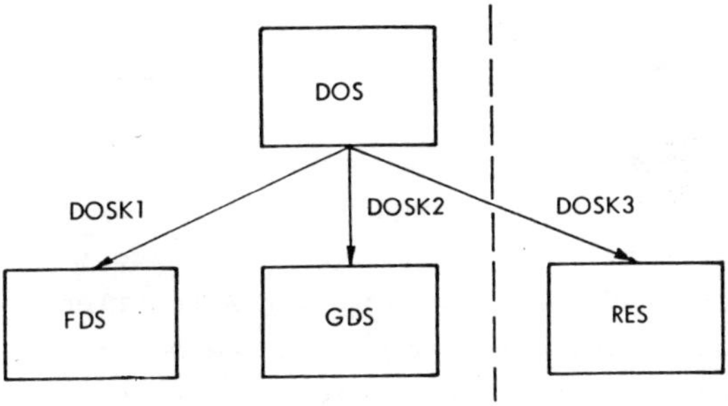

Satztypen:

DOS = Dokumentsatz
FDS = Freier Deskriptoradressensatz
GDS = Gebundener Deskriptoradressensatz
RES = Referatsatz

(FDS, GDS: Kopplungsdatensätze)

Kettentypen:
DOSK1
DOSK2
DOSK3

Der Dokumententeil enthält neben den Referattexten (der Referattext besteht aus den bibliographischen Angaben) der Dokumente die Verweise auf die entsprechenden Deskriptoren. An einem einfachen Beispiel wird ein Überblick über die wesentlichen Zusammenhänge in der zugrundegelegten Datenbank gegeben.

In nachstehender Abbildung sind in den Teilbildern a und b Sätze aus dem Thesaurusteil und in dem Teilbild c Sätze aus dem Dokumententeil dargestellt. Im Thesaurusteil steht für jeden Deskriptor ein Deskriptorsatz. In der Abbildung sind es die Sätze für die Deskriptoren SYSTEM und SYSTEME. Jeder Deskriptorsatz ist Anker von zwei Ketten. Die erste Kette gibt mittels der semantischen Verknüpfungssätze an, mit welchen anderen Deskriptoren und auf welche Art der Deskriptor semantisch verknüpft ist. Die zweite Kette enthält über die Kategoriensätze die Verbindungen zu den Dokumenten, für die dieser Deskriptor zutrifft. Weiter ist gezeigt, daß der Deskriptor SYSTEM über die erste Kette semantisch mit anderen Deskriptoren verknüpft ist, welche Wortformen, Ober- bzw. Unterbegriff von ihm sind, bzw. zu ihm in der Beziehung "semantisches Feld" stehen (loser semantischer Zusammenhang).

Außerdem ist zu sehen, daß er über die zweite Kette für einige Dokumente ein freier Deskriptor und für weitere ein gebundener Deskriptor ist (Kategoriensatz). Entsprechend ist der Deskriptor SYSTEME mit anderen Deskriptoren und Dokumenten verknüpft.

Mit welchen Deskriptoren ein gegebener Deskriptor semantisch verknüpft ist, bzw. zu welchen Dokumenten er freier oder gebundener Deskriptor (Kategorie oder Aspekt) ist, steht nicht in den semantischen Verknüpfungssätzen bzw. den Kategoriensätzen selbst, sondern in den Sätzen weiterer Ketten (Verweissätze), für die die Verknüpfungssätze bzw. Kategoriensätze Anker sind. So gibt es z.B. beim Deskriptor SYSTEM einen Verweissatz für seine Wortformen, der u.a. den Verweis auf den Deskriptor SYSTEME enthält (siehe gestrichelte Linie vom Verweissatz für Wortformen des Deskriptors SYSTEM zum Deskriptor SYSTEME). Entsprechend muß dann auch SYSTEM als Wortform von SYSTEME gekennzeichnet sein (siehe zweite gestrichelte Linie).

Für jedes Dokument gibt es einen Dokumentensatz, der den Dokumentenschlüssel enthält. In der Abbildung ist unter Teilbild c der Satz für das Dokument 1001 eingezeichnet. Dieser Dokumentensatz ist Anker von drei Ketten. In der ersten Kette stehen ein oder mehrere Sätze, die den Referattext des Dokuments beinhalten; in der zweiten Kette steht ein Satz mit Verweisen auf gebundene Deskriptoren, und in der dritten Kette steht ein Satz mit Verweisen auf freie Deskriptoren.

In der Abbildung ist zu sehen, daß SYSTEM als freier Deskriptor auf das Dokument 1001 verweist (siehe gepunktete Linie vom Verweissatz für Kategorien mit der Bezeichnung "freier Deskriptor" des Deskriptors SYSTEM im Teilbild a zum Dokumentensatz 1001 in Teilbild c). Der dazugehörende Rückverweis zwischen Dokument 1001 und Deskriptor SYSTEM ist ebenfalls vorhanden (siehe zweite gepunktete Linie).

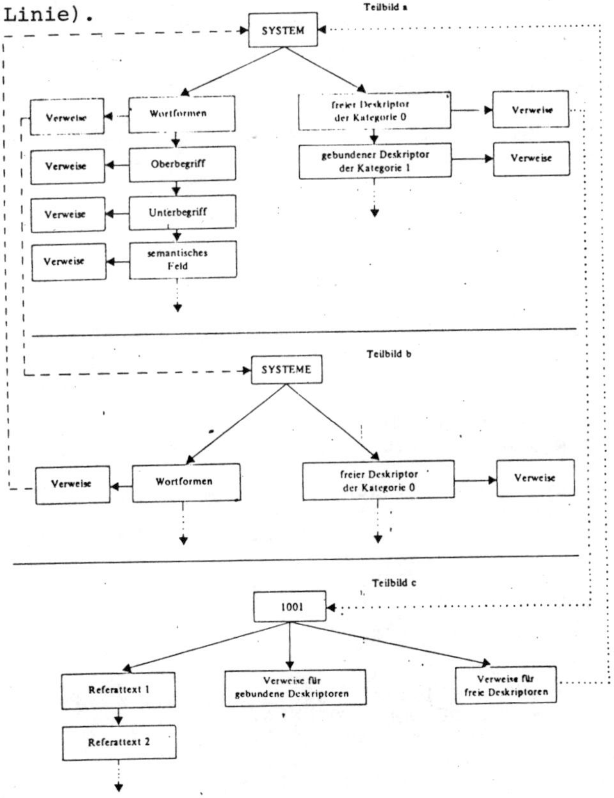

Ähnlich wie in IMS verlangt auch DBS44Ø einen Verständigungsbereich (Nachrichtenvermittlungsblock, NVB) zur Kommunikation zwischen Befehlen und Datenverwaltungssystem; dieser NVB ist im nachfolgenden Beispiel für die Datenbankbeschreibung aufgeführt. Zum besseren Verständnis des Beispiels noch einige Erläuterungen:

- SCHLUESSEL: Angabe des Datenfeldes, das den innerhalb der gesamten Datenbank eindeutigen Schlüssel enthält.
- EINORDNUNG: Angabe, wie die Gliedsätze der Ketten dieses Kettentyps eingeordnet werden.
- ANKERWAHL: Angabe über die Strategie zur Bestimmung derjenigen Kette des angegebenen Kettentyps, in die ein vorgegebener Satz als neuer Gliedsatz eingefügt werden soll (vgl. SPEICHERN im nächsten Abschnitt).
- SEITENLAENGE, ABLAGE, VERTEILUNG: Angaben, wie die Daten auf dem Datenträger abgelegt werden sollen und wie ihre Verteilung dort vorgenommen werden soll. Diese Informationen gehören eigentlich ins Interne Schema.
- SATZTYP: dem Satznamen wird eine Zahl zwischen 1 und 127 als interner Code zugeordnet.

Aus Platzgründen wurde auf eine Beschreibung der einzelnen Satztypen in dem gewählten Beispiel verzichtet. In der nachstehenden Datenbankbeschreibung sind sie aufgeführt und in der Spalte Erläuterungen als solche gekennzeichnet:

Beispiel:

```
*DATENBANKBESCHREIBUNG.
                                                  Erläuterungen
*     DATENBANKNAME = TUBIBMUE
*     SEITENLAENGE = 1536 ZEICHEN.

*     BEREICH = DESKRIPTOREN.
*     LAGE = VON        1 BIS  1600.
*     INHALT =  20000 DESKRIPTORSA.
*     INHALT =   8000 SEMVERKNUEPF.
*     INHALT =   8000 VERWEISADRSA.
*     INHALT =  24000 KATEGORIENSA.
*     INHALT =  24000 DOKADRSATZ.

*     BEREICH = DOKUMENTE.
*     LAGE = VON  1601 BIS  2602.
*     INHALT =   2000 DOKUMENTENSA.
*     INHALT =   3000 FREIERDESSAT.
*     INHALT =   2000 GEBUNDDESSAT.
*     INHALT =  20000 REFERATSATZ.
```

```
 01 NVB.
   02 DBNAME PIC X(12) VALUE 'TUBIBMUE
   02 FC PIC 9(6) COMP VALUE 0.
   02 PUFZ PIC 9(6) COMP.
   02 ANKER PIC 9(6) COMP.
   02 VOR PIC 9(6) COMP.
   02 DADR PIC 9(6) COMP.
   02 NACH PIC 9(6) COMP.
   02 HIPU PIC 9(6) COMP.
   02 NIPU PIC 9(6) COMP.
 01 STV.
   02 FILLER PIC X.
   02 STVSCHL PIC X(29).
   02 FILLER PIC X(6) SYNC LEFT.

*DATEN.

 01 DESKRIPTORSA.                                   Satztyp
   02 DESGW1.                                  }    Datenelemente
     03 DEFVKT PIC X.
     03 MAXIMP PIC X(5).
   02 DESGW1R REDEFINES DESGW1.
     03 VFLNG1 PIC 9(6) COMP.
     03 VFLNG2 PIC 9(6) COMP.
   02 DESWRT PIC X(29).
   02 DESWRTR1 REDEFINES DESWRT.
     03 VW PIC 9(12) COMP.
     03 VWDESWRT PIC X(23).
   02 DESWRTR2 REDEFINES DESWRT.
     03 KT PIC X.
     03 KTDESWRT PIC X(28).
   02 DESGEB.
     03 DESG              PIC X(C006).
*    SATZTYP = 1.
*    ABLAGE = INDEX-SEQUENTIELL VERDICHTUNG.

*    SCHLUESSEL = DESWRT.
*    VERTEILUNG = 1 8.

*STRUKTUREN.

 01 DESK1  PIC X(12) VALUE 'DESK1 '.              Kettentyp
*    ANKER = DESKRIPTORSA.
*    GLIED = SEMVERKNUEPF.                        Es folgen die Be-
*    EINORDNUNG = AUFSTEIGEND NACH SVSTYP.        schreibungen der
*    ANKERWAHL = AKTUELL.                         weiteren Strukturen

*DBS-ENDE.
```

3. Die Datenmanipulationssprache

In DBS44Ø stehen für die Datenmanipulation die Befehle SPEICHERN (für Speichern), LOESCH(für Löschen), AENFELD, AENSTZ, AENKTN (für das Ändern von Feldern, Sätzen und Ketten), HOLEN (Holen eines durch Schlüssel identifizierter Datensatzes) sowie weitere Befehle für den Datentransport wie HOLANK, HOLVOR, HOLNAC zur Verfügung. Die hier aufgeführten Befehle stellen nur eine Auswahl dar. Es wurden nur diejenigen aufgeführt, die für das Verständnis des Beispiels notwendig sind. Darüberhinaus sind noch zu erwähnen die Befehle OEFFNE und ABSCHL zum Öffnen und Abschluß des NVB.

Wie bereits im vorigen Abschnitt erwähnt,dient der NVB (Nachrichtenvermittlungsblock) der Kommunikation zwischen den Befehlen und dem Datenbanksystem. Darüberhinaus enthält er u.a. den Datenbanknamen, den Fehlercode, den Satztyp und die Adresse des aktuellen Satzes. Diese Aktualitätsinformation ist für die Befehlsausführung von großer Bedeutung. Es gelten dabei folgende Vereinbarungen:

- Aktueller Satz des Laufs: Der zuletzt bearbeitete Satz der Datenbank
- Aktueller Satz des Satztyps: Der zuletzt bearbeitete Satz des Typs
- Aktuelle Kette des Kettentyps: Diejenige Kette pro Kettentyp, in der als letzter ein Satz bearbeitet wurde.

Nach jeder Befehlsausführung wird der NVB fortgeschrieben.

Der Befehl SPEICHERN wird als Beispiel etwas ausführlicher beschrieben: Der im Arbeitsspeicher unter <Satzname> aufgebaute Satz wird als aktueller Satz nach dem in ABLAGE genannten Verfahren im entsprechenden Bereich abgespeichert und gemäß EINORDNUNG in jeweils eine Kette derjenigen Kettentypen eingebettet, für die er Gliedsatz ist. Die Auswahl der Ketten erfolgt gemäß ANKERWAHL.

- AKTUELL: Es soll die Aktuelle Kette des betreffenden Typs gewählt werden.
- MIT SCHLUESSEL: Die Auswahl der Kette erfolgt über ihren Anker, der seinerseits durch seinen Schlüssel bestimmt wird.

Beispiel für ein Datenmanipulationsprogramm:

(Programmausschnitte)

Das Programm ermöglicht im Dialog das Ändern von Referatsätzen der Beispieldatenbank:

```
* HOLEN EINES DOKUMENTS
     DISPLAY ' '
     DISPLAY 'GIB DOKUMENTSCHLUESSEL (15-STELLIG) :'.
     ACCEPT DOSCHL.
     DISPLAY '  ' DOSCHL.
     IF DOSCHL = SPACES GO TO,...
     MOVE 0 TO AKTRESNR.
     ENTER TAS HOLEN USING DOKUMENTENSA.
     IF FC = 8 DISPLAY ' '
               DISPLAY '  ++ DOKUMENT NICHT VORHANDEN'
               GO TO ...
     IF FC NOT = 0 MOVE 'HOLEN' TO FEHLERFELD
                   PERFORM FMELDUNG
                   GO TO ...



 LOERES.
* LOESCHEN DES AKTUELLEN REFERATSATZES
     ENTER TAS LOESCHEN USING REFERATSATZ.
     IF FC NOT = 0 MOVE 'LOESCHEN' TO FEHLERFELD
                   PERFORM FMELDUNG
                   GO TO ...
     DISPLAY ' '.
     DISPLAY '* GELOESCHT WURDE REFERATSATZ NUMMER ' AKTRESNR.
     DISPLAY '* ZUM DOKUMENT ' DOSCHL.
     PERFORM ANKERN.
     GO TO ...

 AENRES.
* AENDERN DES AKTUELLEN REFERATSATZES
     DISPLAY ' '.
     DISPLAY 'GIB GEAENDERTEN REFERATSATZ :'.
     ACCEPT REFERATSATZ.
     DISPLAY REFERATSATZ.
     ENTER TAS AENSTZ USING REFERATSATZ.
     IF FC NOT = 0 MOVE 'AENSTZ' TO FEHLERFELD
                   PERFORM FMELDUNG
                   GO TO ...
     DISPLAY ' '.
     DISPLAY '* GEAENDERT WURDE REFERATSATZ NUMMER ' AKTRESNR.
     DISPLAY '* ZUM DOKUMENT ' DOSCHL.
     GO TO ...



  EINFUEGEN DES NEUEN RES AM KETTENENDE
     MOVE NEURSATZ TO REFERATSATZ.
     ENTER TAS SPEICHERN USING REFERATSATZ.
     IF FC NOT = 0 MOVE 'SPEICHERN' TO FEHLERFELD
                   GO TO ...
     IF AKTRESNR = RESANZ ADD 1 TO AKTRESNR
                          GO TO ER6.
```

```
* POSITIONIEREN AUF UMZUKETTENDEN RES
     PERFORM ANKERN.
     PERFORM ER41 VARYING I FROM 0 BY 1
             UNTIL 1 NOT < UKRESNR.
     MOVE UKRESNR TO AKTRESNR.
     IF UMKETTANZ = 0 GO TO ER6.
     GO TO ER5.
 ER41.
     ENTER TAS HOLNAC USING DOSK3.
     IF FC NOT = 0 MOVE 'HOLNAC' TO FEHLERFELD
                   GO TO ...
 ER5.
* UMKETTEN DES AKTUELLEN RES AN DAS KETTENENDE
     ENTER TAS AENKTN USING DOSK3.
     IF FC NOT = 0 MOVE 'AENKTN' TO FEHLERFELD
                   GO TO ...
     SUBTRACT 1 FROM UMKETTANZ.
     GO TO ...
 ER6.
     DISPLAY ' '.
```

IV. Das Informations-Retrieval-System TELDOK (Telefunken Dokumentationssystem)

1. Die Datenbank TUBIBMUE

Die unter III. beschriebene Datenbank wurde am Institut für Informatik der Technischen Universität München unter der Bezeichnung TUBIBMUE erstellt. Sie wurde so aufgebaut, daß eine automatische Literatursuche mit dem TELDOK-Operator möglich ist. Bei der dabei berücksichtigten englisch-, deutsch- und französischsprachigen Literatur aus dem Bereich der Informatik handelt es sich um Neuzugänge der Bibliothek des Instituts für Informatik (Neuzugänge ab etwa 1971). Durch Suchanfragen und Kommandos kann der Benutzer seinen Informationswunsch im Dialog vom Bildsichtgerät aus formulieren.

Der Thesaurus enthält bis jetzt ca. 80.000 Wortformen und Verweise auf ca. 50.000 Dokumente.

2. Inhalt der TELDOK-Datenbank TUBIBMUE

Bei der Datenbank TUBIBMUE handelt es sich um eine TELDOK-Datenbank. Sie gliedert sich in den Thesaurusteil und den Dokumententeil.

Der Thesaurus ist ein Wortformenthesaurus und enthält neben den Deskriptoren die Verweise auf die entsprechenden Dokumente und die Verknüpfungen der Deskriptoren untereinander. Dabei sind folgende Deskriptorverknüpfungen möglich:

S für Synonym
A für Antonym
O für Oberbegriff
U für Unterbegriff
F für Semantisches Feld
H für Homonym.

Mit Hilfe der Synonym-Verknüpfung sind die einzelnen Formen eines Wortes im Thesaurus miteinander identifiziert. Dadurch entfällt für den Benutzer eine "Normierung" der Deskriptoren in der Suchanfrage.
Bei der automatischen Erstellung von Ober- bzw. Unterbegriffsbeziehungen wird die Zerlegung deutscher Komposita herangezogen. Da bei einem zweiteiligen Kompositum die zweite Komponente i.a. Oberbegriff zum Kompositum ist, können auf diese Weise Ober- bzw. Unterbegriffsbeziehungen festgestellt und in den Thesaurus eingetragen werden.
Deskriptoren, die in einem "losen semantischen" Zusammenhang stehen, sind mittels der Verknüpfung Semantisches Feld miteinander verbunden.
Zusätzlich wird neben den Deskriptorverknüpfungen eine Strukturierung des Thesaurus durch Kategorien vorgenommen. Eine Kategorie ist eine Qualifikationsangabe, die zu dem Deskriptor hinzugefügt wird und seine Bedeutung präzisiert. Ein Deskriptor mit Kategorienangabe heißt gebundener Deskriptor, ohne Kategorienangabe freier Deskriptor. Eine Kategorie ist durch ihren Namen und ihre interne Nummer gekennzeichnet.
In der hier beschriebenen Datenbank sind bis jetzt folgende Kategorien eingeführt:

Kategoriename	Kategorienummer	Bedeutung
AU	1	Autor
EI	3	Eintragedatum
JR	4	Erscheinungsjahr
HG	6	Herausgeber
OT	7	Objekttyp .

Der Dokumententeil enthält neben den Referattexten der Dokumente die Verweise auf die entsprechenden Deskriptoren. Als Dokumente werden bezeichnet:

Bücher, Buchkapitel, Zeitschriften, Zeitschriftenartikel, Arbeitsberichte.

Die Referattexte enthalten die zur Auffindung der Dokumente erforderlichen bibliographischen Angaben. In einem Buch werden Titel, Autor(en), Herausgeber, Verlag, Erscheinungsjahr angegeben. Ein Buchkapitel wird beschrieben durch die bibliographischen Angaben des dazugehörigen Buches, sowie Überschrift und Kapitelnummer. In einem Zeitschriftenartikel werden neben Titel und Autor (en) die Zeitschrift (mit Band-, Heftnummer und Erscheinungsjahr) angegeben.
Folgende Abkürzungen werden im Referattext verwendet:

TI	für Titel
AU	für Autor(en)
HG	für Herausgeber
VE	für Verlag
NA	für Name der Zeitschrift
BR	für Bandnummer
HR	für Heftnummer
KR	für Kapitelnummer
JR	für Erscheinungsjahr

Darüberhinaus treten die folgenden Abkürzungen auf:

ZSCHR	für Zeitschrift
ZA	für Zeitschriftenartikel
BUCH	für Monography
BUCM	für Buch mit Herausgeber usw.

Außerdem besteht die Möglichkeit,sich weitere Information über den Inhalt eines Dokuments durch ein Abstract zu verschaffen, sofern der Autor eine Kurzfassung mitgeliefert hat.

3. Sucharten

Das hier beschriebene System bietet zwei Sucharten:

logisches Retrieval und
gewichtetes Retrieval.

Das gewichtete Retrieval bietet dem Benutzer die Möglichkeit, die Bedeutung einzelner Deskriptoren in der Suchanfrage durch Zuordnen von ganzen Zahlen $b \neq \emptyset$ mit $-127 \leq b \leq +127$ hervorzuheben.

Das logische Retrieval ist die geeignete Suchart, wenn der Benutzer vom Rechercheergebnis Dokumente ausschließen will, denen unerwünschte Deskriptoren zugeordnet sind, oder wenn er möchte, daß jedem Dokument des Rechercheergebnisses eine vorgegebene Folge von Deskriptoren zugeordnet ist. Im allgemeinen ist die Genauigkeit im logischen Retrieval größer als im gewichteten Retrieval.

4. Aufbau einer Suchanfrage

Eine Recherche des vorliegenden Systems wird mit Hilfe von Suchanfragen (SUCH) und TELDOK-Kommandos (KDO) durchgeführt. Die Eingabebereitschaft dafür wird vom TELDOK-Operator angezeigt durch:

KDO/SUCH A =

Die Suchanfragen werden durchnumeriert mit den Buchstaben A-Z.

4.1 Suchen mit freien bzw. gebundenen Deskriptoren

Eine Suchanfrage kann aus freien bzw. gebundenen Deskriptoren aufgebaut werden. Als Deskriptoren können nur Einzelwörter, also keine Nominalphrasen,verwendet werden. Bei gebundenen Deskriptoren muß eine Kategorienangabe (Kategorienname bzw. Kategoriennummer) stehen. Der Kategorienname wird hinter dem Deskriptor - durch Doppelpunkt von diesem getrennt - angegeben, oder es muß die Kategoriennummer in eckigen Klammern hinter dem Deskriptor stehen.

Beispiele:

```
KDO/SUCH A =
REGLER:AU
```

oder

```
KDO/SUCH A =
REGLER[1]
```

oder

```
KDO/SUCH A =
REGLER
```

Das System interpretiert im letzten Beispiel REGLER als freien Deskriptor.
Werden bei einer Suchanfrage Deskriptoren verwendet, die nicht mit einem Buchstaben beginnen - wie zum Beispiel Jahreszahl oder Eintragedatum - so müssen diese durch Apostroph eingeschlossen werden.

<u>Beispiele:</u>

```
KDO/SUCH A =
'1975':JR
```

oder

```
KDO/SUCH A =
'1975'[4]
```

oder

```
KDO/SUCH B =
'7602':EI
```

oder

```
KDO/SUCH B =
'7602'[3]
```

Das Aufnahmedatum eines Dokumentes in die Datenbank gibt die Kategorie EI an. Dabei bedeuten die beiden ersten Ziffern das Jahr und die letzten den Monat des Dokumenteneintrages.

4.2 Suchen mit gewichteten Deskriptoren

Bei dieser Suchart besteht eine Anfrage aus höchstens 16 gewichteten Deskriptoren, die durch Komma voreinander getrennt werden. Der erste Deskriptor darf kein negatives Gewicht haben.

<u>Beispiele:</u>

```
KDO/SUCH A =
FUNKTION, 1Ø REELLE, 15 NULLSTELLE
```

oder

```
KDO/SUCH A =
MUELLER:AU, NULLSTELLE
```

Ist das Gewicht positiv, so darf das + Zeichen weggelassen werden; ist kein Gewicht angegeben, wird intern der betreffende Deskriptor mit 1 gewichtet.

4.3 Suchen mit logisch verknüpften Deskriptoren

Bei dieser Suchart besteht eine Anfrage aus höchstens 16 logisch miteinander verknüpften Deskriptoren.

Als Verknüpfungen stehen:

+ für logisches 'UND'
- für logisches 'UND NICHT'
/ für logisches 'ODER'

Eine Klammerstruktur ist nicht erlaubt. Die logischen Suchanfragen werden von links nach rechts abgearbeitet; eine Suchanfrage darf nicht mit einer Verknüpfung beginnen.

Beispiele:

```
KDO/SUCH B =
FUNKTION + RELLE - KOMPLEXE
```

oder

```
KDO/SUCH B =
FUNKTION + MUELLER[1]
```

4.4 Suchen mit Suchzeilenelementen

Die allgemeine Suchanfrage besteht aus Suchzeilenelementen. Ein Suchzeilenelement kann ein Deskriptor sein oder die Suchanfragennummer einer bereits bearbeiteten Suchanfrage.

Beispiele:

```
KDO/SUCH E =
D + NULLSTELLE
```

oder

```
KDO/SUCH F =
3 D, NULLSTELLE
```

Dabei kann D die Nummer einer allgemeinen Suchanfrage im gewichteten oder logischen Retrieval sein.

4.5 Suchen mit semantischen Verknüpfungen

Die oben angegebenen semantischen Verknüpfungen können bei Suchanfragen berücksichtigt werden. Durch das Kommando ERWEITERN (v,semant,stufe) werden z.B. mit v = EIN, semant = S und stufe = 1 alle nachfolgenden Suchanfragen erweitert. Dabei werden alle Deskriptoren des Thesaurus in die Suchanfrage miteinbezogen, die mit den ursprünglichen Deskriptoren der Suchanfrage direkt synonym verknüpft sind. (Direkt bedeutet hier, daß die Deskriptoren nicht über weitere dritte Deskriptoren verknüpft sind. Dies wird mit stufe = 1 erreicht. Eine ausführliche Beschreibung des Kommandos ERWEITERN findet man im Kommandoteil.)

Beispiele:

```
KDO/SUCH A =
*ERWEITERN(EIN,S,1)
KDO/SUCH A =
FUNKTION + REELLE
```

In dieser Suchanfrage werden alle Synonyme bzw. Wortformen der beiden Deskriptoren miteinbezogen. Die Zusatzdeskriptoren erhalten dabei das Gewicht 1.

Das Kommando GIBSEM(<gültiger Suchanfragebuchstabe>,S,1,) liefert die Synonymverknüpfungen zu den in der Suchanfrage verwendeten Deskriptoren.

4.6 Klassifizieren des Suchergebnisses

Im gewichteten Retrieval wird jedem gefundenen Dokument eine ganze Zahl als Bewertung zugeordnet. Sie ist die Summe der Bewertungen derjenigen Suchzeilenelemente der Suchanfrage, die auf das Dokument zutreffen. Die Bewertung eines Deskriptors ist das Gewicht des Deskriptors; die einer Suchanfragenummer das Produkt aus Gewicht der Suchanfragenummer und Bewertung des Dokuments in der entsprechenden Suchanfrage. Der Betrag der Einzelbewertungen und der Gesamtbewertungen wird, falls größer als 127, auf 127 normiert. Im logischen Retrieval gibt es keine differenzierte Bewertung der Dokumente. Aber alle durch logisches Retrieval gefundenen Dokumente erhalten bei Weiterverknüpfung in einer darauffolgenden Suchanfrage im gewichteten Retrieval die Bewertung +1. Die gefundenen Dokumente werden ihren Bewertungen entsprechend in Klassen eingeteilt.
TELDOK bietet dem Benutzer die Möglichkeit,sich die Klassen in tabellarischer Form ausgeben zu lassen. Dies geschieht mit dem

Kommando GIBTAB.

Treten als Suchzeilenelemente einer Suchanfrage sowohl Deskriptoren als auch Suchanfragenummern auf, so können sich viele Klassen ergeben. Falls z.B. eine Weiterverarbeitung aller Klassen unerwünscht ist, können durch das Kommando KUERZEN Klassen mit geringerer Bewertung ausgeschlossen werden.

Beispiele:

```
KDO/SUCH A =
2 BINARY, 3 CODES, -7 CYCLICAL
KDO/SUCH B =
*GIBTAB(A)

FOLGENDE DOKUMENTENTREFFER WURDEN ERZIELT
KLASSENANZAHL      = 5
MAXIMALE BEWERTUNG = 5

   ANZAHL    BEWERTUNG   KLASSE
       21        5          1   VOLLTREFFER
      1Ø3        3          2
      123        2          3
        1       -2          4
        1       -7          5

KDO/SUCH B =
*KUERZEN(A,KLAS,3)
```

Tritt nach diesem Kommando die Suchanfrage A als Suchzeilenelement in einer weiteren Anfrage auf, so werden lediglich die Dokumente der ersten drei Klassen weiter verarbeitet.

4.7 Umsortieren und Präzisieren eines Suchergebnisses

Jedes Suchergebnis kann über den Wert der Kategorien JR oder EI umsortiert oder präzisiert werden. Hierfür stehen die Kommandos GENAU, UM, NACH, VOR und ZWISCHEN zur Verfügung, die lediglich auf das Ergebnis der zuletzt gestellten Suchanfrage wirken.

Das Kommando UM liefert eine neue Klassifizierung der gefundenen Dokumente. So bewirkt z.B. UM(*JR,*1976), daß die Dokumente, deren Wert der Kategorie JR dem Vergleichswert 1976 am nächsten kommt, die höchste Bewertung (127) erhalten; die nächst größere Differenz bewirkt eine um 1 kleinere Bewertung usw.

Mit dem Kommando GENAU wird das Suchergebnis dahingehend präzisiert, daß nur solche Dokumente im Ergebnis erhalten bleiben, deren Wert der angegebenen Kategorie mit dem Vergleichswert identisch ist.

Durch das Kommando NACH bzw. VOR wird das Suchergebnis auf die Weise präzisiert, daß nur solche Dokumente im Ergebnis erhalten bleiben, deren Wert der angegebenen Kategorie größer bzw. kleiner als der Vergleichswert ist.

Bei dem Kommando ZWISCHEN bleiben im Ergebnis nur solche Dokumente erhalten, deren Wert der angegebenen Kategorie zwischen den Vergleichswerten liegt.

Mit Hilfe dieser Kommandos kann z.B. ein Suchergebnis auf einfache Weise so präzisiert werden, daß es nur noch die neuesten oder die zuletzt eingetragenen Dokumente enthält.

4.8 Suchen mit Hintergrunddeskriptoren

Mit Hilfe von Hintergrunddeskriptoren ist dem Benutzer eine weitere Möglichkeit zum Formulieren von Suchanfragen gegeben. Wurden auf eine Suchanfrage Dokumente gefunden, so heißen alle Deskriptoren, die diesen Dokumenten zugeordnet sind, Hintergrunddeskriptoren bzgl. dieser Anfrage.

Mit dem Kommando GIBHID kann der Benutzer sich die Liste der Hintergrunddeskriptoren einer bereits gestellten Anfrage ausgeben lassen. Dabei wird die Reihenfolge durch die Häufigkeit ihres Auftretens in den gefundenen Dokumenten bestimmt.

Mit dem Kommando LOEHID und der in der Liste angegebenen Numerierung ist es nun möglich,unerwünschte Hintergrunddeskriptoren zu markieren.

Mit dem Kommando SAMHID(MOD) wird eine neue Suchanfrage generiert. Sie wird im gewichteten Retrieval (Deskriptorgewicht = 1) durchgeführt und besteht aus allen nicht durch LOEHID markierten Hintergrunddeskriptoren.

Das Kommando SAMHID(KUE) liefert eine Anfrage im logischen Retrieval. Hier werden die in der vorangegangenen Suchanfrage (letzte

Suchanfragenummer) enthaltenen Deskriptoren mit den durch das Kommando LOEHID markierten Hintergrunddeskriptoren über die UND NICHT - Verknüpfung logisch verbunden.

4.9 Ausgeben gefundener Dokumente und Beenden der Recherche

Die auf eine Suchanfrage gefundenen Dokumente werden durch das Kommando GIBDOK ausgegeben. Dabei ist es möglich, innerhalb einer Suchanfrage im gewichteten Retrieval sich bei der Ausgabe auf eine bestimmte Klasse zu beschränken. Wurde die Anfrage im logischen Retrieval gestellt, werden alle gefundenen Dokumente ausgegeben. In beiden Fällen wird jedoch die Anzahl der auszugebenden Dokumente beschränkt durch die Voreinstellung, die mit dem Kommando ANZAHL zu Beginn einer Recherche vorgenommen werden muß.

Von den gefundenen Dokumenten werden der Dokumentenschlüssel und der dazugehörende Referattext ausgegeben. Der Dokumentenschlüssel ist eine Ziffernfolge, die das Dokument in der Datenbank eindeutig kennzeichnet. Wurde vom Autor zu einem Dokument ein Abstract angegeben, so hat der Benutzer die Möglichkeit, sich über den Dokumentenschlüssel das Abstract ausgeben zu lassen. Dies geschieht wiederum mit dem Kommando GIBDOK, wobei als Parameter *<Dokumentenschlüssel>A angegeben werden muß.

<u>Beispiele:</u>

```
KDO/SUCH D =
*GIBDOK(C,1,1)
5Ø5Ø91Ø24543
ZA:
  TI== BOUNDS TO COMPLEXITIES OF NETWORKS
       FOR SORTING AND SWITCHING.
  AU== MULLER DAVID E.
       PREPARATA FRANCO P.
ZSCHR:
  NA== JOURNAL OF THE ASSOCIATION FOR
       COMPUTING MACHINERY.
  BR== 22
  HR== 2
  JR== 1975
```

```
KDO/SUCH D =
*GIBDOK( 5Ø5Ø91Ø24543A)
A NETWORK WHICH SORTS N NUMBERS, WHEN ...
```

Die Recherche wird mit dem Kommando *ENDE beendet.

Zur Unterstützung des Benutzers bei der Recherche gibt es noch weitere Kommandos, die im Kapitel K o m m a n d o s beschrieben sind.

5. Kommandos

Mit Hilfe von TELDOK-Kommandos lassen sich exakt festgelegte Funktionen in der Literaturdatenbank TUBIBMUE durchführen. TELDOK-Kommandos werden stets mit dem Sonderzeichen * eingeleitet und bestehen aus einem Kommandonamen, dem eventuell in runden Klammern eingeschlossene Parameter folgen können.

In der folgenden Liste sind die TELDOK-Kommandos aus der TELDOK-Benutzerbeschreibung aufgeführt, mit denen in der Datenbank TUBIBMUE recherchiert werden kann. Die einzelnen Kommandos sind in verkürzter Form beschrieben.

Tätigkeitsname des Kommandos	Wirkung des Kommandos
ANZAHL	Einstellen der Anzahl für die Ausgabe
ENDE	Beenden einer TELDOK-Recherche
ERKLAERE	Erklären von TELDOK-Kommandos
ERWEITERN	Erweitern der Suchanfragen durch semantische Verknüpfungen
GENAU	Genaue Präzisierung des letzten Suchergebnisses
GIBANZ	Gib Anzahl der gefundenen Dokumente an
GIBDOK	Gib Dokumente aus
GIBHID	Gib Hintergrunddeskriptoren aus

Tätigkeitsname des Kommandos	Wirkung des Kommandos
GIBKAT	Gib Kategorienwerte aus
GIBMAX	Gib maximale Bewertung der Suchanfrage an
GIBSEM	Gib semantische Verknüpfungen aus
GIBTAB	Gib Klassifikationstabelle aus
GIBTHE	Gib einen Thesaurusausschnitt aus
GIBVER	Gib Verteilung aus
HILFE	Hilfestellung zu weiteren Recherchen
INFORM	Informiere über TELDOK-Datenbank
KUERZEN	Kürzen der Anzahl gefundener Dokumente
LOEHID	Lösche Hintergrunddeskriptoren
NACH	Präzisierung des letzten Suchergebnisses
SAMHID	Suchanfrage mit Hintergrunddeskriptoren
UM	Umsortieren des letzten Suchergebnisses
VOR	Präzisierung des letzten Suchergebnisses
WIELAUT	Wie lautet der Inhalt einer bereits gestellten Suchanfrage
ZWISCHEN	Präzisierung des letzten Suchergebnisses

*Es sind höchstens zehn Deskriptornummern als Parameter zugelassen.

Literatur

[LOCKEMANN 78]

Lockemann, P.C., Mayr, H.C.: Rechnergestützte Informationssysteme Springer Verlag Berlin-Heidelberg-New York, 1978.

[DATE 77]

Date, C.J.: An Information to Database Systems. 2. Auflage, Addison-Wesley Publishing Company 1977.

[MARTIN 77]

Martin, J.: Computer Data Base Organization. Prentice Hall, Inc. 2. Auflage 1977.

[TELDOK]

TELDOK-Handbuch. System 44Ø. Telefunken Computer Konstanz 1972.

Hubert Hüther

Das Relationenmodell und seine Möglichkeiten für Retrievalsysteme im Bereich der Informationswissenschaft

Zusammenfassung

Das Relationale Datenbankmodell will der Retrieval-Situation entsprechen, daß viele Benutzer auf sehr unterschiedliche Weise, d.h. über sehr differenzierte Relationen auf Daten zugreifen. Diese Situation ist im Rahmen des bisherigen Referenz-Retrieval kaum gegeben. Stellt man jedoch die fortschreitende Differenzierung der Informationssysteme und Benutzeranforderungen in Rechnung, wird man verstärkt auf die Möglichkeiten des Relationalen Modells zurückgreifen. Das Relationenmodell wird in verschiedenen Ausprägungen an Beispielen aus der Bibliotheks- und Dokumentationspraxis eingeführt und diskutiert. Klassen von Benutzern und Datenmanipulationssprachen, mit denen der Zugriff zu den Daten in den Datenbanken ermöglicht wird, werden vorgestellt und erörtert.

Abstract

The relational data bank model has been designed for a retrieval situation in which many users seek access to data in quite different ways, i.e. via highly sophisticated relations. This situation is scarcely possible within the framework of reference retrieval as practiced so far. However, in view of the increasing differentiation of information systems and user requirements, relational models will become more and more desirable. Various types of relational models are presented and discussed based on examples from library and documentation practice. User classes as well as data manipulation languages with which access to data in data banks is made possible are presented and discussed.

1. Einleitung

1.1 Relationales Modell und Informationssysteme

Das Fach Datenbanksysteme ist noch sehr jung, und doch existieren über Relationale Datenbanksysteme - neben der grundlegenden Veröffentlichung von E. F. Codd vom Forschungslabor der IBM in San Jose "A relational model for large shared data banks" (8) - schon einige ausgezeichnete Einführungen, z.B. (2), (1). 1976 haben die Autoren Michaels, Mittman, Carlson einen Vergleich des Relationalen Modells mit dem CODASYL-Ansatz beschrieben (3), und in der Eröffnungsnummer der Zeitschrift "Informatik-Spektrum" im August 1978 hat H. Wedekind einen Lehraufsatz über Relationale Datenbanksysteme geschrieben.

Berücksichtigt man lediglich Literaturrecherchesysteme, so mag die Behauptung gelten, daß der Relationale Ansatz (wie auch das Netzwerkmodell) für das Retrieval kaum neue Impulse geben kann. Ein sehr komfortables Dokumentationssystem, zu dem ein Wörterbuch (Thesaurus) mit verschiedenen Relationen (Oberbegriff, Unterbegriff, Synonyme, Related-Term und andere) sowie eine gewichtete Indexierung als auch die Möglichkeit der Freitextsuche gehören mag, kann, als Relationales System implementiert, als ein sehr einfaches (im Sinne des Relationenmodells) System von Relationen und nur wenigen Attributen dargestellt werden. Dies bedeutet, daß vom Typ her nur sehr wenig unterschiedliche Fragen gestellt werden können. Selbst von diesen wenigen Möglichkeiten benutzen Teilnehmer eines Literaturrecherchesystems nur den kleinsten Teil (denn Fragen wie "Welche Autoren benutzen im Titel nur Oberbegriffe?" oder "Welche Dokumente haben im Titel in der ersten Posititon kein Schlagwort?" werden in einem solchen System nicht gestellt, bzw. interessieren niemanden).

Die Aussage "Für Literaturrecherchesysteme kann der Relationale Ansatz kaum neue Impulse geben" richtet sich nicht gegen die Leistungsfähigkeit von in der Retrievalpraxis arbeitenden Systemen, die das Attribut 'Relational' führen. Man kann selbstverständlich Relationale Strukturen benutzen; die Problemsituation, daß viele Benutzer sehr unterschiedlich auf viele Relationen zugreifen, die Codd mit dem Relationenmodell lösen wollte, ist gar nicht gegeben, d.h. man wird den Ansatz nur teilweise verwirklichen (z.B. Fragen, wie die obengenannten beiden Fragen nicht zulassen; dann hat man aber einen hierarchischen Ansatz). Ein kleines Beispiel mag die Situation noch besser beleuchten.

In dem schon erwähnten Dokumentationssystem werde eine Benutzerstatistik geführt. Die Statistik sei ebenfalls in Relationenform (vgl. Abschnitt 4) festgehalten; das Gesamtsystem mag dann aus ca. zehn Relationen bestehen. Das System sollte zunächst zwei Benutzergruppen bedienen: diejenigen, die Fragen an die Statistik haben (z.B. "Welche Dokumente kommen in Antworten auf Fragen von Informatikern vor?"), und diejenigen, die Literaturrecherchen durchführen wollen. Aus der Benutzerforschung könnten aber einmal Anfragen kommen, die sowohl auf die "Statistik" als auch auf "Dokumente" zugreifen müssen, z.B. "Welche Berufsgruppen (Mathematiker, Informatiker, usw.) haben bei ihren Anfragen auch die Position und die Gewichte der Deskriptoren in die Fragestellung miteinbezogen?". Ein Merkmal des Relationenmodells ist nun, daß derartige semantisch sinnvolle Anfragen jederzeit möglich sind, ohne daß das System durch Programme ergänzt oder verändert werden muß.

Es zeichnet sich heute ab, daß zunehmend mehr Benutzer zu immer mehr Informationen Zugriff haben werden (Stichwörter, Fachinformationszentren, Netze wie EURONET/DIANE, ODIN, Telekommunikationstechnologien wie Bildschirmtext oder Zweiwegkabelfernsehen). Es ist vorstellbar, daß in diesem Zusammenhang Fragestellungen (z.B. in der Benutzerforschung) auftreten könnten, die in ihrer Differenziertheit noch nicht vorhersehbar sind. In einer solchen Situation könnte sich die Flexibilität des Relationenmodells als vorteilhaft erweisen.

Da Literaturrecherchesysteme nur ein (allerdings wichtiger) Aspekt aus dem Spektrum der Informationsverarbeitung und -vermittlung darstellen (Projekt- und Forschungsdokumentation, Mediendokumentation, Modelldokumentation, Problemlösungs- bzw. Entscheidungsfindungssysteme, Datendokumentation, Management-Informationssysteme, natürlichsprachig fundierte Frage-Antwort-Systeme etc.), und in diesen Bereichen die für Literaturrechechesysteme aufgestellte Behauptung nicht aufrecht erhalten werden kann bzw. falsch ist, erfordert dies für den Informationswissenschaftler die Kenntnis verschiedener Ansätze in der Datenbankforschung.

Aber selbst dann, wenn man Literaturrecherchesysteme etwa einem Linguisten zur Forschung erschließen will, braucht man plötzlich ganz andere Zugriffe auf die gleichen Daten ,etwa bei einer Frage: Welche Deskriptoren kommen zusammen mit einem Synonym in einem Dokument vor? (Siehe Abschnitt 4) Obwohl ein Dokumentationssystem als Relationales Datenbanksystem ein relativ einfaches System ist, könnten derartige Fragen bei herkömmlichen Systemen kaum im Rahmen einer gewöhnlichen System-Ergänzung beantwortet werden.

In diesem Aufsatz soll und wird neben dem Verzicht auf die historische und systematische Entwicklung aller Begriffe auch auf Vollständigkeit kein Wert gelegt. Das Hauptziel ist die Darstellung der wesentlichen Elemente Relationaler Datenmodelle; neben einigen notwendigen Definitionen wird dies auch an einem Beispiel gezeigt (Abschnitt 2). Im Abschnitt 3 werden einige Informationen über Datenmanipulationssprachen (DML) und Benutzerklassen gegeben. Im Abschnitt 4 wird das Relationenmodell an einem umfangreicheren Beispiel demonstriert.

1.2 Datenbanksysteme

Die Idee der Datenbanksysteme (DBS) entstand in den sechziger Jahren. Es galt mit folgenden zwei Problemen fertig zu werden:

- Verarbeitung von Massendaten
- Viele sehr unterschiedliche Zugriffe vieler Benutzer auf gleiche Daten.

Der zweite Problemkreis besteht - wie schon angedeutet - bei Literaturrecherchesystemen kaum.

Zur Lösung werden drei Maßnahmen vorgeschlagen, deren Realisierung heute wesentliche Merkmale von DB-Systemen sind:

1. Erhöhung der Datenunabhängigkeit
2. Kontrolle der Datenintegrität durch das System und nicht mehr durch den Benutzer
3. Zentralisierung der Daten im Hinblick auf viele zugreifende Verarbeitungsprozesse

Datenunabhängigkeit bedeutet, daß der Benutzer (entsprechend den Benutzerklassen 3-5 aus Abschnitt 3) unabhängig von Zugriffstechniken, Zugriffsstrukturen und physischen Abspeicherungen der Daten planen kann, d.h. auch Änderung der Zugriffsverfahren und Datenspeicherungen berühren seine Arbeit nicht.

Datenintegrität oder Datenkonsistenz bedeutet Gewährleistung der Fehlerfreiheit; wenn z.B. ein versehentlich doppelt aufgenommenes Dokument (z.B. verschiedene Schreibweisen) gelöscht wird, müssen auch alle Informationen (z.B. Hinweise in invertierten Dateien), die mit dem Dokument zusammenhängen, gelöscht werden.

Datenzentralisation erhöht die Vielfältigkeit der Informationsversorgung und ermöglicht die Integritätskontrollen durch ein Software-System. Wenn alle nutzungsfähigen Daten für alle denkbaren Anwendungen so bereitgestellt werden können, daß keine potentielle Anwendung benachteiligt oder fast unmöglich gemacht wird, spricht man von Datenneutralität.

2. Relationenmodell

Die Grundbegriffe für das von Codd entwickelte Relationenmodell sind der mathematische Begriff Relation und der Begriff Schlüssel. Seien n Mengen $D_1, \ldots, D_n$ gegeben (diese Mengen müssen nicht verschieden sein), dann ist eine n-stellige Relation R eine Teilmenge der Produktmenge $R \subseteq D_1 x \ldots x D_n$. Die Zahl n wird meist der Grad (degree) der Relation R genannt, und die Anzahl der Elemente (Tupel) von R wird oft als die Mächtigkeit (cardinality) von R bezeichnet. Üblicherweise stellt man eine Relation in Tabellenform dar. Eine Benutzerstatistik einer Bibliothek über das Ausleihverhalten könnte als Relation folgendermaßen in Tabellenform dargestellt werden

Abbildung 1 Benutzerstatistik als Relation

AUSLEIHE (Benutzer Nr.,	Name,	Adresse	Ausleihedatum	Rückgabedatum
1	Knorz	Darmstadt	2.1.79	15.2.79
2	Gotthardt	Darmstadt	5.1.79	10.1.79
3	Riemer	Niederramstadt	10.1.79	15.2.79
4	Hüther	Frankfurt	10.1.79	20.1.79
1	Knorz	Darmstadt	20.1.79	15.2.79
3	Riemer	Niederramstadt	21.1.79	22.2.79

Die Relation Ausleihe hat den Grad 5; ihre Mächtigkeit ist 6 (sie hat 6 Elemente (Tupel)). Die Menge D_1 ist eine Teilmenge der natürlichen Zahlen, die wenigstens die Zahlen 1-4 als Elemente hat.

Die Menge D_2 ist eine Menge von Familiennamen, die als Teilmenge die Menge {Knorz, Gotthardt, Riemer, Hüther} hat.

Die Mengen D_4 und D_5 könnten gleich sein und z.B. aus den Kalendertagen der Monate Januar 1979 und Februar 1979 bestehen. Im Relationenmodell nennt man eine solche Menge domain. Die Spalten der Tabelle werden Attribute genannt (gelegentlich auch Rollennamen); obwohl die Mengen D_4 und D_5 gleich sein können, müssen die Attribute Ausleihedatum und Rückgabedatum wohl unterschieden werden. Für eine Relation in Tabellenform gelten folgende Eigenschaften:

1. Keine zwei Zeilen sind identisch
2. Eine Sortierung der Zeilen (im Beispiel nach dem Ausleihedatum) hat keinerlei Bedeutung für die Relation
3. Eine einheitliche Anordnung in den Spalten ist wesentlich

Der dritte Punkt muß erläutert werden: Es ist nicht wesentlich, daß z.B. Ausleihedatum an vierter Stelle steht (dies könnte auch anders sein). Damit aber ein Element der Relation (Zeile) als 5-Tupel eindeutig ist, muß eine Reihenfolge der Attribute festgelegt sein.

Wenn ein Benutzer im vorigen Beispiel an einem Tag mehrere Ausleihen tätigt und/oder die ausgeliehenen Bücher am selben Tag zurückgeben würde, entstünden gleiche Zeilen,und die Bedingung 1. wäre verletzt. In diesem Falle wäre es sinnvoll, eine weitere Spalte Ausleihe Nr. hinzuzufügen und jedem Ausleihevorgang eine laufende Nummer zu geben; dies ist in der Praxis recht häufig anzutreffen.

Wenn ein Attribut oder eine Menge von Attributen geeignet ist, jede Zeile eindeutig zu identifizieren,spricht man von einem Schlüsselkandidaten; oft gibt es deren mehrere. Im vorigen Beispiel gibt es scheinbar mehrere Schlüsselkandidaten. Die Attribute Adresse und Ausleihedatum zusammen können jede Zeile identifizieren, z.B. Frankfurt und 10.1.79 kennzeichnen die Zeile 4. Dies ist jedoch ein Zufall, denn Adresse und Datum können kein Schlüsselkandidat für die Relation Ausleihe sein, da bei weiteren Ausleihevorgängen die identifizierende Eigenschaft mit Sicherheit verloren ginge. Wenn pro Tag nur ein Dokument ausgeliehen werden darf, bilden die Attribute Benutzer Nr. und Ausleihedatum für die Relation Ausleihe den einzigen Schlüsselkandidaten (bei weiteren Benutzern können auch Benutzer mit gleichem Namen vorkommen). Falls eine Relation mehrere Schlüsselkandidaten hat, wird einer davon zum Primärschlüssel bestimmt.

Die Attributwerte eines Tupels sollen Komponenten heißen; im Beispiel haben dann die Tupel, deren Benutzer-Nr.-Komponenten den Wert 1 haben, die Name-Komponente Knorz. Im allgemeinen Fall können Komponenten selbst wieder Relationen sein. An einem größeren Beispiel soll dies gezeigt werden. An diesem Beispiel soll später auch der für das Relationenmodell wichtige Vorgang der Normalisierung gezeigt werden.

In einer Dokumentationsstelle werde eine Statistik geführt, in der für jeden Benutzer seine Anfragen und die von der Dokumentationsstelle nachgewiesenen Dokumente festgehalten sind.

Jeder Benutzer hat eine eigene Benutzernummer, jede Anfrage bekommt eine eigene Fragenummer (z.B. eine laufende Nummer); Suchzeitraum I könnte z.B. bedeuten, daß nur Dokumente aus den letzten

Abbildung 2 Benutzerstatistik

Benutzer-nummer	Name	Adresse	Beruf	Frage-nummer	Datum	Suchzeit-raum	Nachgewiesene Dokumente
1	Knorz	Darmstadt	Diplom-Informatiker	1	2.1.79	II	3,1,2,7
				2	5.1.79	I	1,7
				5	21.1.79	III	10,11,12,15, 17,7
2	Riemer	Niederram-stadt	Diplom-Mathematiker	3	5.1.79	II	2,4,7
				4	18.1.79	I	3,2,10
3	Putze	Darmstadt	Diplom-Informatiker	6	21.1.79	III	4,2,15,17

Abbildung 3 Benutzerstatistik als Relation

STATISTIK

Benutzer-nummer	Name	Adresse	Beruf	Fragemenge			
				F.-Nr.	Datum	SU	A
1	Knorz	Darmstadt	Diplom-Inf.	1	2.1.79	II	3,1,2,7
				2	5.1.79	I	1,7
				5	21.1.79	III	10,11,12, 15,17,7
2	Riemer	Niederram-stadt	Dipl.-Math.	3	5.1.79	II	2,4,7
				4	18.1.79	I	3,2,10
3	Putze	Darmstadt	Dipl.-Inf.	6	21.1.79	III	4,2,15,17

F.-Nr. = Fragenummer
SU = Suchzeitraum
A = Antwortmenge

6 Monaten gefragt sind usw. Die Reihenfolge der Nummern der nachgewiesenen Dokumente haben keine Bedeutung. Die Statistik aus Abb. 2 könnte entsprechend Abb. 3 in eine Relation mit dem Namen Statistik umgesetzt werden.

Diese Relation Statistik ist 5-stellig und hat 3 Elemente. Hier liegt nun der Fall vor, daß die Frage-Komponenten selbst wieder Relationen sind; z.B. ist die Frage-Komponente der ersten Zeile der Relation Statistik eine 4-stellige Relation und hat 3 Elemente. In diesen Relationen stellen die A-Komponenten ebenfalls wieder eindimensionale Relationen dar. Relationen dieser Art (Komponenten sind selbst wieder Realtionen) haben Nachteile, die in folgendem Beispiel gezeigt werden sollen. Ein Dokumentar hat festgestellt, daß das Dokument Nr. 7 relativ oft in Antwortmengen vorkommt. Ihn interessiert nun die Anzahl der Fragen, bei denen das Dokument Nr. 7 in der Antwortmenge vorkommt. Bezüglich dieser Fragestellung ist nun die Relation Statistik recht unfreundlich (in ihr ist eine Hierarchie vorhanden); zur Beantwortung der Frage ist man gezwungen,bei jedem Benutzer nachzusehen, welche Fragen er gestellt hat, dann bei jeder Frage festzustellen, ob das Dokument Nr. 7 in der Antwortmenge vorhanden ist. Diese Darstellung begünstigt Fragestellungen, die den Benutzereinstieg benötigen. Es werden hier also zwei Mängel sichtbar:

- Die Datenunabhängigkeit ist beeinträchtigt. Denn für den Fragesteller wird ein logischer Zugriffspfad sichtbar (er muß wissen, daß er in der Relation Statistik auf jede F-Komponente zugreifen muß, in jeder F-Relation auf jede A-Komponente und in jeder A-Relation möglicherweise auf jedes Dokument).
- Der Mangel an Datenunabhängigkeit bedingt auch einen Mangel an Datenneutralität (Bevorzugung von Fragestellungen, die den Benutzer betreffen).

Diese Kritik an hierarchischen Modellen hat bei Codd die Idee der Relationalen Modelle entstehen lassen. Mit dem Relationenmodell ist der Begriff der <u>Normalisierung</u> verbunden. In der Normalformenlehre werden Aussagen gemacht, welche Attribute in einer Relation zusammengefaßt werden sollen; sie umfaßt vier Stufen.

Unnormalisierte Form
↓
Erste Normalform (ENF)
↓
Zweite Normalform (ZNF)
↓
Dritte Normalform (DNF)

Die schon betrachtete Relation Statistik ist in der unnormalisierten Form. Beim Übergang in die ENF werden Hierarchien beseitigt. Für das Anliegen dieses Aufsatzes genügt es, die ENF und DNF noch etwas näher zu betrachten (die ZNF ist ohnehin nur eine Übergangsstufe zur DNF).

Definition
Eine Relation ist in der ENF, wenn alle Komponenten unzerlegbar sind (d.h. nicht selbst wieder Relationen sind).

Die unnormalisierte Relation STATISTIK soll übergeführt werden in die normalisierte Relation NACHWEIS (siehe Abbildung 4).

Die Relation NACHWEIS ist in einer Form, daß alle nur denkbaren sinnvollen Fragen relativ einfach gestellt werden können (siehe auch den Abschnitt über DML), insbesondere auch die Frage nach der Anzahl der Benutzeranfragen, die das Dokument 7 in ihrer Antwortmenge haben.
Als einzig sinnvoller Primärschlüssel (falls man keine laufende Nummer benutzt) bietet sich die Attributmenge {F.Nr, DOK} an.

Diese Darstellung des Beispiels hat jedoch einige Nachteile beim Änderungsdienst (damit sei das Einfügen und Löschen von Zeilen und das Ändern von Komponenten bezeichnet).

1) Ändern einer Eigenschaft
Schon einem Laien fällt auf, daß viele Eigenschaften mehrfach gespeichert sind. Würde z.B. der Benutzer Riemer nach Darmstadt ziehen, so müßte die ADR-Komponente von 6 Zeilen geändert werden. Weil dem Benutzer Riemer 6 Dokumente auf seine Anfragen hin nachgewiesen wurden, ergibt sich dieser Mehraufwand beim Ändern. Diesen Defekt nennt Codd "update dependency".

2) Einfügen einer Zeile
Stellt ein Benutzer eine Frage, kann dies zunächst nicht eingetragen werden, da der Primärschlüssel erst vollständig wird, wenn

Abbildung 4 Benutzerstatistik als normalisierte Relation

NACHWEIS

BEN.Nr.	NAME	ADR	BR	F.Nr.	DAT	SU	DOK
1	Knorz	Da	D.I.	1	2.1.79	II	3
1	Knorz	Da	D.I.	1	2.1.79	II	1
1	Knorz	Da	D.I.	1	2.1.79	II	2
1	Knorz	Da	D.I.	1	2.1.79	II	7
1	Knorz	Da	D.I.	2	5.1.79	I	1
1	Knorz	Da	D.I.	2	5.1.79	I	7
1	Knorz	Da	D.I.	5	21.1.79	III	10
1	Knorz	Da	D.I.	5	21.1.79	III	11
1	Knorz	Da	D.I.	5	21.1.79	III	12
1	Knorz	Da	D.I.	5	21.1.79	III	15
1	Knorz	Da	D.I.	5	21.1.79	III	17
1	Knorz	Da	D.I.	5	21.1.79	III	7
2	Riemer	Ndr	D.M.	3	5.1.79	II	2
2	Riemer	Ndr	D.M.	3	5.1.79	II	4
2	Riemer	Ndr	D.M.	3	5.1.79	II	7
2	Riemer	Ndr	D.M.	4	18.1.79	I	3
2	Riemer	Ndr	D.M.	4	18.1.79	I	2
2	Riemer	Ndr	D.M.	4	18.1.79	I	10
3	Putze	Da	D.I.	6	21.1.79	III	4
3	Putze	Da	D.I.	6	21.1.79	III	2
3	Putze	Da	D.I.	6	21.1.79	III	15
3	Putze	Da	D.I.	6	21.1.79	III	17

BEN.Nr. = Benutzernummer
ADR = Adresse
BR = Beruf
F.Nr. = Fragenummer
DAT = Datum
SU = Suchnummer
DOK = Nachgewiesenes Dokument

Da = Darmstadt
D.I. = Diplom-Informatiker
D.M. = Diplom-Mathematiker
Ndr = Niederramstadt

die Antwortmenge vorliegt; andererseits muß aber die laufende Nummer der Fragen festgehalten werden. Noch schwieriger wird die Situation, wenn sich mehrere neue Benutzer anmelden. Dieser Defekt wird "insertion dependency" genannt.

3) Löschen einer Zeile

Man hat festgestellt, daß sämtliche Anfragen,die sich über den Suchzeitraum III erstrecken, - durch irgendwelche Fehler verursacht - völlig unsinnige Antwortmengen liefern. Nach Beseitigung der Fehler sollen alle diese fehlerhaften Suchergebnisse gelöscht werden. Dies würde bedeuten, daß sämtliche Informationen über den Benutzer Putze verlorengingen. Dies hat Codd "deletion dependency" genannt.

Zur Behebung dieser Nachteile überführt man eine Relation, die in ENF ist, in die ZNF und DNF. Bei beiden Übergängen spielt die funktionale Abhängigkeit eine entscheidende Rolle.

Definition

A und B seien zwei Attribute einer Relation R. Das Attribut B ist dann funktional abhängig von A, wenn zu jedem Zeitpunkt jeder Wert von A nicht mehr als einen Wert in B hat (man kann auch sagen A determiniert B, R.A$\longrightarrow$R.B).

Die Definition läßt sich auch auf zwei Attributmengen ausdehnen. Es gibt viele Definitionen der DNF; hier wird die Definition von Sharman (15) gewählt, die recht kurz ist und die ZNF nicht benötigt.

Definition

Eine Relation ist in der DNF, wenn jede Attributmenge A, die eine Attributmenge B terminiert, auch Schlüsselkandidat ist.

Die Relation NACHWEIS ist nicht in der DNF; Beispiele:

- Zu jeder Fragenummer gehört nur ein Datum und ein Suchzeitraum; die Fragenummer allein ist jedoch kein Schlüsselkandidat der Relation Nachweis
- Zu jeder Benutzernummer gehört nur ein Name, eine Adresse und ein Beruf (BEN.Nr terminiert NAME, ADR, BR . Die Benutzernummer gehört nicht einmal zu einem Schlüsselkandidaten.)

Der Aufbau einer Datenbank in DNF kann im allgemeinen Fall nicht von dem System selbst durchgeführt werden (außer in statischen

Abbildung 5 Benutzerstatistik in der Dritten Normalform (Der Primärschlüssel ist unterstrichen)

BENUTZER

BEN.Nr	NAME	ADR	BR
1	Knorz	Da	D.I.
2	Riemer	Ndr	D.M.
3	Putze	Da	D.I.

ANFRAGE

F.Nr	DAT	SU	BEN.Nr
1	2.1.79	II	1
2	5.1.79	I	1
3	5.1.79	II	2
4	18.1.79	I	2
5	21.1.79	III	1
6	21.1.79	III	3

ANTWORT

F.Nr	DOK
1	3
1	1
1	2
1	7
2	1
2	7
5	10
5	11
5	12
5	15
5	17
5	7
3	2
3	4
3	7
4	3
4	2
4	10
6	4
6	2
6	15
6	17

Systemen), da funktionale Abhängigkeiten die DNF bestimmen. Der Datenbankadministrator, der diese Zusammenhänge kennt, muß die Zerlegung durchführen. Die Darstellung und DNF brauchen nicht eindeutig zu sein.

Die Relation NACHWEIS kann man in drei Relationen in DNF zerlegen (siehe Abbildung 5).

3. Sprachen und Benutzerklassen

Es wird hier nur ein Einblick in einige Klassen von Datenmanipulationssprachen, natürlichsprachliche Hilfen und den Bezug zu einzelnen Benutzerklassen gegeben werden (einige Bezeichnungen und Begriffe werden in Klammern angegeben, ohne daß näher darauf eingegangen wird; es genügt, auf ausführlichere einführende Literatur zu verweisen).

Aus der Sicht des Benutzers dient eine Datenmanipulationssprache (DMS, oder DML (Data Manipulation Language)) zum Wiederauffinden von Daten in der Datenbank bzw. zur Transformation des Konzeptionellen Schemas (Basisschema) in ein individuelles, Externes Schema. Sie dient aber auch dem Änderungsdienst. Wenn sie nicht in eine universelle Programmiersprache, die als Trägersprache (host language) fungiert, eingebaut ist, spricht man von Query-Sprache.

Bei der Besprechung einer DMS ist es sinnvoll, den zugehörigen Benutzerkreis anzusprechen. In der Feature Analysis werden vier Benutzergruppen unterschieden. Codd hat eine weitere Gruppe, die der gelegentlichen Benutzer (casual user), hinzugefügt. Es ist nicht nötig, alle Gruppen gleich ausführlich zu behandeln; interessant sind hier die Gruppen 3 bis 5:

1) DB-Verwaltungs- und Betriebspersonal

Personal der Abteilung des DB-Administrators, professionelle Benutzergruppe

2) Anwendungsprogrammierer

Gruppe der Personen, die wenigstens eine Programmiersprache beherrschen

3) Anspruchsvolle Laien

Zu dieser Gruppe werden Wissenschaftler, Architekten, Kaufleute und Ingenieure gezählt, die in der Lage sind,komplizierte Anfragen an ein System zu stellen. Der Informationsassistent, der für Manager Fragen an ein System stellt, wird ebenfalls zu dieser Gruppe gezählt. Der Benutzer dieser Gruppe muß ein Daten-Wörterbuch (data dictionary) benutzen können, um Namen von Relationen und Attributen herauszufinden. Er muß nicht in Prozeduren denken, aber Verständnis für die Notwendigkeit von Formalisierungen haben.

4) Angelerntes Dienstleistungspersonal

So wurde das Schalterpersonal in den Banken, auf den Flughäfen und in Auskunftbüros bezeichnet. Die Feature Analysis nennt diese Gruppe, die der "parametric user". Von dieser Gruppe wird keine Formalisierung in einer DMS verlangt, sondern es müssen von ihnen nur offene Parameter für ansonsten fertige Programme zur Verfügung gestellt werden.

5) Gelegentliche Benutzer (casual user)

In der ursprünglichen Definition war hier an die Hausfrau gedacht, die an einem Heimterminal sich nach den billigen Fleischpreisen in der Stadt erkundigt (5). Weiterhin heißt es in (5) (13): Diese Gruppe wird dann größer werden, wenn es gelingt, Branchenverzeichnisse, Personenverzeichnisse, Kataloge von Bibliotheken und statistische Jahrbücher in eine DB einzubringen.

Um hier die Gruppe derjenigen einordnen zu können, die Literaturrecherchen durchführen bzw. durchführen lassen, müßte diese Einteilung überarbeitet, umformuliert und ergänzt werden. Sie verteilen sich auf die Gruppen 3-5. Die meisten Anfragen an ein Literaturrecherchesystem kommen von Benutzern, die nur gelegentlich ein Retrieval durchführen wollen, die also in die Gruppe 5 gehören. Der größte Teil dieser Anfragen sind sogenannte Routinefragen (es werden Dokumente gesucht, denen bestimmte Deskriptorkombinationen zugeordnet sind, aus einem gewissen Zeitraum usw.). Diese Anfragen könnten durch Benutzer der Gruppe 4 durchgeführt werden. Sonst benötigt der Benutzer natürlichsprachliche Übersetzungshilfen für die Transformation seiner Anfrage in eine DMS. Bei komplizierten Anfragen sollten dem "casual user" Rückkopplungsmöglichkeiten angeboten werden.

Ein wissenschaftlicher Dokumentar, der den Aufbau einer Datenbank von der dokumentarischen Seite her zu betreuen hat, ist in die Gruppe 3 einzuordnen. In der Dokumentationspraxis ist die Zuordnung zu den einzelnen Klassen nicht immer eindeutig. Kann das Retrieval von den Systemanforderungen her gewiß von Personen aus der Gruppe 3 und 4 durchgeführt werden, so ist zu beachten, daß für die Formulierung der meisten Retrievalfragen erhebliches Fachwissen benötigt wird.)

Relationale DMS können in drei Klassen eingeteilt werden: Sprachen auf der Grundlage des Relationen-Kalküls, der Relationen-Algebra sowie Abbildungssprachen (10) (mapping-languages). Einzelne Autoren (z.B. (1)) spalten von der letzten Gruppe noch eine vierte Gruppe, die der "graphics-oriented languages", ab.

In Sprachen auf der Basis des Relationen-Kalküls wird gewissermaßen die Prädikatenlogik 1. Ordnung als DMS für normalisierte Relationen benutzt. Solche Sprachen nennt Codd relational vollständig; er selbst hat mit ALPHA eine solche Sprache vorgestellt.

In der Relationenalgebra werden die Operationen der klassischen Mengenalgebra durch typisch relationale Operationen (wichtig z.B. Projektion und Verbund (join)) ergänzt. Codd hat gezeigt, daß Sprachen, die auf der Relationenalgebra beruhen, ebenso wirksam sind wie die des Kalküls.

Sprachen dieser beiden Klassen ("Algebra", "Kalkül") sind sehr elegante Sprachen; sie erwarten jedoch wenigstens ein elementares mathematisches Verständnis. Sie können daher keine benutzerfreundliche universelle DMS sein, wenden sich jedoch auch an Benutzer der Gruppe 3.

Keine mathematischen Vorkenntnisse erfordern die Abbildungssprachen, die auch relativ leicht erlernbar sind. Große Bedeutung hat die Sprache SEQUEL (Structure English Query Language) erlangt. Die Sprache ist recht attraktiv für Benutzer der Gruppe 3 und dennoch relational vollständig; komplizierte Anfragen können jedoch zu "schwer lesbaren Sätzen" führen, so daß ein formales Denken notwendig ist.

Zur natürlichsprachlichen Unterstüzung des "casual user" sind in den letzten Jahren für die Englische Sprache viele natürlichsprachlich-orientierte Frage-Systeme entwickelt worden. Man kann sie unterteilen in Systeme der "ersten und zweiten Generation". Bei den ersteren werden die Benutzerfragen - ohne Rückkopplung - in eine maschinenorientierte Sprache übersetzt; bekannte Systeme sind REL (12) und CONVERSE (11). Bei Systemen der zweiten Generation wird der Benutzer in einem Dialog unterstützt bei der Entwicklung einer eindeutigen Formulierung seiner Frage. Bei dem Entwurf und der Entwicklung von RENDEZVOUS war Codd selbst mitbeteiligt.

4. Beispiel

Eine kleine Dokumentenmenge mit verschiedenen Indexierungen, verschiedenen Relationen zwischen den Deskriptoren und einer Benutzerstatistik dieses Recherchesystems sollen in Relationenform dargestellt werden. Mit Beispielfragen sollen dann einige Möglichkeiten gezeigt werden.

Von vier Dokumenten (Referaten) seien in der Relation DOKU einige bibliographische Angaben (Autor, Erscheinungsjahr und Sprache) und in den Relationen VORKOM, MIND und AIND vier Indexierungen dieser Dokumente festgehalten; und zwar seien in VORKOM Stichwörter aus dem Titel und dem Referatetext getrennt festgehalten, in MIND seien eine manuelle und in AIND eine automatische Indexierung gegeben.

Zu den Schlagwörtern sollen vier Relationen festgehalten sein; in WB sei zu den Englischen Schlagwörtern die Französische und Deutsche Übersetzung gegeben, in SY, OB bzw. REL seien die Synonymabeziehung, Unterbegriff-Obergriffsbeziehung bzw. eine auf statistischem Wege gewonnene Relation (z.B. durch association factors) dargestellt.

Die Benutzerstatistik ist in den vier Relationen BENUTZER, ANFRAGE, FRAGE und ANTWORT gegeben. In BENUTZER sind Daten über den Benutzer (Anschrift, Beruf, usw.) registriert; in ANFRAGE sind formale Daten einer Benutzeranfrage gegeben, während in FRAGE die Anfrage inhaltlich festgehalten ist. In ANTWORT sind dann die Antworten des Systems auf die Benutzerfragen in Form von Dokumentnummern gegeben.

Abbildung 6

DOKU

D.Nr	AU	JA	S
1	Codd	1970	Eng
2	Date	1975	Eng
3	Wedekind	1978	Dt
3	Codd	1976	Eng

MIND

D.Nr	DES
1	A
2	A
2	D
4	D
3	A
3	D

VORKOM

D.Nr	DES	AB	PO
1	A	Ti	2
1	B	Ab	10
1	C	Ab	5
2	C	Ti	3
2	D	Ti	2
2	C	Ab	8
2	D	Ab	11
2	F	Ab	3
4	D	Ti	4
4	D	Ab	4
4	G	Ab	10
3	V	Ti	2
3	W	Ti	3
3	V	Ab	7
3	W	Ab	8
3	Y	Ab	3
3	Z	Ab	9

SY

DESA	DESZ
D	G
G	D

AIND

D.Nr	DES	WE
1	B	0.7
1	C	0.8
2	D	0.8
2	F	0.8
2	C	0.4
4	D	0.9
3	D	1.0
3	C	0.8
3	F	0.3

REL

DESA	DESZ	WE
B	C	0.7
C	B	0.7
E	F	0.8
F	E	0.8
D	C	0.3
G	C	0.3
C	D	0.5
C	G	0.5

WB

ENG	FR	DT
A	I	T
B	J	U
C	K	V
D	L	W
E	M	X
F	N	Y
G	O	Z

OB

DESA	DESZ
B	A
C	A
E	B
F	B
F	C

BENUTZER

<u>BEN.Nr</u>	NAME	ADR	BR
1	Knorz	Da	D.I.
2	Riemer	Ndr	D.M.
3	Putze	Da	D.I.

ANFRAGE

<u>F.Nr</u>	DAT	SU	BEN.Nr
1	2.179	II	1
2	5.1.79	I	1
3	5.1.79	II	2
4	18.1.79	I	2

ANTWORT

<u>F.Nr</u>	<u>DOK</u>
1	3
1	1
1	2
2	1
3	2
3	4
4	3
4	2

FRAGE

<u>F.Nr</u>	v,∧	DES	WE	REL	IND	REI	DIS
1	1	C	o	WB	Ab	1	≤ 3
1	1	D	o	WB	Ab	2	o
1	2	C	o	WB	Ab	1	≤ 5
1	2	B	o	WB	Ab	2	o
2	1	B	≥ 0.6	o	AI	o	o
3	1	D	o	o	Ti	o	o
4	1	A	o	SY	MI	o	o
4	1	D	o	SY	MI	o	o

<u>Abkürzungen:</u>

D.Nr = Dokumentennummer
AU = Autor
JA = Erscheinungsjahr
S = Sprache
DES = Deskriptor
WE = Wert
AB = Abschnitt
PO = Position
Ti = Titel
Ab = Abstracttext
DESA = Ausgangsdeskriptor
DESZ = Zieldeskriptor
SU = Suchzeitraum
ADR = Adresse
BR = Beruf
REL = Relation
IND = Indexierung
REI = Reihenfolge
DIS = Distanz
Automatische Indexierung
Manuelle Indexierung

Aus den bisherigen Ausführungen dürfte bei fast allen Relationen die Bedeutung der einzelnen Spalten und Zeilen klar sein. Zur Relation FRAGE müssen jedoch einige Erläuterungen gegeben werden. Mit den Spalten "F.Nr", "v,∧" und DES können Boole'sche Frageformulierungen in der disjunktiven Normalform erfaßt werden. In der Spalte "DES" sei noch Platz für ein Minuszeichen im Falle der Verneinung vorgesehen. Die ersten vier Zeilen der ersten drei Spalten der Relation FRAGE sollen die Boole'schen Frageformulierung $C \wedge D \vee C \wedge B$ darstellen. Die zur Frage 1 gehörenden Deskriptoren werden zunächst durch "∧" verknüpft, wenn sie in Spalte "v,∧" gleiche Zahlen haben; die so entstandenen Ausdrücke werden dann durch "v" verknüpft. Die Spalte "IND" soll angeben, welche der vier Indexierungen der Benutzer benutzen will. Die Spalte REL soll angeben, daß zu dem in Spalte DES gewählten Deskriptor auch die zu dem Deskriptor in einer bestimmten Relation stehenden Deskriptoren hinzugenommen werden sollen. Die Spalte WE ist nur bei den Fragen sinnvoll, bei denen die Automatische Indexierung benutzt wird. In den Spalten REI und DIS sollen Möglichkeiten erfaßt werden, die der Benutzer in vielen Retrievalsystemen bei der Freitextsuche hat, nämlich Festlegung einer Reihenfolge und Distanz der Deskriptoren im Text. Die ersten beiden Zeilen der Spalten REI und DIS sollen bedeuten, daß die durch "∧" verknüpften Deskriptoren C und D auch in dieser Reihenfolge im Referatetext stehen und höchstens den Abstand 3 haben sollen. Zu dieser Darstellung von Fragen in Relationenform sei bemerkt, daß dies eine für dieses Beispiel gewählte Möglichkeit ist, wobei keine allgemeingültigen Überlegungen angestellt werden.

Nach diesen Ausführungen können nun einige Fragemöglichkeiten an dieses System gezeigt werden. Ein Benutzer braucht nicht alle Relationen des Systems zu kennen, zuweilen kann sogar schon die Kenntnis von Teilen einer Relation genügen. Ohne daß hier auf die System-Architektur näher eingegangen werden soll, sei gesagt, daß dem Benutzer eine eigene "Sicht" (View) angeboten werden kann. (Die Bezeichnung "Sicht" kommt überwiegend in der Literatur über Relationale DB-Systeme vor; in der sonstigen Literatur spricht man meist von "Externen Schemata".) Einem Benutzer, der nur an englischsprachiger Literatur interessiert ist, der seine Fragen über die Stichwortindexierung beantwortet wissen möchte, aber keinen Wert auf Unterscheidung zwischen Titel und Abstracttext legt und ebenfalls keinen Wert auf die Position der Stichwörter, könnte folgende "Sicht" angeboten werden:

VORKOM 1

D.Nr	DES
1	A
1	B
1	C
2	C
2	D
2	F
4	D
4	G

Zu VORKOM1 muß bemerkt werden, daß diese Relation keine physische Kopie ist, sondern ein abstrakt existierendes Datenmodell, das mit Hilfe einer Datenmanipulationssprache aus der Basis erzeugt wird. Ein Benutzer mit einer solchen Sicht braucht jedoch nur den formalen Aufbau der Relation VORKOM1 zu kennen. Ähnlich können Benutzern "Sichten" angeboten werden, wenn sie nur an Dokumenten interessiert sind, bei denen im Text vorkommende Stichwörter auch als Deskriptor zugeteilt wurden oder wenn bei Deskriptoren prinzipiell ihre Synonyma mitbetrachtet werden sollen.

Will ein Benutzer jedoch von Fall zu Fall entscheiden, welche Indexierung bzw. Kombination von Indexierungen er für die Beantwortung seiner Frage vorzieht, benötigt er die Kenntnis aller Indexing-Relationen und muß die Verknüpfung der Relationen mittels der DMS selbst durchführen. Neben den Möglichkeiten, daß man Indexierungen kombiniert und die vorhandenen Relationen auch mehrstufig in Fragestellungen miteinbezieht (diese Möglichkeiten sind teilweise auch in herkömmlichen Systemen gegeben), gibt es für Literaturrecherchen kaum weitere interessante Fragemöglichkeiten (jedenfalls soweit dies heute vorhersehbar ist).

Neben Fragemöglichkeiten, an denen niemand interessiert sein dürfte (etwa: Gib mir alle Dokumente, die im Titel an Position 2 und 3 Stichwörter haben), gibt es jedoch für Linguisten, die die sprachliche Struktur z.B. von Referaten interessiert, und für Benutzerforscher wichtige Fragen, z.B. der folgenden Art:

- Gibt es Stichwörter, die gleichzeitig mit einem Synonym in Referatetexten auftreten
- Gibt es Referate, bei denen im Titel nur Oberbegriffe von im Referatetext vorkommenden Stichwörtern stehen
- Welche Berufsgruppen benutzen bei ihren Frageformulierungen die Relationen zwischen den Deskriptoren in mehreren Stufen
- Gibt es Berufsgruppen, die kaum an fremdsprachiger Literatur interessiert sind

Da schon in nicht allzu ferner Zukunft (wie in der Einleitung angedeutet) die Möglichkeit besteht, daß sowohl Forscher als auch Hausfrauen auf die gleichen Daten zugreifen, könnte die Möglichkeit der Beantwortung solcher Fragestellungen wichtig werden und damit die Verbesserung des Angebotes an Indexierungen und Relationen zwischen den Deskriptoren.

Literaturverzeichnis

(1) Chamberlin, D.D.: Relational Data-Base-Management Systems. ACM Computing Survey 8, 43-66 (1976)

(2) Date, C.: An introduction to Database Systems. 2. Aufl. London: Addison-Wesley 1977

(3) Michaels, A.; Mittmann, B.; Carlson, R.: A comparison of the relational und CODASYL approaches to Data-Base Management. ACM Computing Surveys, 8 125-151 (1976)

(4) Schlageter, G.; Stucky, W.: Datenbanksysteme, - Konzepte und Modelle. Stuttgart: Teubner 1977

(5) Wedekind, H.: Datenbanksysteme I. Reihe Informatik/16, Mannheim, Wien, Zürich: Bibliographisches Institut, 1974

(6) Wedekind, H.; Härder, T.: Datenbanksysteme II, Reihe Informatik/16,Mannheim, Wien, Zürich: Bibliographisches Institut, 1976

(7) Wedekind, H.: Relationale Datenbanksysteme. Informatik-Spektrum 1, 5-16 (1978)

(8) Codd, E.F.: A relational model of data for large shared data banks. Comm. of ACM 13, 377-397 (1970)

(9) Codd, E.F.: Further normalization of the Database Relational Model. Courant Computer Science Symposia, 33-64 (1971)

(10) Chamberlin, E.D., et al: SEQUEL 2 - A unified approach to data definition, manipulation and control. IBM Research Report, RJ 1798, June 23, 1976

(11) C.H. Kellogg; J. Burger; T. Diller; K. Fogt: "The CONVERSE Natural Language Data Management System: Current Status and Plans", Proc. ACM Symposium on Information Storage and Retrieval, Univ. of Maryland, College Park 1971 pp 33-46

(12) F.P. Thompson; P.C. Lockemann; B.H. Doster; R. Deverhill: "REL: A Rapidly Extensible Language System", Proc. 24th ACM National Conference, New York, ACM 1969 pp 399-417

(13) E.F. Codd: "Seven Steps to Rendezvous with the Casual User", Proc. IFIP TC-2 Working Conference on Data Base Management Systems, Cargese, Corsica, April 1-5, 1974, in J.W. Klimbie and K.I. Koffeman (eds.), "Data Base Management", North-Holland 1974

(14) Codd, E.F.; Arnold, R.S.; Cadiou, J.-M.; Chang, C.L.; Roussopoulus, N.: RENDEZVOUS VERSION 1: An Experimental English-Language Query Formulation System for Casual Users of Relational Data Bases, IBM Research Report RJ 21444, San Jose, California, January 1978

(15) Sharman, G.C.H.: A new model of Relational data base and high level languages, Technical Report TR.12.136, IBM Hursley Park Laboratory, England, Feb., 1975

Karl-Heinz Dreckmann

Aufbau und Arbeitsweise eines Datendokumentationssystems

Zusammenfassung

Informationen formen ein Modell der realen Welt - sie werden durch Daten dargestellt. Informationssysteme werden zur Lösung von verschiedenen Informationsverarbeitungsaufgaben eingesetzt - Datendokumentationssysteme haben die Aufgabe, Daten (damit mittelbar Informationen) zu reproduzieren. Sie stützen sich dabei i.a. auf ein Datenbanksystem. Ein solches System besitzt ein Datenmodell, das als Instrumentarium zur Formung des Realitätsmodells dient.

Es wird ein Informationssystem zur Dokumentation der Eigenschaften von Eisen- und Stahlwerkstoffen vorgestellt. Kern des Systems ist das Datenbanksystem DB/MASTER; sein Datenmodell wird beschrieben und in Beziehung zu anderen Modellen gesetzt.

Abstract

Information is thought of as a model of reality - it is represented by means of data. Information systems are used to solve various information processing tasks - it is the task of data documentation systems to reproduce data (i.e. indirectly information). The systems are, in general, supported by data base systems. These systems possess data models which are utilized to model reality.

An information System is presented which is intended to document properties of iron and steel meterials. The system is built upon the data base system DB/MASTER as a kernel; its data model is depicted and related to other models.

1. Datendokumentationssysteme

Informationssysteme werden gewöhnlich in Systeme für die Verarbeitung von Informationen in Betrieben und Verwaltungen (Management-Informations-Systeme) und in Systeme zur Literaturdokumentation (Information-Retrieval-Systeme) eingeteilt. Seit einiger Zeit bildet sich ein dritter Typ von Informationssystemen heraus: Systeme für den Zweck der Dokumentation von Daten (gelegentlich auch "Fact-Retrieval-Systeme" genannt). Solche Datendokumentationssysteme haben - wie wir sehen werden - Eigenschaften sowohl von betrieblichen oder administrativen Informationssystemen als auch von Literaturdokumentationssystemen.

Allgemein bestehen Informationssysteme - soweit es sich um rechnergestützte Systeme handelt - aus Hardware- und Software-Komponenten zur Lösung einer gegebenen Informationsverarbeitungsaufgabe: Datenbanken dienen als Speicher für Informationen (oder Daten); ein Datenbankverwaltungssystem wird zur Speicherung, Verwaltung und Wiedergewinnung von Informationen eingesetzt; durch Anwendungsprogramme werden aufgabenspezifische Auswertungen der gespeicherten Informationen durchgeführt.

Einige wichtige Eigenschaften von Informationssystemen sind in Abb. 1 zusammengefaßt dargestellt. Dabei sind die einzelnen Eigenschaftsangaben nicht unbedingt in jedem Falle exklusiv der einen oder der anderen Klasse von Informationsverarbeitungsaufgaben bzw. -systemen zuzuordnen - sie sollen nur die Haupt-Eigenschaften benennen und damit die jeweilige Aufgabe bzw. das jeweilige System charakterisieren helfen.

Informationssysteme für die Datendokumentation liegen irgendwo zwischen betrieblichen oder administrativen Informationssystemen auf der einen und Literaturdokumentationssystemen auf der anderen Seite - sie haben (die in Abb. 1 dargestellten) Eigenschaften der einen sowohl wie der anderen Systemart. Datendokumentationssysteme können daher für die Verarbeitung betrieblicher oder administrativer Informationen wie auch für die Dokumentation von Daten und von Literatur eingesetzt werden.

SYSTEME / EIGENSCHAFTEN	BETRIEBLICHE ODER ADMINISTRATIVE INFORMATIONSSYSTEME	LITERATUR-DOKUMENTATIONS-SYSTEME
INFORMATIONS-TYP	numerische Information ("Zahlen")	Text-Informationen ("Wörter")
INFORMATIONS-FORMAT	formatiert ("Felder")	nicht formatiert ("Sätze")
INFORMATIONS-DARSTELLUNG	uninteressant; nur Bedeutung ist wichtig	Darstellung und Bedeutung sind gleich wichtig
ERGEBNIS DER VERARBEITUNG	neue Informationen; Veränderung der alten Informationen	Reproduktion der Original-Informationen; keine Veränderung

Abb. 1: Eigenschaften von Informationssystemen

Information wird in der Informatik im Sinne der Umgangssprache als Kenntnis über Sachverhalte und Vorgänge verstanden (1). Daten sind Zeichen, die zum Zwecke der Verarbeitung Informationen aufgrund bekannter oder unterstellter Abmachungen darstellen (1). Die Begriffe Daten und Informationen werden mithin weitgehend synonym verwendet. Es ist jedoch zweckmäßig, das Verhältnis von Daten und Informationen ein wenig differenzierter zu betrachten (2):

- Daten sind Träger von Informationen - sie dienen zu deren Darstellung;
- Informationen entstehen aus Daten durch einen Erkenntnisprozeß, der den Daten einen Begriff, eine Vorstellung oder ein Modell zuordnet.

Erkenntnisse können nur Menschen gewinnen, Maschinen nicht: daher gibt es in einem Datenbanksystem genau genommen nur Daten (z.B. gespeichert in Datenbanken) - keine Informationen. In einem Informationssystem gibt es insofern auch Informationen, als der Mensch mit den ihm zugänglichen Komponenten des Systems kommunizieren und aus den Daten, die ihm das System liefert, Erkenntnisse ableiten kann.

Dokumentation ist die Sammlung, Ordnung und Nutzbarmachung von Dokumenten jeder Art, z.B. von Urkunden, Schriftstücken und Beweisen (3) - also von Dingen, die schriftlich und, in weiterem Sinne, wahrnehmbar und reproduzierbar dargestellt sind. Daten stellen Informationen wahrnehmbar und reproduzierbar dar - sind damit (spezielle) Dokumente. Datendokumentation ist dann die Sammlung, Ordnung und Nutzbarmachung von durch Daten dargestellten Informationen.

2. Datenmodelle

Informationen bilden ein Modell eines Ausschnitts der Realität - Daten stellen die Informationen konkret dar. Ein Datenmodell ist eine organisierte Sammlung von Konzepten für die Darstellung von Informationen durch Daten (2). Es gibt eine Vielzahl unterschiedlichster Datenmodelle, die sich (nach (4)) in Gruppen einteilen lassen: in die hierarchischen, relationalen, netzwerkorientierten, gegenstandsorientierten, mengentheoretischen, graphentheoretischen Modelle usw. Die größte Bedeutung kommt den drei ersten - den hierarchischen, relationalen und netzwerkorientierten - Modellen zu.

Datenmodelle spielen im Rahmen von Informationssystemen dort eine Rolle, wo Informationen in Form von Daten dargestellt werden - in Datenbanksystemen, wo ein Datenbankverwaltungssystem Daten in Datenbanken speichert, verwaltet und wiedergewinnt: jedes Datenbanksystem hat ein bestimmtes Datenmodell.

Ein Datenmodell umfaßt zwei Klassen von Elementen:

- Datenobjekttypen und
- Operationen auf Datenobjekten.

2.1 Hierarchische Modelle

Hierarchische Modelle verwenden als Basis-Datenobjekttypen Sätze (manchmal auch Segmente genannt); logisch zusammengehörige Sätze werden nach vorgegebenem Muster zu Satz-Hierarchien zusammengefaßt, die den Charakter von Bäumen haben (Abb. 2).

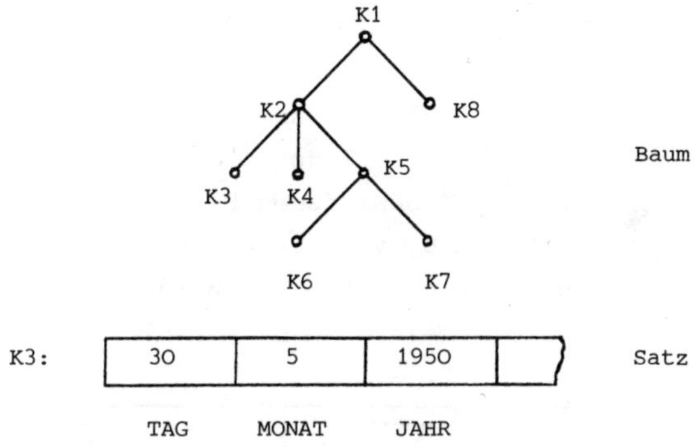

Abb. 2: Beispiel für einen Baum von Sätzen

Ein Baum hat Knoten, die Sätze enthalten; die Sätze haben je Knoten einen festen Aufbau aus Feldern, die Werte von - durch Namen gekennzeichneten - Größen (z.B. TAG: 30) enthalten. Eine wichtige Rolle spielen die Beziehungen zwischen den Sätzen eines Baumes: sie werden in Abb. 2 durch die Zweige zwischen den Knoten repräsentiert. Zweige können z.B. so realisiert werden, daß jeder Satz eines beliebigen Knotens Zeiger auf einen Satz (bzw. mehrere Sätze) der nächst niedrigeren Ebene enthält.

Die Operationen auf Datenobjekten von hierarchischen Modellen lassen sich in

- baumorientierte Operationen und

- satzorientierte Operationen

gliedern. Baumorientierte Operationen dienen dazu, sich in der Baumstruktur zurechtzufinden und zu bewegen - Beispiel: GET UNIQUE liest einen beliebigen Satz eines Knotens. Mit den satzorientierten Operationen können gelesene Sätze manipuliert, z.B.

mit Hilfe von REPLACE verändert, werden.

Hierarchische Modelle werden u.a. in (2) und (5) beschrieben, ein Beispiel für ein sehr oft eingesetztes Datenbanksystem mit hierarchischem Datenmodell ist IMS (6).

2.2 Relationales Modell

Das relationale Modell - begründet von Codd (7) - hat eine gut ausgebaute mathematische Grundlage. Basis-Datenobjekttypen sind n-stellige Relationen. Eine n-stellige Relation ist definiert als eine Menge von n-Tupeln, wobei jedes Element E_i eines n-Tupels jeweils aus einer Menge D_i von Elementen stammt. Abb. 3 zeigt als Beispiel die Relation Datum - eine dreistellige Relation mit drei n-Tupeln (3-Tupeln).

TAG	MONAT	JAHR
30	5	1950
17	12	1962
1	3	1978

$$D_1 = \{1,2,\ldots,31\} = D_{TAG}$$
$$D_2 = \{1,2,\ldots,12\} = D_{MONAT}$$
$$D_3 = \{1950,\ldots,1978\} = D_{JAHR}$$

$$R_{DATUM} \subset D_{TAG} \times D_{MONAT} \times D_{JAHR}$$

$$(E_1, E_2, E_3) = (30,5,1950) \in R_{DATUM}$$

Abb. 3: Beispiel für eine Relation

Operationen auf Relationen können u.a. ausgeführt werden mit Hilfe einer

- Relationenalgebra oder eines
- Relationenkalküls.

In der Relationenalgebra werden, ausgehend von der Mengenalgebra, eine Reihe von Relationenverknüpfungen definiert - Beispiel: RESTRICTION, d.h. Auswahl bestimmter n-Tupel aus einer Relation. Bei Anwendung des Relationenkalküls werden die Relationen im Sinne der Logik als Prädikate aufgefaßt; mit Hilfe eines Prädikatenkalküls 1. Ordnung lassen sich dann aus vorhandenen neue Relationen erzeugen - Beispiel: GET, d.h. Lesen eines Tupels oder mehrerer Tupel einer Relation, um sie zu einer neuen Relation zusammenzufassen.

Beschreibungen des relationalen Modells finden sich u.a. in (2), (7) und (8); Datenbanksysteme mit relationalem Datenmodell befinden sich z.Zt. noch in der Entwicklungs- oder Erprobungsphase - ein Beispiel ist SYSTEM R (9).

2.3 Netzwerkorientierte Modelle

Basis-Datenobjekttypen von netzwerkorientierten Modellen sind - wie bei hierarchischen Modellen - Sätze, die zu Mengen zusammengefaßt werden. Dabei handelt es sich nicht um Mengen im mathematischen Sinne,sondern um spezielle Mengen - sog. "CODASYL-Sets". Ein CODASYL-Set besteht i.a. jeweils aus (Abb. 4)

- genau einem sog. "Owner"-Satz und
- mehreren sog. "Member"-Sätzen.

Alle Member-Sätze eines CODASYL-Sets sind dem Owner-Satz zugeordnet: in Abb. 4 ist dies durch Pfeile ausgedrückt - Owner- und Member-Sätze bilden eine sog. Kette. Inhaltlich bedeutet das, daß der Inhalt des Owner-Satzes für alle Member-Sätze Gültigkeit besitzt. Die Pfeile lassen sich z.B. durch Zeiger in den Sätzen realisieren.

Ein Satz kann gleichzeitig Owner in einer beliebigen Zahl von CODASYL-Sets und Member in einer beliebigen Zahl von - anderen - CODASYL-Sets sein: auf diese Weise lassen sich netzwerkartige Strukturen erzeugen - bestehend aus Ketten von Sätzen, die sich gegenseitig durchdringen.

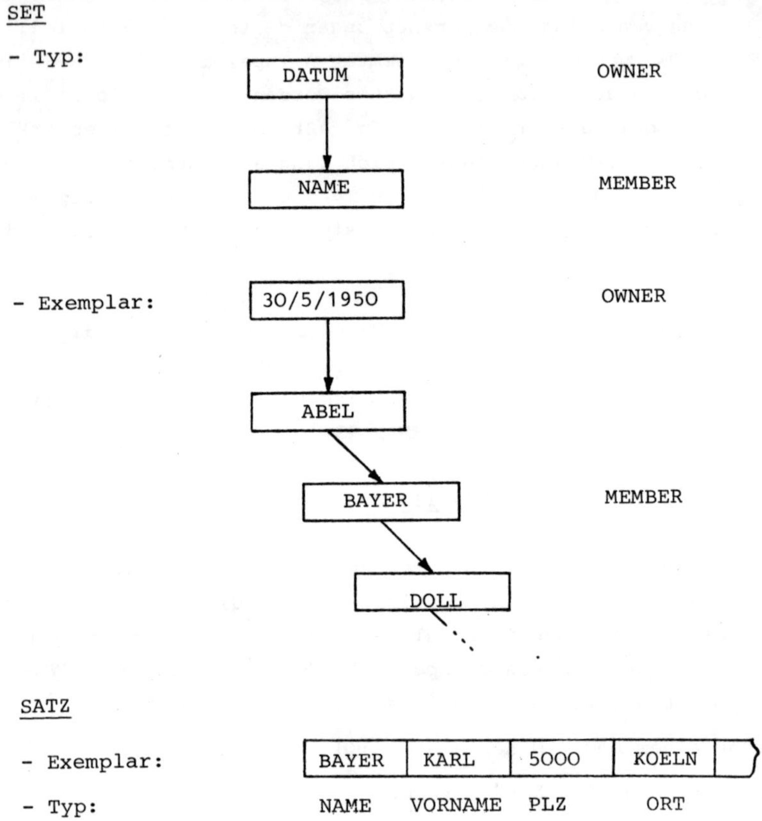

Abb. 4: Beispiel für einen Set

CODASYL-Sets und Sätze können - wie auch Bäume und Sätze im hierarchischen bzw. Relationen und n-Tupel im relationalen Modell - auf der Typ- und auf der Exemplar-Ebene betrachtet werden. Die Angaben zum Typ von Elementen - nämlich CODASYL-Sets, Sätzen usw. - werden als Schema des betreffenden Elements bezeichnet: sie geben die Attribute, u.a. den Namen, die Länge, die Stellung etc., des Elements an.

Die Operationen auf Datenobjekten der netzwerkorientierten Modelle umfassen

- setorientierte Operationen und
- satzorientierte Operationen.

Setorientierte Operationen gestatten es, sich in Sets zurechtzufinden und zu bewegen (zu "navigieren") - Beispiel: FIND lokalisiert einen beliebigen Satz. Die satzorientierten Operationen ermöglichen die Manipulation von Sätzen im Verlaufe der Bewegung in einem Set - Beispiel: CONNECT fügt einen Satz in einen Set ein.

Beschreibungen von netzwerkorientierten Modellen finden sich u.a. in (2), (10) und (11). IDS (12) - eines der ältesten Datenbanksysteme überhaupt - ist ein Beispiel für ein Datenbanksystem mit netzwerkorientiertem Datenmodell.

2.4 Das Modell von DB/MASTER

Einige Datenmodelle - wie z.B. die hierarchischen oder netzwerkorientierten Modelle - verwenden Sätze als Basis-Datenobjekttypen; letztlich gilt das auch für das relationale Modell: ein n-Tupel einer Relation kann als Satz dargestellt werden.

Entsprechendes gilt auch für das Modell des Systems DB/MASTER, das gegenwärtig im Betriebsforschungsinstitut entwickelt wird (13-15). Ein Satz ist dort ein geordnetes Paar aus einem Schema und einem Exemplar. Das Satzexemplar ist ein n-Tupel von Feldexemplaren, das Satzschema ein n-Tupel von Feldschemata: es dient zur - feldweisen - Interpretation des zugehörigen Satzexemplars. Feldexemplare enthalten Werte von bestimmten Größen, die zugehörigen Feldschemata die Attribute der Größen wie Name, Länge, Stellung usw.

Beziehungen zwischen Sätzen werden im Datenmodell von DB/MASTER durch sog. Verbände beschrieben. Ein Verband ist die Menge aller Sätze, die einer bestimmten Bedingung genügen. Verbände sind z.B.

- die Datenbasis als die Menge aller Sätze, die zur Lösung einer bestimmten Informationsverarbeitungsaufgabe notwendig sind oder verwendet werden;
- Datenbanken, die jeweils solche Teilmengen von Sätzen einer Datenbasis enthalten, die sachlich zusammengehören und gemeinsam verwaltet werden.

Innerhalb von Datenbanken gibt es dann

- Satzverbände,
- Basisverbände und
- Objektverbände.

Ein Satzverband ist die Menge aller Sätze einer Datenbank, die dasselbe Schema haben; in den Datenmodellen anderer Datenbanksysteme werden Satzverbände als Dateien, logische Dateien, Datenbank-Dateien usw. bezeichnet. Satzverbände lassen sich als Relationen auffassen und Sätze als deren n-Tupel: das Datenmodell von DB/MASTER hat Aspekte eines relationalen Modells (s. Abb. 3).

Sachlich zusammengehörige Sätze werden zu sog. Basisverbänden zusammengefaßt: ein Basisverband ist ein geordnetes Paar aus einem Schema und einer Menge von Exemplaren. Ein Basisverbandsexemplar ist ein Baum von Satzexemplaren, das Basisverbandsschema ein Baum von Satzschemata: es dient zur - satzweisen - Interpretation aller zugehörigen Basisverbandsexemplare. Basisverbände sind Mengen baumartig hierarchisch verknüpfter Sätze: das Datenmodell von DB/MASTER hat Aspekte eines hierarchischen Modells (s. Abb. 2).

Exemplare von - verschiedenen - Basisverbänden, die zur Beschreibung desselben Objekts der Realität dienen, werden zu sog. Objektverbänden zusammengefaßt. Alle Basisverbandsexemplare eines Objektverbandes erfüllen folgende Bedingungen:

- Das Schema des Wurzelsatzes enthält ein Feld mit bestimmten, überall gleichen Attributen (insbesondere also auch mit demselben Namen).
- Das Exemplar des Wurzelsatzes enthält in diesem Feld immer denselben Wert.
- Bei diesem Wert handelt es sich um einen Identifikator (z.B. einen Namen) für ein Objekt der realen Welt.

Diese Art der Verknüpfung von Basisverbandsexemplaren zu Objektverbänden wird Kopplung genannt. Sie erfolgt im Gegensatz zu der Verknüpfung von Sätzen zu Basisverbänden - die auf Schema- und Exemplarebene vorgenommen wird - nur zwischen Exemplaren. Aus diesem Grunde haben Objektverbände kein Schema.

Objektverbände sind verwandt mit CODASYL-Sets - Unterschiede sind: es gibt nur Member, keine Owner und die Verknüpfung der Member-Sätze erfolgt nicht durch Kettung,sondern durch Kopplung. Das Datenmodell von DB/MASTER hat also auch - wenngleich nur wenige und schwach ausgeprägte - Aspekte eines netzwerkorientierten Modells (s. Abb. 4).

Mithin ist das Datenmodell des Datenbanksystems DB/MASTER mit seinen Datenobjekttypen Feld, Satz, Basisverband und Objektverband (Abb. 5) ein hybrides Modell mit Eigenschaften von relationalen, hierarchischen und netzwerkorientierten Modellen. Die Operationen auf den Datenobjekten nutzen diese Eigenschaften aus. Dementsprechend gibt es

- satzorientierte Operationen,
- basisverbandsorientierte Operationen und
- objektverbandsorientierte Operationen.

Alle drei Gruppen von Operationen umfassen jeweils eine Operation zum Lokalisieren der entsprechenden Datenobjekte: SUCHEN von Sätzen, Basis- oder Objektverbänden. Darüber hinaus gehören zu den satzorientierten Operationen - die mit Abstand die größte Gruppe bilden - lesende und verändernde Operationen: LESEN,

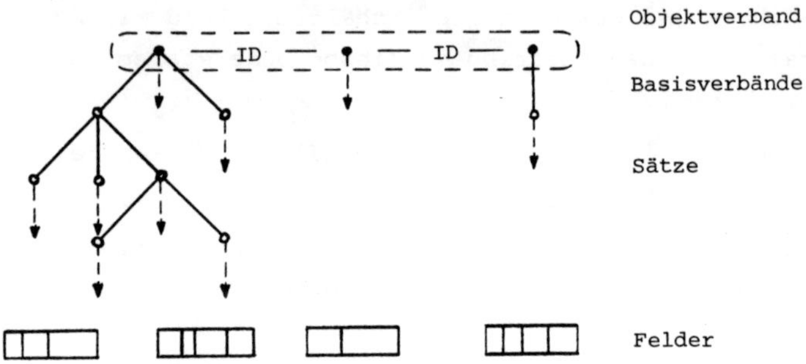

Abb. 5: Datenobjekttypen des Datenmodells von DB/MASTER

ÄNDERN, LÖSCHEN und HINZUFÜGEN von Sätzen. Zu den basisverbandsorientierten Operationen gehören lesende Operationen, die es gestatten, sich in der Satz-Hierarchie eines Basisverbandes gezielt zu bewegen: z.B. LESEN nach der Methode des gefädelten Baums. Die einzige objektverbandsorientierte Operation ist: SUCHEN von Objektverbänden.

3. Das Werkstoffinformationssystem

Nach der Darstellung einiger Konzepte und Modelle von Informations- und Datenbanksystemen und der Bestimmung dessen, was Datendokumentation bedeutet, kann nun die Praxis des Aufbaus und der Anwendung von Datendokumentationssystemen untersucht werden. Dies erfolgt zweckmäßigerweise an einem konkreten Fall: als Beispiel soll das Werkstoffinformationssystem des Vereins Deutscher Eisenhüttenleute (VDEh) dienen.

Das Betriebsforschungsinstitut des VDEh arbeitet seit 1969 an einem Informationssystem für die Dokumentation der Eigenschaften von Eisen- und Stahlwerkstoffen. Ein Teilsystem behandelt gemessene Eigenschaftswerte, die im Verlaufe der Produktion ermittelt werden (15); es ist seit 1972 in Betrieb. Ein zweites Teilsystem behandelt genormte Eigenschaftswerte (13-15); eine erste Version dieses Teilsystems ist seit Anfang 1978 im Probebetrieb. Im folgenden wird das zweite Teilsystem betrachtet.

3.1 Aufgabenstellung

Das Informationssystem für Normenwerte dokumentiert Normen für die Eigenschaften von Eisen- und Stahlwerkstoffen: damit sind Realitätsausschnitt und Informationsverarbeitungsaufgabe angegeben. Die Realität des Ausschnitts kann durch ein abstraktes Modell beschrieben werden, das (u.a.) folgende Komponenten hat:

- Normen beschreiben eine bestimmte Gruppe von Werkstoffen durch festgelegte Werte von relevanten Eigenschaften (Beispiel: chemische Zusammensetzung);
- Tabellen sind das wichtigste Beschreibungsmittel innerhalb einer Norm - sie werden ergänzt durch Text und graphische Darstellungen;
- Normenwerke fassen alle Normen zusammen, die von einem bestimmten Normungsgremium erarbeitet worden sind (Beispiel: DIN) - im Zusammenhang mit der gestellten Aufgabe interessiert jeweils nur derjenige Ausschnitt aus Normenwerken, der die Normen für Eisen- und Stahlwerkstoffe umfaßt.

Die Tabellen der Normen bestehen aus Zeilen, die jeweils einem Werkstoff - gelegentlich auch mehreren Werkstoffen - zugeordnet sind und aus Spalten, die Angaben zu Eigenschaften enthalten (Abb. 6). Die Eigenschaftsangaben bestehen aus Namen (z.B. "Zugfestigkeit"), die mit Maßeinheiten versehen sind (z.B. "kg/mm^2"), und Werten (z.B. "65 bis 80").

Name und Maßeinheit gelten jeweils für alle Werte einer Spalte; die Namen (und Maßeinheiten) aller Spalten einer Tabelle bilden - ergänzt um Überschriften - den sog. Tabellenkopf. Die Eigenschaftswerte einer Tabelle werden in ihrer Gesamtheit als Tabellenrumpf bezeichnet; der Rumpf kann zeilen- und spaltenweise interpretiert werden. Tabellenkopf und -rumpf enthalten häufig Indizes an Namen, Maßeinheiten oder Werten, die auf Fußnoten verweisen; die Fußnoten sind gemeinsam im sog. Tabellenfuß angeordnet.

Tabelle 6. **Gewährleistete mechanische Eigenschaften**

Stahlsorte		Härte im Behandlungszustand			Mechanische Eigenschaften an blindgehärteten Querschnitten [8]) von											
					11 mm Durchmesser				30 mm Durchmesser				63 mm Durchmesser			
Kurzname	Werkstoff-nummer	G [1]) [2]) (weichgeglüht) [3])	BF [1]) [2]) (wärmebehandelt auf bestimmte Zugfestigkeit) [4]) [5])	BG [1]) [2]) (wärmebehandelt auf Ferrit-Perlit-Gefüge) [6]) [7])	Streckgrenze	Zugfestigkeit	Bruchdehnung ($L_0 = 5 d_0$)	Brucheinschnürung	Streckgrenze	Zugfestigkeit	Bruchdehnung ($L_0 = 5 d_0$)	Brucheinschnürung	Streckgrenze	Zugfestigkeit	Bruchdehnung ($L_0 = 5 d_0$)	Brucheinschnürung
		HB 30 höchstens	HB 30	HB 30	kg/mm² mindestens	kg/mm²	% mindestens	% mindestens	kg/mm² mindestens	kg/mm²	% mindestens	% mindestens	kg/mm² mindestens	kg/mm²	% mindestens	% mindestens
C 10	**1.0301**	131	—	90 bis 126	40	65 bis 80	13	35	30	50 bis 65	16	45	—	—	—	—
Ck 10	**1.1121**	131	—	90 bis 126	40	65 bis 80	13	40	30	50 bis 65	16	50	—	—	—	—
C 15	**1.0401**	146	—	103 bis 140	45	75 bis 90	12	30	36	60 bis 80	14	40	—	—	—	—
Ck 15	**1.1141**	146	—	103 bis 140	45	75 bis 90	12	35	36	60 bis 80	14	45	—	—	—	—
Cm 15	**1.1140**	146	—	103 bis 140	45	75 bis 90	12	35	36	60 bis 80	14	45	—	—	—	—
15 Cr 3	**1.7015**	174	126 bis 174 [7]) [9])	118 bis 160	52	80 bis 105	10	35	45	70 bis 90	11	40	—	—	—	—
16 MnCr 5	**1.7131**	207	156 bis 207 [9])	140 bis 187	65	90 bis 120	9	35	60	80 bis 110	10	40	45	65 bis 95	11	40
16 MnCrS 5	**1.7139**	207	156 bis 207 [9])	140 bis 187	65	90 bis 120	9	35	60	80 bis 110	10	40	45	65 bis 95	11	40
20 MnCr 5	**1.7147**	217	170 bis 217 [9])	152 bis 201	75	110 bis 140	7	30	70	100 bis 130	8	35	55	80 bis 110	10	35
20 MnCrS 5	**1.7149**	217	170 bis 217 [9])	152 bis 201	75	110 bis 140	7	30	70	100 bis 130	8	35	55	80 bis 110	10	35
20 MoCr 4	**1.7321**	207	156 bis 207 [9])	140 bis 187	65	90 bis 120	9	35	60	80 bis 110	10	40	—	—	—	—
20 MoCrS 4	**1.7323**	207	156 bis 207 [9])	140 bis 187	65	90 bis 120	9	35	60	80 bis 110	10	40	—	—	—	—
25 MoCr 4	**1.7325**	217	170 bis 217 [9])	152 bis 201	75	110 bis 140	7	30	70	100 bis 130	8	35	—	—	—	—
25 MoCrS 4	**1.7326**	217	170 bis 217 [9])	152 bis 201	75	110 bis 140	7	30	70	100 bis 130	8	35	—	—	—	—
15 CrNi 6	**1.5919**	217	170 bis 217 [9])	152 bis 201	70	98 bis 130	8	35	65	90 bis 120	9	40	55	80 bis 110	10	40
18 CrNi 8	**1.5920**	235	187 bis 235 [9])	170 bis 217	85	125 bis 150	7	30	80	120 bis 145	7	35	70	110 bis 135	8	35
17 CrNiMo 6	**1.6587**	229	179 bis 229 [9])	159 bis 207	85	120 bis 145	7	30	80	110 bis 135	8	35	70	100 bis 130	8	35

[1]) Siehe Abschnitt 6.1
[2]) Die für diesen Zustand angegebenen Härtewerte gelten nicht für Stahl, der nach der Wärmebehandlung kalt verformt wurde.
[3]) Siehe Abschnitt 9.2
[4]) Siehe Abschnitt 9.3
[5]) Für Durchmesser bis ≈ 150 mm (Ausnahme bei Stahl 15 Cr 3)
[6]) Siehe Abschnitt 9.4
[7]) Für Durchmesser bis ≈ 60 mm
[8]) Beachte Abschnitte 7.5.1 und 8.3.3
[9]) Wenn im Hinblick auf die Zerspanbarkeit eine höhere Festigkeit verlangt wird, kann der Stahl nach Vereinbarung vergütet geliefert werden.

Abb. 6: Beispiel für eine Tabelle aus einer Norm (16)

Das abstrakte Modell der Normen für Eisen- und Stahlwerkstoffe - das in der Regel in schriftlicher Form vorliegt - wird nun in ein konkretes Modell abgebildet: dabei werden die Informationen des abstrakten Modells durch Daten dargestellt. Die Daten müssen erfaßt, gespeichert und sorgsam verwaltet werden, damit sie jederzeit wiedergewonnen und in gewünschter Weise - entsprechend der gegebenen Informationsverarbeitungsaufgabe - ausgewertet werden können.

3.2 Gewinnung von Informationen

Bei der Gewinnung von Informationen aus dem abstrakten Modell der Eisen- und Stahlnormen werden nur die Tabellen berücksichtigt: sie enthalten die eigentliche Beschreibung der Werkstoffeigenschaften. Manchmal enthält jedoch der Text einer Norm wichtige Angaben zur Interpretation einer Tabelle; solche Angaben werden dann extrahiert und der Tabelle hinzugefügt. Graphische Darstellungen werden nicht berücksichtigt.

Die Gewinnung von Informationen umfaßt fünf Arbeitsschritte; sie ist in Abb. 7 gemeinsam mit der Informationsspeicherung dargestellt - das ist zweckmäßig, da es zwischen beiden einen organisatorischen Zusammenhang gibt. An der Gewinnung und Speicherung von Informationen sind im wesentlichen drei Instanzen beteiligt:

- Die fachliche Betreuung des Vorgangs erfolgt durch Personen mit Fachkenntnissen (Werkstoffachleute);
- Erfassung und Prüfung von Daten wird von Erfassungskräften durchgeführt;
- die (datenverarbeitungs-) technische Betreuung aller Aktivitäten obliegt Datenverarbeitungs-Fachkräften.

In einem ersten Schritt wählt ein Werkstoffachmann aus einem Archiv A Tabellen aus, deren Inhalt an Informationen gewonnen (und gespeichert) werden soll. Die Tabellen sind für eine unmittelbare Benutzung durch Menschen gemacht. Es besteht bzw. bestand daher keine Notwendigkeit für ein einheitliches Format - selbst dann nicht, wenn mehrere Tabellen Werte derselben Eigenschaften enthalten. Mithin hat jede Tabelle ihr eigenes - oft recht kompliziertes - Format: sie wird deshalb einem Aufbereitungsprozeß unterzogen, dessen Ergebnis eine sog. Strukturbeschreibung ist: die Beschreibung der Struktur einer Tabelle - die wiederum in Form einer Tabelle dargestellt wird. In günstigen Fällen ist nur eine geringfügige Aufbereitung erforderlich - die Tabellenstruktur kann dann nahezu unverändert in die Strukturbeschreibung übernommen werden; häufig muß jedoch die Tabellenstruktur mehr oder weniger stark modifiziert werden, um eine vernünftige Speicherung und Auswertung der Informationen aus den Tabellen zu ermöglichen.

Im zweiten Schritt werden die Strukturbeschreibungen von Tabellen zur Erfassung gegeben: die Daten aus den Strukturbeschreibungstabellen werden an einem Bildschirm-Arbeitsplatz direkt vom Papier erfaßt und geprüft. Dazu wird ein Datenerfassungsprogramm (DACAPO (17)) verwendet, das eigens zu diesem Zweck entwickelt wurde: es kann Tabellen beliebiger Struktur erfassen und prüfen. Die Prüfung der erfaßten Daten erfolgt durch Wiederholung der Erfassung. Hierbei werden die zuletzt erfaßten Daten mit den zuerst erfaßten verglichen: treten Diskrepanzen auf, können korrigierende Maßnahmen ergriffen werden. Auf diese Weise werden Erfassungsfehler - soweit möglich - von vornherein vermieden (und nicht erst nachträglich korrigiert).

Der Werkstoffachmann kontrolliert im nächsten Schritt (3) die Erfassung und Prüfung der Tabellenstrukturen anhand eines Erfassungsprotokolls. Fehlerhafte Tabellen (-strukturen) werden an das Archiv A zurückverwiesen und liegen dort für eine erneute Auswahl und Aufbereitung bereit. Fehlerfreie Tabellenstrukturen werden für die Erfassung und Prüfung von Tabellenwerten freigegeben. Das Ergebnis der Kontrolle wird im Archiv E abgelegt.

Erfassung und Prüfung der Tabellenwerte (Schritt 4) setzen auf den Ergebnissen der Erfassung und Prüfung von Tabellenstrukturen (Schritt 2) auf und werden in derselben Weise durchgeführt wie diese. Der Ablauf der Erfassung (bzw. Prüfung) einer Tabelle wird dabei durch die zugehörige Strukturbeschreibung gesteuert. Tabellenstrukturen und -werte werden zur Verwendung im folgenden Arbeitsschritt zwischengespeichert.

In Schritt 5 kontrolliert der Werkstoffachmann die Erfassung und Prüfung der Tabellenwerte mit Hilfe des Erfassungsprotokolls. Tabellen mit Fehlern werden wieder an das Archiv A zurückverwiesen; sie liegen dort für eine spätere Auswahl und erneute Aufbereitung bereit. Tabellen ohne Fehler werden zur Weiterbehandlung

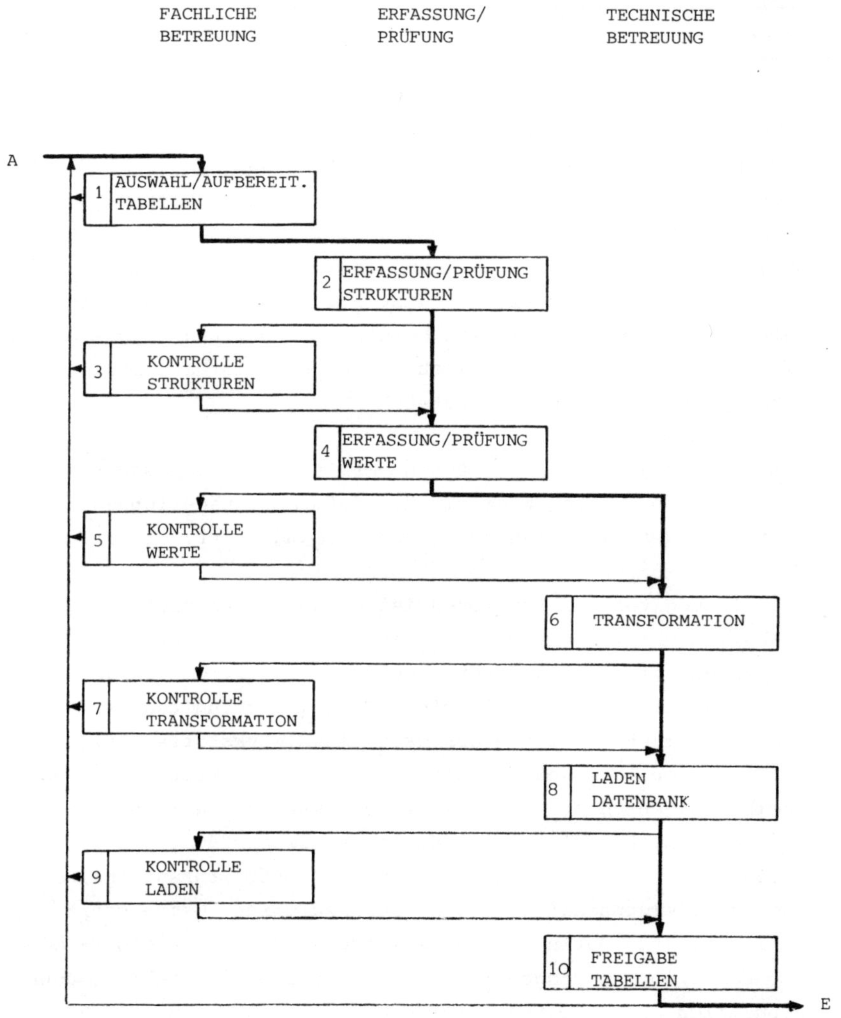

Abb. 7: Ablauf der Gewinnung und Speicherung von Informationen

freigegeben. Das Ergebnis der Kontrolle geht an das Archiv E.

3.3 Speicherung, Verwaltung und Wiedergewinnung von Informationen

Zur Speicherung, Verwaltung und Wiedergewinnung von Informationen wird in einem (datenbankgestützten) Informationssystem ein Datenbanksystem eingesetzt - im Falle des Dokumentationssystems für Normen von Eisen- und Stahlwerkstoffen das System DB/MASTER. Die Gewinnung von Informationen liegt dagegen im Vorbereich von Datenbanksystemen: sie kann - und sollte - unabhängig von Datenbanksystemen durchgeführt werden; sie liefert die Basis, auf der ein Datenbanksystem operieren kann. Die Auswertung von Informationen ist demgegenüber im Nachbereich von Datenbanksystemen anzusiedeln: sie nutzt die Möglichkeiten, die ein Datenbanksystem zur Manipulation von Daten bietet.

Die Speicherung von Informationen umfaßt fünf Arbeitsschritte; sie ist in Abb. 7 gemeinsam mit der Informationsgewinnung dargestellt, mit der sie organisatorisch verbunden ist.

Die Gewinnung von Informationen ist an den Strukturen der Normentabellen orientiert. Wichtige Strukturelemente sind Zeilen und Spalten: die Zeilen einer Tabelle (genauer: eines Tabellenrumpfes als wichtigstem Teil einer Tabelle) enthalten Werte verschiedener Eigenschaften eines bestimmten Werkstoffs - sind also heterogen; die Spalten hingegen enthalten Werte ein- und derselben Eigenschaft für verschiedene Werkstoffe - und sind damit homogen. Aus diesem Grunde ist es zweckmäßig, die Erfassung und Prüfung von Tabellenwerten (und -strukturen) spaltenweise (d.h. eigenschaftsbezogen) durchzuführen. Gespeichert werden die erfaßten Daten jedoch zeilenweise (d.h. werkstoff- oder, allgemeiner, objektbezogen): hierdurch wird eine objektbezogene Manipulation der gespeicherten Daten ermöglicht. Vor der Speicherung müssen die Daten daher von der spalten- in die zeilenweise Darstellung transformiert werden (Schritt 6).

Dabei erfolgt gleichzeitig auch die Anpassung der erfaßten Daten an die Objekttypen des Datenmodells von DB/MASTER:

- eine Tabelle wird durch einen Basisverband dargestellt;

- eine Zeile ist ein Basisverbandsexemplar, also ein Baum von Satzexemplaren;
- ein Satz besteht aus Feldern, die Eigenschaften von Werkstoffen darstellen;
- Basisverbandsexemplare, die zum selben Werkstoff gehören, bilden einen Objektverband (Werkstoffverband) usw.

Schließlich werden im Rahmen der Transformation auch noch die Tabellenwerte und -strukturen (bzw. die äquivalenten DB/MASTER-Datenobjektexemplare und -strukturen) voneinander getrennt: sie wurden gemeinsam erfaßt, werden aber getrennt weiter verwendet.

Der Werkstoffachmann kontrolliert die Transformation (Schritt 7) durch Überprüfung des Transformationsprotokolls. Nicht oder fehlerhaft transformierte Tabellen werden an das Archiv A zurückverwiesen und liegen dort zur weiteren Verwendung bereit. Einwandfrei transformierte Tabellen werden zur Speicherung freigegeben. Das Ergebnis der Kontrolle wird dem Archiv E gemeldet.

In Schritt 8 werden die erfaßten, geprüften und transformierten Daten in die Datenbank(en) des Datenbanksystems eingespeichert - oder geladen, wie man auch sagt. Zunächst werden die Tabellenstrukturen in einen Bereich der Datenbank geladen, der als Strukturdaten-Bereich bezeichnet wird; hierzu wird eine Funktion des Datenbanksystems - LADEN STRUKTURDATEN - verwendet. Anschließend wird für alle Tabellen, deren Strukturen erfolgreich geladen wurden, das Laden der Werte durchgeführt: die Tabellenwerte werden in einem Datenbankbereich gespeichert, der Primärdaten-Bereich heißt; hierzu kann entweder die DB/MASTER-Funktion LADEN PRIMÄRDATEN verwendet werden (vorzugsweise, wenn größere Mengen von Tabellen zu laden sind), oder aber ein Anwendungsprogramm, das einzelne Zeilen von Tabellen mit Hilfe der Funktion HINZUFÜGEN in die Datenbank lädt (und daher eher für im Umfang begrenzte Ladevorgänge geeignet ist).

Die Kontrolle des Ladens (Schritt 9) wird vom Werkstoffachmann anhand eines Ladeprotokolls und für jede einzelne Tabelle mit

Hilfe eines Strukturdatenprotokolls vorgenommen. Ist beim Laden einer Tabelle ein Fehler aufgetreten, so wird die Tabelle an das Archiv A zurückverwiesen und steht dort zur weiteren Verwendung zur Verfügung; ist kein Fehler aufgetreten, kann die Tabelle der Freigabe übergeben werden. Das Ergebnis der Kontrolle wird in das Archiv E gestellt.

Zur Freigabe (Schritt 10) wird eine Endkontrolle des gesamten Vorgangs der Gewinnung und Speicherung von Informationen durchgeführt. Wird irgendwo ein Fehler entdeckt, wird die betroffene Tabelle an das Archiv A zurückverwiesen; ist das nicht der Fall, so wird sie freigegeben und steht damit zur Wiedergewinnung und Auswertung zur Verfügung, was im Archiv E vermerkt wird.

Informationen werden - dargestellt durch Daten - in Datenbanken gespeichert, damit sie

- permanent,
- örtlich konzentriert,
- gleichartig formatiert,
- konsistent und redundanzarm,
- für eine Vielzahl von Auswertungen

zur Verfügung stehen. Das setzt eine Verwaltung der Daten voraus, die zentral und unabhängig von einzelnen Auswertungen zu erfolgen hat. Für diese Aufgabe wird ein Datenbankverwaltungssystem eingesetzt.

Die Verwaltung der Daten des Dokumentationssystems für Eisen- und Stahl-Normen durch das System DB/MASTER zeichnet sich durch folgende Eigenschaften aus:

- Weitgehende Unabhängigkeit von den Strukturen der zu speichernden Daten;
- Einsatz einer erweiterten Inversionstechnik;
- Verwendung einer einheitlichen Zugriffsmethode;
- Benutzung einer eigenen Speicherverwaltung.

Zu jeder Tabelle bzw. zu jedem Basisverband im Primärdaten-Bereich einer Datenbank gibt es eine Strukturbeschreibung im Strukturdaten-Bereich (die auch als Schema bezeichnet wird): sie wird zur Interpretation aller Zeilen der Tabelle bzw. aller Exemplare des Basisverbandes verwendet. Die Existenz, d.h. die Gewinnung und Speicherung von Strukturbeschreibungen (Schemata) erlaubt eine aktive und - im Rahmen des Datenmodells von DB/MASTER - freizügige individuelle Gestaltung von Tabellen- bzw. Basisverbandsstrukturen. Dadurch wird die Verwaltung der gespeicherten Tabellen bzw. Basisverbände unabhängig von den tatsächlich gegebenen Strukturen: sie stützt sich auf die individuell gestalteten Strukturbeschreibungen - und nicht auf fest vorgegebene, starre Strukturen.

Die Möglichkeiten zur Gestaltung von Strukturen, die durch das Datenmodell von DB/MASTER gegeben sind, gestatten es, die strukturellen Eigenheiten der Tabellen angemessen in Basisverbänden darzustellen, u.a.:

- Eigenschaften haben des öfteren mehrere Werte;
- Gruppen von Eigenschaften können mehrfach wiederholt werden;
- Eigenschaften oder Gruppen von Eigenschaften sind häufig von Parametern abhängig (z.B. mechanische Eigenschaften, wie Zugfestigkeit, vom Durchmesser; Abb. 6).

In der herkömmlichen Datenverarbeitung, die noch keine Datenbanksysteme kannte, mußten die Daten, die zu Sätzen zusammengefaßt gespeichert wurden, über die - direkte oder auch symbolische - Adresse eines Satzes angesprochen ("adressiert") werden. War die Adresse nicht bekannt, mußte der gesamte Bestand an Sätzen durchsucht werden, um einen Satz mit einem gewünschten Inhalt zu finden.

Datenbanksysteme ermöglichen demgegenüber einen inhaltsbezogenen - quasi "assoziativen" - Zugriff auf Daten (18): der gewünschte Inhalt eines Satzes, dessen Adresse nicht bekannt ist, wird - soweit das möglich ist - durch Angabe von Daten spezifiziert, die der Satz enthalten soll. Das System ermittelt ("sucht") dann selbständig alle Sätze, die den spezifizierten Inhalt haben. Damit stehen alle - nicht nur die spezifizierten - Daten der ermittelten ("gefundenen") Sätze für eine beliebige Verwendung zur Verfügung.

Der inhaltsbezogene Zugriff kann leicht an einem Beispiel erläutert werden. In der Tabelle in Abb. 6 seien die Zeilen durchnumeriert. Wenn nun nach einer Zeile gesucht wird, in der die Stahlsorte mit dem Kurznamen "15Cr3" beschrieben wird, liefert ein Datenbanksystem z.B. die Zeilennummer "6". Mit dieser Adresse kann dann in herkömmlicher Weise auf die Zeile zugegriffen und ihr Inhalt an Daten zur Verfügung gestellt werden.

Zur Realisierung des inhaltsbezogenen Zugriffs dient die sog. Inversionstechnik. Die Daten aus den Tabellen sind zeilenorientiert gespeichert, jede Zeile ist - in Erweiterung des obigen Beispiels - eindeutig durch einen Identifikator gekennzeichnet, der sich aus Tabellen- und Zeilennummer zusammensetzt. Zusätzlich sind die Daten ein zweites Mal, und zwar umgekehrt ("invers"), gespeichert: zu den einzelnen Daten aus allen Tabellen und Zeilen werden - in sog. Inversionslisten - die Identifikatoren aller Zeilen angegeben, die jeweils ein bestimmtes Datum enthalten (zu "15Cr3" etwa auch den Identifikator Tabelle 8/Zeile 6). Der inhaltsbezogene Zugriff wird nun derart ausgeführt, daß mit Hilfe der Inversionslisten diejenigen Tabellenzeilen ermittelt werden, die den gewünschten Inhalt haben. Die Inversionslisten werden in ihrer Gesamtheit als Sekundärdaten bezeichnet: sie ermöglichen den inhaltsbezogenen Zugriff auf die Primärdaten.

Gewöhnlich handelt es sich bei den Daten, die in Datenbanksystemen gespeichert und verwaltet werden, um diskrete Größen, die exakt einen bestimmten Wert haben (Beispiel: "1978"). Die Tabellen mit genormten Eigenschaftswerten von Eisen- und Stahlwerkstoffen enthalten jedoch (Abb. 6)

- diskrete Werte (z.B. Kurzname "15Cr3"),
- einseitige Schranken (z.B. Streckgrenze "≥ 52" kg/mm^2) und
- Intervalle (z.B. Zugfestigkeit "80 bis 105" kg/mm^2).

Für den Einsatz in DB/MASTER wurde die Inversionstechnik deshalb dahingehend erweitert, daß sie den inhaltsbezogenen Zugriff nicht nur auf diskrete Größen, sondern genauso auch auf Schranken und Intervalle ermöglicht.

Zur Ausführung eines physischen Zugriffs auf einen Satz zum Zwecke des Lesens oder Schreibens von Daten wird von DB/MASTER eine einheitliche Zugriffsmethode verwendet. Die Adresse des Satzes muß bekannt (z.B. durch einen inhaltsbezogenen Zugriff ermittelt worden) sein: dann wird aufgrund dieser Adresse direkt auf den Satz zugegriffen.

Die Sätze in einer DB/MASTER-Datenbank haben grundsätzlich variable Länge. Mehrere Sätze werden jeweils zu einem Block zusammengefaßt, der eine feste Länge hat. Bei einem physischen Zugriff auf einen Satz wird jeweils der Block, in dem sich der betreffende Satz befindet, von einem peripheren Speicher (z.B. Magnetplatte) in den Hauptspeicher der Rechenanlage transferiert; dort wird er seriell nach dem gewünschten Satz durchsucht.

Für den peripheren Speicher, auf dem eine Datenbank residiert, wird von DB/MASTER eine eigene Speicherverwaltung benutzt; sie verwaltet freie und belegte Speicherbereiche, die verschiedenen Arten von Daten (Struktur-, Primär-, Sekundärdaten), die Zuordnung zwischen Sätzen und Adressen auf dem Speicher usw. Die Speicherverwaltung macht - in Zusammenarbeit mit der Zugriffsmethode - die Speicherung und Verwaltung der Daten unabhängig vom aktuell verwendeten Speichermedium und -gerät.

Die Wiedergewinnung von gespeicherten Informationen aus den Datenbanken des Normeninformationssystems erfolgt mit Hilfe der Funktionen des Datenbanksystems DB/MASTER. Wichtigste dieser Funktionen ist SUCHEN: sie stützt sich auf den inhaltsbezogenen Zugriff auf Daten und erlaubt es, die Identifikatoren von

- Tabellen (Basisverbänden),
- Zeilen (Basisverbandsexemplaren bzw. Sätzen) oder
- Werkstoffen (Objekten)

zu ermitteln. Der physische Zugriff auf Daten wird mit Hilfe der Funktion LESEN ausgeführt; er erfolgt auf der Ebene von Sätzen und setzt die Kenntnis des Identifikators des zu lesenden Satzes voraus. Diese kann z.B. durch Anwendung der Funktion SUCHEN gewonnen worden sein, aber auch auf andere Weise: z.B. durch Auswertung der physischen Reihenfolge der Sätze auf dem Speicher oder durch Auswertung der baumartigen Anordnung von Sätzen zu Basisverbandsexemplaren. Entsprechend der Art und Weise, wie die Satzidentifikatoren gewonnen werden, lassen sich verschiedene Teilfunktionen der Funktion LESEN unterscheiden: LESEN WAHLFREI (folgt auf SUCHEN), LESEN PHYSISCH SERIELL, LESEN NACH DER METHODE DES GEFÄDELTEN BAUMS usw. Alle diese Funktionen dienen zum Zugriff auf Primärdaten. Daneben gibt es weitere Teilfunktionen für den Zugriff auf Sekundär- und Strukturdaten.

Die Funktionen SUCHEN und LESEN verändern die gespeicherten Daten nicht; verändernde Funktionen sind dagegen:

- ÄNDERN,
- LÖSCHEN,
- HINZUFÜGEN.

Durch Anwendung der Funktion ÄNDERN werden Werte von Feldern eines Satzes inhaltlich verändert; ÄNDERN setzt die Ausführung der Funktionen SUCHEN und LESEN voraus. Die Funktion LÖSCHEN wird benutzt, um einzelne Sätze vollständig aus einer Datenbank zu entfernen; der Identifikator des zu löschenden Satzes muß vorher z.B. mit Hilfe der Funktion SUCHEN ermittelt worden sein. Durch die Funktion HINZUFÜGEN werden einzelne Sätze in einen Basisverband eingefügt; sie werden in die Verwaltung aller Daten integriert und stehen damit auch zur Wiedergewinnung bereit.

Die Funktionen SUCHEN, LESEN, ÄNDERN, LÖSCHEN und HINZUFÜGEN sind die sog. Grundfunktionen des Systems DB/MASTER. Sie bilden mit ihrer Syntax, Semantik und Pragmatik die sog. Anwendungs-Schnittstelle des Systems. Die Grundfunktionen eines Datenbanksystems werden in jedem Anwendungsprogramm eines Informationssystems zur Auswertung der gespeicherten Informationen gebraucht.

3.4 Auswertung von Informationen

Die Auswertung von Informationen erfolgt in einem (datenbankgestützten) Informationssystem in Zusammenarbeit zwischen dem Datenbankverwaltungssystem und Anwendungsprogrammen. Das Datenbankverwaltungssystem (im Falle des Informationssystems für Normenwerte ist es DB/MASTER) besorgt dabei - für alle möglichen Auswertungen - die aufgabenneutrale Verwaltung, Speicherung und Wiedergewinnung der Daten, die Informationen darstellen, während ein Anwendungsprogramm jeweils aufgabenspezifisch eine bestimmte Informationsverarbeitungsaufgabe (oder einen gewissen Teil davon) löst. Das Anwendungsprogramm wendet dazu die (Grund-) Funktionen des Datenbankverwaltungssystems an.

Die Zusammenarbeit zwischen Anwendungsprogrammen und dem Datenbankverwaltungssystem wird - inhaltlich - durch die Anwendungs-Schnittstelle geregelt: sie gibt an, welche Möglichkeiten, mit welcher Bedeutung, in welcher Weise zur Lösung einer Aufgabe zur Verfügung stehen. Technisch gesehen, erfolgt die Zusammenarbeit im Sinne der Unterprogrammtechnik: ein Anwendungsprogramm ist jeweils Hauptprogramm und ruft das Datenbankverwaltungssystem als Unterprogramm auf - im Ein-Benutzer-Betrieb; im Mehr-Benutzer-Betrieb - d.h. wenn mehrere Anwendungsprogramme gleichzeitig mit demselben Datenbankverwaltungssystem verkehren wollen - muß zusätzlich für eine Koordination der Anforderungen der verschiedenen Programme an das Datenbankverwaltungssystem gesorgt werden. Diese Koordination erfolgt mit Hilfe einer Warteschlangenverwaltung.

Im Rahmen des Dokumentationssystems für Eisen- und Stahlnormen gibt es verschiedene Teil-Informationsverarbeitungsaufgaben und dementsprechend mehrere Anwendungsprogramme; sie lassen sich in zwei Klassen einteilen, in

- Standard-Auswertungsprogramme und
- ein Dialogprogramm.

Standard-Auswertungsprogramme haben standardmäßig bestimmte Auswertungen der Daten in den Datenbanken zu erstellen - Beispiele sind (die Programme werden nach den Ergebnissen benannt, die sie erarbeiten):

- WERKSTOFF-NORM-VERWEIS
  Ausgehend von einem Suchprofil, das Angaben über geforderte Eigenschaften von Werkstoffen enthält, werden Werkstoffe ermittelt, die diese Eigenschaften haben. Weiterhin wird festgestellt, in welchen Normen und Tabellen die Werkstoffe beschrieben sind.
  Abb. 8 zeigt ein Beispiel. Gegeben sei ein englischer Werkstoff mit der Bezeichnung 304S12 und folgenden Eigenschaften:
  . Kohlenstoff-Gehalt C $\leq$ 0,03 %
  . Chrom-Gehalt 17,5 % $\leq$ Cr $\leq$ 19,0 %
  . Nickel-Gehalt 9,0 % $\leq$ Ni $\leq$ 12,0 %.
  Gesucht sind äquivalente deutsche Werkstoffe. Es werden fünf Werkstoffe gefunden, die ähnliche Eigenschaften haben: sie werden alle in der Norm DIN 17440 beschrieben (die sechs Tabellen umfaßt).

- WERKSTOFF-EIGENSCHAFTSPROFIL
  Ausgangspunkt ist wie beim WERKSTOFF-NORM-VERWEIS ein Suchprofil. Ermittelt (und ausgegeben) werden jedoch zusätzlich zu Bezeichnungen der Normen und Tabellen, in denen die gefundenen Werkstoffe beschrieben sind, sämtliche dort vorhandenen Eigenschaftsangaben.

Solche und ähnliche Anwendungsprogramme arbeiten im Stapelbetrieb. Das Dialogprogramm dagegen arbeitet im Echtzeitbetrieb: es ermöglicht eine Interaktion zwischen einem Anwender an einem Bildschirm-Terminal und dem Datenbanksystem. Der Anwender kann - im Rahmen der Möglichkeiten des Dialogprogramms - beliebige Auswertungen (auch ad hoc) durchführen; er ist nicht an das starre Schema eines Standard-Auswertungsprogramms gebunden. Ein derartiges Dialogprogramm für das System zur Dokumentation von Eisen- und Stahlnormen wird derzeit entwickelt.

```
                          W E R K S T O F F - N O R M - V E R W E I S                DATUM
-----------------------------------------------------------------------------------------------
ANWENDER      : DN09                         ANFRAGE : 0001
NORMWERK      : DIN/SEW                      STAND   :
-----------------------------------------------------------------------------------------------
SUCHZIEL      : WERKSTOFFE MIT GEFORDERTEN EIGENSCHAFTEN
SUCHPROFIL    : C NGT 0.030 AND CR GE 17.50 AND CR LE 19.00 AND NI GE 9.00 AND NI LE 12.00
SUCHERGEBNIS  :     5 WERKSTOFFE.
-----------------------------------------------------------------------------------------------
WERKSTOFFNR.
     WERKSTOFFNAME
          NORMBEZEICHNUNG
               TABELLENBEZEICHNUNG
-----------------------------------------------------------------------------------------------
1.4306000
     X2CRNI189
          DIN17440
               NICHTROST.ST   CHEMISCHE ZUS.
               NICHTROST.ST   SCHWEISSANGABEN
               NICHTROST.ST PHYSIKALISCHE EIG
               NICHTROST.STAEHLE TEMP+GEFUEGE
               ROSTFR.ST MECH.E+KORROS-BEST.
               ROSTFR.ST STRECK+1%-DEHNGRENZE
1.4311000
     X2CRNIN1810
          DIN17440
               NICHTROST.ST   CHEMISCHE ZUS.
               NICHTROST.ST   SCHWEISSANGABEN
               NICHTROST.ST PHYSIKALISCHE EIG
               NICHTROST.STAEHLE TEMP+GEFUEGE
               ROSTFR.ST MECH.E+KORROS-BEST.
               ROSTFR.ST STRECK+1%-DEHNGRENZE
1.4404000
     X2CRNIMO1810
          DIN17440
               NICHTROST.ST   CHEMISCHE ZUS.
               NICHTROST.ST   SCHWEISSANGABEN
               NICHTROST.ST PHYSIKALISCHE EIG
               NICHTROST.STAEHLE TEMP+GEFUEGE
               ROSTFR.ST MECH.E+KORROS-BEST.
               ROSTFR.ST STRECK+1%-DEHNGRENZE
1.4406000
     X2CRNIMON1812
          DIN17440
               NICHTROST.ST   CHEMISCHE ZUS.
               NICHTROST.ST   SCHWEISSANGABEN
               NICHTROST.ST PHYSIKALISCHE EIG
               NICHTROST.STAEHLE TEMP+GEFUEGE
               ROSTFR.ST MECH.E+KORROS-BEST.
               ROSTFR.ST STRECK+1%-DEHNGRENZE
1.4429000
     X2CRNIMON1813
          DIN17440
               NICHTROST.ST   CHEMISCHE ZUS.
               NICHTROST.ST   SCHWEISSANGABEN
               NICHTROST.ST PHYSIKALISCHE EIG
               NICHTROST.STAEHLE TEMP+GEFUEGE
               ROSTFR.ST MECH.E+KORROS-BEST.
               ROSTFR.ST STRECK+1%-DEHNGRENZE
ENDE DER LISTE.
```

Abb. 8: Beispiel für einen Werkstoff-Norm-Verweis

Dank

Die Entwicklung des Informationssystems für Eisen- und Stahlwerkstoffe wird seit 1971 durch die Gesellschaft für Information und Dokumentation (ehemals Institut für Dokumentationswesen) mit Mitteln des Bundesministeriums für Forschung und Technologie gefördert.

Literaturangaben

(1) DIN 44300 Informationsverarbeitung - Begriffe.
DIN Taschenbuch 25.
Berlin-Köln-Frankfurt: Beuth-Vertrieb (1972)

(2) Lockemann, P.C. und H.C. Mayr:
Rechnergestützte Informationssysteme.
Berlin-Heidelberg-New York: Springer (1978)

(3) Der Große Duden, Band 1.
Mannheim: Bibliographisches Institut (1961)

(4) Biller, H.:
Die Semantik von Datenbanken.
Diss., Universität Stuttgart (1976)

(5) Tsichritzis, D.C. und F.H. Lochovsky:
Hierarchical Data Base Management.
ACM Computing Surveys, Vol. 8, No. 1 (1976), S. 105-124

(6) IBM Corp.:
Information Management System Virtual Storage (IMS/VS) general information manual.
IBM Form No. GH20-1260

(7) Codd, E.F.:
A Relational Model of Data for Large Shared Data Banks.
Comm. ACM, Vol. 13, No. 6 (1970), S. 377-387

(8) Chamberlin, D.D.:
Relational Data Base Management Systems.
ACM Computing Surveys, Vol. 8, No. 1 (1976), S. 43-66

(9) Astrahan, M.M., et. al.:
SYSTEM R: Relational Approach to Data Base Management.
ACM Trans. Data Base Systems, Vol. 1, No. 2 (1976), S. 97-137

(10) CODASYL DATA BASE LANGUAGE TASK GROUP.
DDL Journal of Development.
Dept. of Supply and Services, Government of Canada, Technical Services Branch.
Ottawa (1973)

(11) Taylor, R.W. und R.L. Frank:
CODASYL Data Base Management Systems.
ACM Computing Surveys, Vol. 8, No. 1 (1976), S. 67-104

(12) Honeywell Information Systems:
IDS/II programmer reference manual, DE 09.
Waltham, Mass.

(13) Dathe, G. und K.-H. Dreckmann:
Entwurf eines Datenbanksystems für normierte Kennwerte von Eisen- und Stahlwerkstoffen.
GI-4. Jahrestagung, Berlin, 1974. Lect. Notes in Comp. Science, Vol. 26, S. 484-493.
Berlin-Heidelberg-New York: Springer (1975)

(14) Dathe, G., K.-H. Dreckmann und G. Henselmann:
Design Principles of a Data Base System for Unlimited Quantities of Data with Highly Complex Structures.
Proc. Internat. Conf. on Very Large Data Bases, Framingham, Mass., USA, 1975, S. 546-548.
New York: ACM (1975)

(15) Dathe, G. und K.-H. Dreckmann:
MAINS Iron & Steel: An Information System for Iron and Steel Materials.
In: Gaus, W. und R. Henzler [Ed.]: Data Documentation: Some Principles and Applications in Science and Industry.
Proc. Workshop on Data Documentation, Reisensburg, 1975, S. 25-47.
München: Verlag Dokumentation (1977)

(16) Deutscher Normenausschuß [Ed.]:
DIN 17210 (Einsatzstähle - Gütevorschriften).
Berlin: Beuth-Vertrieb (1977)

(17) Dreckmann, K.-H. und G. Hofmann:
Ein Programmsystem zur Erfassung von Daten aus komplex strukturierten Tabellen.
GI-5. Jahrestagung, Dortmund, 1975. Lect. Notes in Comp. Science, Vol. 34, S. 118-132.
Berlin-Heidelberg-New York: Springer (1975)

(18) Software AG:
ADABAS Einführung.
Darmstadt (1976)

Rüdiger Bernhardt

Probleme beim Aufbau von Informationsbanken

Zusammenfassung

Die Zuständigkeit des Dokumentars/Retrievalfachmans für den Aufbau einer retrievalfähigen Daten- bzw. Informationsbank aus einer Datenbasis wird betont. In Ergänzung der Arbeiten des DV-Spezialisten ist der Retrievalspezialist z.B. verantwortlich für die Selektion der für das Retrieval vorgesehenen Datenelemente, für die Regeln der Zeichenumsetzung, für den Zeichenvorrat, das Format, für die Ausgabestruktur, für den Aufbau der Suchdatei und nicht zuletzt für die Aufbereitung und Bereinigung des Textmaterials (Aufbau von Stoppwortlisten, Kompositazerlegung, Synonymerkennung etc.). Als wesentliches Hilfsmittel dieser Arbeit hat sich der Aufbau von Testdatenbanken bewährt. Testdatenbanken sind auch nützlich zur Erarbeitung von Kennzahlen für die in der späteren Produktion zu erwartenden Speicher- und Rechenkosten.

Abstract

It is emphasized that a documentalist retrieval specialist is responsible for the establishment of a retrievable data (information) bank from a data base. Complementing the work of the data processing specialist, the retrieval specialist is, for example, responsible for the selection of retrievable data elements, for coding, format, editing structure, for the construction of the search file and, last but not least, for the screening and preparing of text material (construction of stop word lists, analysis of compound words, recognition of synonyms, etc.). Setting up test data banks is essential in this respect. Test data banks are also useful in developing parameters for the estimation of storage and CPU costs which will occur later in actual production.

Ausgangssituation

Schon seit einigen Jahren werden Computer für das Speichern von Informationen und für den Aufbau von Suchhilfsmitteln zum Informationsnachweis eingesetzt. Dazu haben eine Reihe von Firmen und Institutionen Programmsysteme entwickelt, mit deren Hilfe man anhand von Suchanfragen Informationen suchen, auffinden und ausgeben kann. Diese Programmsysteme werden als Information-Retrieval-Systeme (IRS) bezeichnet. Es ist heute üblich, daß die IRS im Dialogbetrieb arbeiten, d.h. die Eingabe und die Formulierung der Suchanfrage wird von einem an einen Computer angeschlossenen Terminal aus vorgenommen. Solche Terminals sind entweder mit einer Tastatur ausgestattete Bildschirme oder schreibmaschinenähnliche Geräte.

Die für den Informationsnachweis erforderlichen Daten werden in verschiedene, untereinander verknüpfte Dateien abgelegt. Derart verknüpfte Dateien nennt man Datenbank oder besser Informationsbank (1). Als Eingabedaten in eine Informationsbank kommen die auf dem Markt befindlichen oder eigene, selbst erstellte Datenbasen in Frage. Datenbasen sind Sammlungen von maschinenlesbaren Informationseinheiten wie z.B. Titelaufnahmen von Zeitschriftenartikeln, Reports, Patentschriften usw., die häufig auch mit einem Referat (Abstract) versehen sind. Eine Datenbasis entsteht oft als Nebenprodukt bei der maschinellen Herstellung eines gedruckten Informationsdienstes oder aber direkt durch den Aufbau eines Informationsspeichers für Retrievalzwecke. Eine Festlegung auf die Benutzung eines bestimmten IRS durch die Datenbasis ist nicht zwangsläufig gegeben. Im Gegenteil, durch verschiedene Maßnahmen, die im folgenden beschrieben werden, kann jede beliebige Datenbasis bis zu einem gewissen Grad an jedes beliebige IRS angepaßt werden. Den Vorgang zur Erstellung einer Datenbank bezeichnet man als Datenbankaufbau. Der Datenbankaufbau erfolgt in einem maschinellen Arbeitsschritt, wobei die Datenbasis die Eingabedaten liefert. Die dazu erforderlichen Programme sind Teil des zum IRS gehörenden Datenbanksystems. Die heute auf dem Markt angebotene IRS sind nicht leistungsgleich, sie weisen in ihrem Leistungsvermögen Unterschiede auf. Die Leistungsfähigkeit eines IRS wird jedoch nicht nur von der Qualität der eingesetzten Hard- und Software bestimmt; sie hängt auch wesentlich davon ab, inwieweit es gelingt, Retrievalsoftware und Daten so aufeinander abzustimmen, daß die Retrievalergebnisse den Erwartungen des Benutzers voll entsprechen. Wenn diese Anpassung gar nicht oder nur ungenügend erfolgt, dann kann der Fall eintreten, daß verschiedene Benutzer, die die gleiche DV-Anlage und das gleiche IRS einsetzen und sich obendrein noch der gleichen Datenbasis bedienen, zu völlig entgegengesetzten Auffassungen über die Leistungsfähigkeit und die Qualität des von ihnen benutzten IRS kommen. Aber auch die Güte der verwendeten Datenbasis könnte in Zweifel gezogen werden. Erfahrungsgemäß zeigt sich dann, daß im Falle der unzufriedenen Benutzer entweder ungeschicktes Vorgehen beim Retrieval oder - was viel schwerer wiegt - eine nur mangelhaft angepaßte Datenbasis die Gründe für die schlechte Retrievalqualität sind. Die Anpassung einer Datenbasis an ein IRS ist aber grundsätzlich möglich, und zwar beim Aufbau der betreffenden Datenbank. Diese Möglichkeit der Anpassung wird jedoch oft übersehen, weil in der Arbeitsphase des Datenbankaufbaus offenbar keine größeren Probleme vermutet werden. Formal gesehen handelt es sich beim Datenbankaufbau um die Übernahme von Daten aus der Datenbasis in die Dateien des zum IRS gehörenden Datenbanksystems. Daher ist die Meinung weit verbreitet, daß der Aufbau einer Informationsbank eine reine Angelegenheit der Datenverarbeitung sei. In der Praxis hat sich aber inzwischen herausgestellt, daß sich akzeptable Retrievalergebnisse kaum erreichen lassen, wenn man den Aufbau einer Informationsbank allein von der Seite der Datenverarbeitung her angeht. Entgegen allem Anschein ist nicht die Bereitstellung der entsprechenden Hard- und Software für den Datenbankaufbau das eigentliche Problem. Entscheidend ist vielmehr, daß noch vor dem Bankaufbau die dokumentarischen Gegebenheiten der betreffenden Datenbasis analysiert werden und daraufhin versucht wird, die Elemente der Datenbasis formal und inhaltsbezogen besser für die Möglichkeiten und den Funktionsumfang des IRS aufzubereiten. Diese Aufgabe geht jedoch weit über die Zuständigkeit der Datenverarbeitung hinaus, weil die Datenverarbeitung längst nicht alle Arbeiten durchzuführen vermag, die beim Aufbau einer Informationsbank erforderlich werden. Daher ist bereits in dieser Arbeitsphase ein kompetenter, von der Anwenderseite her kommender Retrievalfachmann hinzuzuziehen, der fachlich den Aufbau der Datenbank vorbereitet und verantwortet.

Datenbankaufbau

Der Datenbankaufbau muß arbeitsteilig zwischen Retrievalfachmann und Programmierer durchgeführt werden. Dabei hat die Datenverarbeitungsseite folgende Arbeiten durchzuführen: Erstellung eines Umformatierungsprogramms, das die Daten der Datenbasis in das Eingabeformat für das IRS überführt. Dabei müssen in der Regel auch Zeichen umgesetzt werden, weil der Zeichenvorrat der Datenbasis mit dem des IRS meistens nicht übereinstimmt. Insgesamt gesehen handelt es sich hierbei weder um besonders schwierige, noch um besonders zeitaufwendige Arbeiten. Ganz anders ist dagegen die Situation des Retrievalfachmannes einzuschätzen. Ihm stehen beim Datenbankaufbau schwierige und zeitraubende Arbeiten bevor. Die zentrale Aufgabe ist dabei die Gestaltung der Suchdatei. Die Suchdatei enthält alle diejenigen Wörter, nach denen beim Retrieval gesucht werden kann. Sie bildet somit das Wörterbuch für das IRS. Die Zusammensetzung des in der Suchdatei enthaltenen Wortschatzes ergibt sich dabei nicht von selbst, sondern sie kommt erst aufgrund von bestimmten Arbeiten und Anweisungen durch den Retrievalfachmann zustande. Dieser muß vor dem Datenbankaufbau angeben, welche Datenelemente aus der vorliegenden Datenbasis als Suchdaten oder als nicht recherchierbare Daten und welche Daten überhaupt nicht in die Bank übernommen werden sollen. Mit diesen Festlegungen wird zugleich über die Zusammensetzung des Wortschatzes der betreffenden Datenbank entschieden. Der Retrievalfachmann ist jedoch nicht nur für die inhaltsbezogene Anpassung der Datenbasis an das IRS verantwortlich, sondern er muß auch zur formalen Anpassung wichtige Arbeiten übernehmen. Dazu gehört das Aufstellen von Regeln für die Zeichenumsetzung, wobei z.B. festgelegt werden muß, wie mit solchen Zeichen zu verfahren ist, die durch das IRS nicht direkt darstellbar sind. Da nur der Retrievalfachmann die Benutzeranforderungen und -gewohnheiten genau kennen kann, muß er - und nicht etwa der Programmierer - die Zeichenumsetzungsregeln festlegen. Eine weitere, auf den Retrievalfachmann zukommende Aufgabe ist die Festlegung der Anweisungen für die typographische Gestaltung der Bildschirm- und Schnelldruckerausgaben. Auch diese Arbeit wird in ihrer Bedeutung und in ihrer Schwierigkeit meistens unterschätzt. Es ist keinesweges einfach, im Rahmen der durch Bildschirmkapazität (24 Zeilen à 80 Zeichen) und Zeichenvorrat (ca. 85 benutzbare Zeichen) vorgegebenen technischen Möglichkeiten die Informationswiedergabe so zu gestalten, daß besonders wichtige Stellen sofort ins Auge fallen, und andererseits die Gesamtinformation nicht auf zu viele Bildschirmfüllungen verteilt und damit optisch zerrissen wird. Es muß dazu eine möglichst platzsparende und dennoch übersichtliche Anordnung der Datenelemente gefunden werden. Erforderlich ist auch die Verwendung von sprechenden Abkürzungen zur Beschreibung und Unterscheidung der vorkommenden Datenelemente, und nicht zuletzt hat es sich auch als sehr zweckdienlich erwiesen, wenn der Suchbegriff gegenüber dem übrigen Text durch unterschiedliche Helligkeit auf dem Bildschirm optisch hervorgehoben wird. ("highlighting") Es ist unbestritten, daß eine überlegte Gestaltung der Bildschirm- und Druckerausgaben den Retrievalprozeß erheblich beschleunigen kann. Und es ist auch weiterhin wichtig, daß die gefundenen Informationen in einer ansprechenden Form, also gut "verpackt", an den Benutzer weitergegeben werden.

Spezifische Probleme

Eine typische Schwachstelle aller zur Zeit auf dem Markt befindlichen IRS bildet nach wie vor das Eingabeformat. Durch seine individuelle Struktur und durch das Fehlen von entsprechenden Anpassungsmechanismen für Fremdformate wird der Anwender gezwungen, für jede neue Datenbank jeweils ein eigenes Programm zu entwikkeln, das die Daten in das betreffende Eingabeformat überführt und die Anpassung des Zeichenvorrates vornimmt. Ebenfalls zu bemängeln ist, daß generell zu wenige Möglichkeiten angeboten werden, die Eingabedaten vor der Übernahme in die Datenbank formal zu überprüfen. Daher muß wiederum der Anwender viel zu viel Eigenleistung aufbringen, wenn er fehlerhafte Daten vom Bankaufbau ausschließen will. Ein anderes Problem, das in den Zuständigkeitsbereich der Datenverarbeitung fällt, besteht darin, daß vor dem Datenbankaufbau eine Abschätzung über den erforderlichen Maschinenzeit- und Speicherplatzbedarf der aufzubauenden Datenbank vorgenommen werden muß. Das ist erforderlich, damit das betreffende Rechenzentrum die notwendigen Betriebsmittel rechtzeitig einplanen und zur Verfügung stellen kann.

Für den Retrievalfachmann beginnen die Probleme meist schon bei der Analyse der Datenbasis, die notwendig ist, damit die inhaltlichen und dokumentarischen Gegebenheiten der Datenbasis deutlich erkannt und auch ausgenutzt werden können. Dazu sind Informationen über Zweck, Zustandekommen, Indexingqualität und Umfang der Datenbasis ebenso erforderlich wie genaue Vorstellungen über Vollständigkeit, Grenzen und Überschneidungen mit anderen Datenbasen (2). Da die Beschreibungen der Datenbasen in diesen Punkten unzureichend sind, muß sich der Retrievalfachmann die für die Analyse und Beurteilung benötigten Informationen in der Regel erst selbst beschaffen, was oft sehr mühevoll und langwierig ist. Andererseits braucht aber der Retrievalfachmann alle diese Informationen, damit er die Datenelemente so auswählen und strukturieren kann, wie sie sich von seinem Vorhaben her gesehen in der Datenbank befinden sollten. Die richtige Auswahl der Datenelemente ist aber nicht nur wegen dieser Analyseprobleme schwierig, sie ist auch deswegen so kompliziert, weil der Retrievalfachmann hierbei ziemlich genau voraussehen muß, wie der zukünftige Benutzer die Datenbank wird nutzen wollen, d.h. also nach welchen Datenelementen später voraussichtlich gesucht werden wird und welche Datenelemente nur als Kontextinformationen gebraucht werden und von der Übernahme in das Retrievalwörterbuch daher auszuschließ sind. Wenn für die betreffende Datenbasis ein Thesaurus vorhanden ist, wird dieser die Grundlage für das Retrievalwörterbuch bilden. Es hat sich aber gezeigt, daß sich die Retrievalergebnisse bedeutend verbessern lassen, wenn auch nach den Wörtern des Sachtitels, des Abstracts oder anderer Datenelemente gesucht werden kann. Um diese für das Retrieval interessanten Wörter zusätzlich oder als Ersatz für einen nicht vorhandenen Thesaurus in das Retrievalwörterbuch zu bekommen, wird das sogenannte Free-Text-Verfahren angewendet. Dabei handelt es sich um die Methode, alle formalen Wörter, d.h. jede Zeichenfolge von Leerstelle zu Leerstelle, aus der Datenbasis herauszuziehen und zu einem Wörterbuch zusammenzustellen. Man bezeichnet diesen Vorgang auch als Textinvertierung.

Bei diesen ziemlich einfachen Methoden geraten aber auch Wörter bzw Zeichenfolgen in das Wörterbuch, die für das Retrieval irrelevant sind und die das Wörterbuch unnötig aufblähen. Daher muß versucht werden, das Wörterbuch entsprechend zu bereinigen, und zwar bevor es für das Retrieval eingesetzt wird. Die Datenverarbeitung bietet dazu die Möglichkeit an, bestimmte, in einer Liste vorzugebende

Wörter, sog. Stoppwörter, von der Übernahme in das Wörterbuch auszuschließen. Bei diesen Stoppwörtern handelt es sich vorwiegend um Artikel, Präpositionen und Konjunktionen, sowie um andere, für das Retrieval überflüssige Wörter. Die Schwierigkeiten dieser an sich plausiblen Methode liegen darin, daß die Festlegung, welche Wörter zu Stoppwörtern werden sollen, nicht maschinell, sondern nur in einem intellektuellen Arbeitsgang getroffen werden kann. Dabei kommt es darauf an, eine Balance zwischen Informationsballast und Informationsverlust zu finden. Werden zu viele Stoppwörter ausgewählt, dann läuft man Gefahr, daß auch Wörter aus dem Wörterbuch entfernt werden, die eigentlich für das Retrieval wichtig sind und daher nicht gestoppt werden sollten. Umgekehrt bewirkt ein Zuwenig an Stoppwörtern, daß nicht benötigte Wörter in das Wörterbuch geraten. Wenn es sich dabei außerdem noch um solche Wörter handelt, die in vielen Informationseinheiten der Datenbasis gleichzeitig vorkommen, dann entstehen bei ihrer Invertierung entsprechend lange Fundstellenketten, die ganz unnötigerweise einen erhöhten Speicherplatzbedarf und schließlich auch einen Mehrbedarf an Computerzeit zur Folge haben (3). Die Schwierigkeiten bei der Zusammenstellung der Stoppwörter erhöhen sich noch, wenn die betreffende Datenbasis mehrsprachig ist oder ihr eine ausgeprägte Fachsprache zugrunde liegt. Dann muß zusätzlich bedacht werden, daß an sich sichere Stoppwort-Kandidaten, wie z.B. das deutsche Wort "man", auf englische Texte nicht angewendet werden dürfen. Ähnlich liegt der Fall auch bei Wörtern wie den englischen "as" oder "in", die normalerweise ebenfalls typische Stoppwörter sein werden. Bei ihrer unüberlegten Anwendung auf eine Datenbasis aus dem Fachbereich Chemie würde man hierbei aber auch die Symbole für die chemischen Elemente Arsen (As) und Indium (In) aus dem Wörterbuch entfernen. Der Umfang der Stoppwortlisten kann sehr unterschiedlich sein. Er hängt stark von der Beschaffenheit der Datenbasis, den darin vorkommenden Sprachen und dem eigenen Vorhaben ab. Als Faustregel hat sich ergeben, daß mit etwa 200 verschiedenen Stoppwörtern ca. 40% der laufenden Textwörter erfaßt sind, d.h. bei Einsatz einer derartigen Stoppwortliste kann der Bestand des Wortschatzes um ca. 40% verringert werden. Dieser Anteil wird auch bei der Anwendung umfangreicherer Stoppwortlisten kaum höher, da die sehr häufigen Funktionswörter eine kleine, geschlossene Klasse bilden. In besonderen Anwendungsfällen (Deutsche Bibliographie) sind jedoch auch Stoppwortlisten mit über 2000 Wörtern im Gebrauch (4). Neben der Verwendung von Stoppwortlisten kann eine Verkleinerung des Wörterbuchumfanges auch durch generelle Maßnahmen erreicht werden, indem man z.B. alle Zahlen oder alle ein- und zweistelligen Wörter stoppt. Auch hierbei ist zu beachten, daß Informationsverluste möglich sind, weil dann z.B. auch chemische Elementsymbole automatisch eliminiert werden.

Maßnahmen

Die wichtigste Maßnahme wurde bereits erwähnt. Sie besteht darin, daß für den Datenbankaufbau ein kompetenter Retrievalfachmann hinzugezogen wird.

Der Aufbau einer Informationsbank ist kein routinemäßiger Vorgang. Jede Informationsbank bedarf eines individuellen Zuschnitts, wenn sie voll zur Geltung kommen soll. Es wäre daher falsch, den Aufbau einer Informationsbank allein einem Programmierer zu übertragen. Eine andere Maßnahme, die die Anpassungsarbeiten zwischen Datenbasis und IRS erleichtern könnte, wäre die Einführung verbesserter Eingabeformate. Hier sollten die Anbieter von IRS von ihren individuellen und wenig flexiblen Eingabeformaten abgehen und sie durch standardisierte Formate nach ISO 2709 bzw. DIN 1506 ersetzen oder wenigstens zusätzlich die Möglichkeit eröffnen, daß Daten in den standardisierten Austauschformaten auch direkt eingegeben werden können. Da auch die Austauschformate MAB-1, MADOK und MATER (5) bezüglich ihrer physikalischen Struktur auf diesen Normen aufbauen, könnte in vielen Anwendungsfällen die Erstellung eines Umformatierungsprogrammes vermieden werden, zumindest aber ließe sich der Programmierungsaufwand herabsetzen. Ferner müßten eingabeseitig neben erweiterten Prüfmöglichkeiten auch flexible Anpassungsmechanismen bereitgestellt werden, die z.B. den Zugriff auf die einzelnen Datenelemente und deren Übernahme in die aufzubauende Datenbank vereinfachen. Die Verarbeitung von Daten aus Fremdformaten oder Änderungen in der Zusammensetzung der Datenbank könnten damit schneller bzw. ohne großen Programmieraufwand durchgeführt werden.

Testdatenbanken

Für den Aufbau von größeren Informationsbanken ist der Bedarf an Maschinenzeit nicht unerheblich (siehe Abschnitt "Kennzahlen"). Es sollte daher vermieden werden, daß eine einmal aufgebaute Informationsbank wegen erheblicher Mängel gelöscht und mit einem verbesserten Konzept ein weiteres Mal aufgebaut werden muß. Andererseits gelingt es erfahrungsgemäß kaum, eine Informationsbank gleich im ersten Anlauf leistungsfähig aufzubauen, weil es selbst für einen Retrievalfachmann zu schwierig ist, alle für den Bankaufbau wichtigen Entscheidungen und Maßnahmen im voraus richtig zu treffen. Es hat sich daher als zweckmäßig erwiesen, vor dem eigentlichen Bankaufbau eine sogenannte Testdatenbank mit begrenztem Materialumfang einzurichten. Durch Tests und durch den Einbau von Verbesserungsvorschlägen kann somit der Retrievalfachmann feststellen, ob die Datenbank leistungsfähig konzipiert ist. Nach den bisherigen Erfahrungen reicht es aus, wenn die Testdatenbank etwa 2000 Informationseinheiten der betreffenden Datenbasis enthält, um damit das Verhalten der aufzubauenden Informationsbank simulieren zu können. Der Aufbau der vollständigen Bank kann dabei so lange aufgeschoben werden, bis u.U. über mehrere Entwicklungsstufen von Testdatenbanken hinweg die endgültige Fassung gefunden worden ist. Ein anderer Vorteil der Testdatenbanken besteht darin, daß sie auch für die Benutzerschulung oder zu Vorführungen verwendet werden können und dabei wegen ihres geringen Umfanges den Rechenzentrumsbetrieb kaum belasten. Nicht zuletzt liefern Aufbau und Betrieb von Testdatenbanken auch wichtige Zahlenangaben, die zur Bedarfsabschätzung für die vollständige Datenbank herangezogen werden können. Insgesamt gesehen haben sich die Testdatenbanken als ein vielseitig einsetzbares und obendrein noch kostengünstiges Arbeitsmittel erwiesen. Es sollte eigentlich keine Informationsbank mehr aufgebaut werden, ohne daß diesem Aufbau eine oder mehrere Versionen von Testdatenbanken vorausgegangen wären.

Wortschatzverbesserungen

Wie bereits im Zusammenhang mit der Stoppwortmethode gezeigt wurde, läßt sich der Wortschatz der Suchdatei durch Einengung verbessern.

Diese Methode wurde inzwischen dahingehend verfeinert, daß die Stoppwörter nun nicht mehr nur auf den gesamten Text einer Informationseinheit wirken, sondern kategorieabhängig eingesetzt werden können. Damit kann man beispielsweise erreichen, daß eine deutsche Stoppwortliste nur auf Kategorien angewendet wird, in denen deutschsprachige Datenelemente stehen, während anderssprachige Datenelemente, z.B. die in einer separaten Kategorie befindliche englische Übersetzung des deutschen Originalsachtitels, durch eine englische Stoppwortliste bearbeitet werden kann. Verbesserte Resultate lassen sich auch erzielen, wenn beim Wortvergleich die Groß- und Kleinschreibung mit berücksichtigt wird. Substantive, Abkürzungen und Eigennamen können dann von sonst gleichgeschriebenen Stoppwörtern unterschieden werden, und Wörter wie DER (Deutsches Reisebüro), Oder (deutscher Fluß), Anders (Familienname) würden aufgrund ihrer differenzierteren Schreibweise von den Stoppwörtern "anders", "der", "oder" nicht mehr aus dem Wortschatz eliminiert werden. Eine andere Methode zur Wortschatzverringerung bildet die Rückführung von Wörtern auf korrekte oder formale Grundformen mittels linguistischer Algorithmen. Unter 'formalen Grundformen' versteht man dabei Wortfragmente, die z.B. durch das Abtrennen der Flexionsendungen oder anderer Endzeichenketten entstehen. Eine Verbesserung der Retrievalqualität läßt sich aber auch durch eine Wortschatzerweiterung erreichen, die dazu dient, die Such- und Einstiegsmöglichkeiten in das Retrievalwörterbuch zu erhöhen. Die Wortschatzerweiterung erfolgt dabei durch Wortzerlegung, durch Synonymverknüpfungen oder durch das Einfügen neuer Wörter über fingierte Titelaufnahmen, sogenannte "blinde Titel" bzw. "blinde Dokumente". Bei der Wortzerlegung wird jedes Wort in seine formalen Wortteile zerlegt, wobei alle oder nur bestimmte Sonderzeichen des Wortes als Trennzeichen benutzt werden können. Die so gewonnenen Wortteile werden dann als neue Wörter dem Wortschatz hinzugefügt. Das betreffende Zusatzprogramm würde z.B. aus dem Wort

"4-allyl-1,2-(methylenedioxy)benzene"

die folgenden neuen Wörter zusätzlich bilden:

allyl
methylenedioxy
benzene

Wenn der Retriever dann über eines der neu gebildeten Wörter in das Wörterbuch einsteigt, wird er automatisch auf die Informationseinheiten, die das Wort "4-allyl-1,2-(methylenedioxy)benzene" enthalten,geführt, ohne daß er dieses komplizierte Wort bei der Suche genau kennen oder eingeben muß. Bei dieser Vorgehensweise kann sich natürlich Informationsballast ergeben. Der Retriever hat jedoch die Möglichkeit, diesen Ballast durch entsprechende Einengungen bei der Frageformulierung im weiteren Verlauf des Dialoges noch zu reduzieren.

Zur Behandlung von Synonymen bieten die IRS ebenfalls Hilfsmittel an. Das Problem, synonyme Wörter maschinell zu erkennen, wurde allerdings bisher nicht gelöst. Es besteht aber die Möglichkeit, die auf intellektuellem Wege als synonym erkannten Wörter so zu verknüpfen, daß bei der Suche nach einem dieser Wörter wahlweise alle synonymen Wörter wie in einer Oder-Verknüpfung automatisch in die Suche mit einbezogen werden. Die Synonymverknüpfung kann auch bei Schreibfehlern weiterhelfen, weil im Text falsch geschriebene Wörter bei entsprechender Verknüpfung über die richtig geschriebenen Suchwörter aufgefunden werden können. Im Zusammenhang mit dem Problem, Verweisungen in die Datenbank einfügen zu wollen, wurde die "Blindtitelmethode" entwickelt. Dabei handelt es sich darum, die neu aufzunehmenden Wörter und die dazugehörigen Verknüpfungsangaben so zu strukturieren und zu erfassen, daß sie dem IRS gegenüber, formal gesehen, wie eine normale Titelaufnahme wirken. Damit wird erreicht, daß auch dieses Wortmaterial die Strukturprüfung in der Eingabephase ohne Beanstandungen übersteht und in die Datenbank übernommen wird. Die Übernahme der Wörter in das Retrievalwörterbuch erfolgt dabei in derselben Weise wie bei den üblichen Titelaufnahmen. Die Blindtitelmethode kann somit auch angewendet werden, wenn neue Wörter in das Retrievalwörterbuch eingefügt werden sollen.

Kennzahlen

Es wurde schon darauf hingewiesen, daß noch vor dem Datenbankaufbau eine Abschätzung über die erforderlichen Speicherkapazitäten und Maschinenzeiten erfolgen muß, damit die Finanzierung des Vorhabens und die Beschaffung evtl. zusätzlich benötigter Geräte, deren Lieferzeiten oft Monate betragen, rechtzeitig in Angriff genommen werden kann. Für derartige Planungsarbeiten liegen inzwischen Kennzahlen vor, mit deren Hilfe sich der Speicherplatz- und Maschinenzeitbedarf für IRS berechnen läßt. Diese Kennzahlen wurden von einer Arbeitsgruppe ermittelt, die von der früheren ZMD im Rahmen der Arbeiten für die Planung der Fachinformationssysteme eingesetzt worden war. Die Arbeitsgruppe setzte sich zusammen aus Experten aus dem IuD-Bereich, die zur damaligen Zeit (1975/76) schon Erfahrungen mit dem Betrieb von IRS hatten (6).

Den Kennzahlen liegt ein Datenmaterial von ca. 5 Millionen Informationseinheiten (Titelaufnahmen und inhaltserschließende Angaben) aus 18 verschiedenen Datenbeständen zugrunde. Außerdem wurden 5 verschiedene IRS, die auf 4 verschiedenen DV-Anlagen betrieben wurden, in die Untersuchungen mit einbezogen (7). Das für die Ermittlung der Kennzahlen erforderliche Zahlenmaterial stammte aus Job-Accounting Programmen, statistischen Angaben der IRS und aus zusätzlichen Messungen und Simulationen. Diese Basiszahlen wurden durch Umrechnungen und Normierungen vergleichbar gemacht und erst daraus die jeweiligen Kennzahlen abgeleitet. Die unterschiedliche Herkunft der Basiszahlen bietet zugleich die Gewähr, daß die für den IuD-Bereich in Frage kommenden Kennzahlen auch die erforderliche Allgemeingültigkeit besitzen. Die Kennzahlen selbst werden dargestellt als Formeln, zu deren Rechnung Richtwerte und Hilfsgrößen angegeben werden. Außerdem wurden Ablaufdiagramme entwickelt, in denen vorgegeben wird, wie und in welcher Reihenfolge die einzelnen Kennzahlen berechnet werden können. Einige im Zusammenhang mit dem Datenbankaufbau interessante Kennzahlen besagen, daß beispielsweise beim Freetextverfahren der erforderliche Speicherplatzbedarf für eine Informationseinheit etwa mit ihrer doppelten Länge angesetzt werden muß (Anzahl der Zeichen mal 2). Der CPU-Zeitbedarf für den Datenbankaufbau, bezogen auf eine DV-Anlage mittlerer Leistungsfähigkeit, liegt dagegen zwischen 0,5-1,0 Sekunden pro Informationseinheit, wobei sich der höhere Wert dann ergibt, wenn Wortschatzverbesserungen vorgenommen werden. Für eine Testdatenbank mit ca. 2000 Informationseinheiten werden somit nur 2-3 Millionen Bytes Speicherplatz und ca. 0,5 Stunden CPU-Zeit für den Datenbankaufbau benötigt. Dagegen müßte beim Aufbau einer Datenbank von 200.000 Informationseinheiten mit einem Bedarf von 200-300 Millionen Bytes Speicherplatz und ca. 50 Stunden CPU-Zeit gerechnet werden. Mit diesem Zahlenvergleich werden die Bedeutung und die Vorteile von Testdatenbanken erneut unterstrichen. Für die Datenbankpflege und das Retrieval wurden ebenfalls Kennzahlen ermittelt. Danach beträgt die durchschnittliche Sitzungszeit pro Recherche 40 Minuten, wobei etwa 25 Sekunden CPU-Zeit anfallen. Als durchschnittliche Antwortzeit des Computers (Response-Zeit) wurde eine Zeit zwischen 3-5 Sekunden ermittelt. Diese grobe Übersicht soll jedoch nur einen Einstieg in die Kennzahlen ermöglichen und nicht etwa die wesentlich differenzierteren und weit aufgefächerten Kennzahlen ersetzen. Natürlich ist es auch angebracht, sich, bedingt durch die rasche Fortentwicklung von Hard- und Software, Gedanken über die Gültigkeitsdauer der Kennzahlen zu machen. Solange aber keine neuartigen Großspeichergeräte mit ebenso neuartigen Zugriffsmethoden in Sicht sind und auch keine wesentlich veränderten IRS-Konzeptionen gegenüber den heutigen gefunden worden sind, ist mit einer drastischen Änderung der Kennzahlen kaum zu rechnen. Die Gültigkeit der Kennzahlen kann somit für einige Jahre als gesichert angesehen werden, zumal für Geschwindigkeitsverbesserungen der Computer die Einbeziehung entsprechender Korrekturfaktoren bei der Berechnung der CPU-Zeit bereits vorgesehen wurde.

Updating

Unter Updating versteht man das ergänzende Hinzufügen weiterer Informationseinheiten in eine bereits bestehende Datenbank oder auch das Ändern schon gespeicherter Informationseinheiten. Diese Arbeiten können bei einer größeren Datenbank und entsprechend vielen Neuzugängen sehr zeitaufwendig und damit für den laufenden Betrieb problematisch werden. Andererseits sind Updating-Arbeiten nicht zu umgehen, wenn die Datenbank auf einem aktuellen Stand gehalten werden soll. In der Praxis wird daher meist versucht, damit auszukommen, daß nur ein Teil und nicht ständig der gesamte Datenbestand in das Updating mit einbezogen wird. Dazu wird der Datenbestand in verschiedene Segmente aufgeteilt, von denen jeweils eine gesonderte Datenbank angelegt wird. Das Updating wird dann nur noch in dem Segment vorgenommen, das die aktuellen Informationseinheiten enthält, während die Segmente mit den älteren Daten unverändert bleiben. Dieses Verfahren hat aber den Nachteil, daß beim Retrieval der Gesamtdatenbestand nicht mehr automatisch in einem Arbeitsgang durchsucht werden kann, sondern die Suchanfrage für jedes Segment gesondert durchgeführt werden muß. Eine andere Möglichkeit, zeitaufwendiges Updating zu umgehen, besteht darin, die jeweiligen Neuzugänge als separate Datenbank aufzubauen, und diese dann während des Retrievals mit de bereits bestehenden Datenbanken so zu verketten, daß die verknüpften Datenbanken dem Benutzer wie eine einzige durchgängige Datenbank vorkommen. Da die Verkettung von Datenbanken nicht beliebig fortgesetzt werden kann, muß von Zeit zu Zeit eine Reorganisation stattfinden, bei der jeweils mehrere Einzelbanken zu einer größeren Einheit zusammengefaßt werden. Welcher von den erwähnten Methoden der Vorzug zu geben ist, läßt sich jedoch nur am konkreten Anwendungsfall entscheiden.

Das Ändern von Informationseinheiten in einer Informationsbank ist aus vielerlei Gründen nicht zuletzt der Sicherheit und der Kosten wegen unerwünscht. Bestrebungen, in einer bereits bestehenden Informationsbank nachträglich Änderungen durchzuführen, sollten daher nicht unterstützt werden. Dagegen sollte von Anfang an darauf geachtet werden, daß nur fehlerfreie und gesicherte Daten in die Datenbank gelangen.

Schlußbemerkung

Es sollte gezeigt werden, welche typischen Probleme beim Aufbau einer Informationsbank auftreten können und welche Möglichkeiten bestehen, diesen Problemen erfolgreich zu begegnen. Insbesondere war darauf hinzuweisen, daß sich die Dokumentationsfachleute darauf einstellen müssen, eine aktivere Rolle beim Aufbau einer Informationsbank zu übernehmen, als ihnen vielleicht ursprünglich vorschwebte oder gesagt worden war. Den Anbietern von IRS dagegen ist zu raten, sich besser auf diese Rollenverteilung einzustellen und ihre Unterlagen und Schulungsmaßnahmen danach auszurichten. Die heute verfügbaren IRS werden weiterentwickelt werden müssen, denn die benutzungsseitigen Anforderungen an IRS, wie sie z.B. in dem "Funktionenkatalog" der ZMD zusammengestellt wurden, sind längst noch nicht alle verwirklicht. Eine engere Zusammenarbeit als bisher zwischen Hersteller und Anwender ist geboten, damit die hohen Entwicklungsaufwendungen zur Verbesserung der IRS voll zum Tragen kommen und der Anwender das geeignete Werkzeug in die Hände bekommt, dessen er zur Bewältigung der Informationsaufgaben dringend bedarf.

Anmerkungen

(1) Es wird angestrebt, für Datenbanken, die für den Informationsnachweis eingerichtet worden sind, den Begriff "Informationsbank" zu benutzen. Damit soll der direkte Zusammenhang mit den Begriffen "Information", "Informationseinheit", "Informationsdienst", "Informationsanbieter", usw. hervorgehoben werden. (Siehe hierzu auch die Verwendung des Begriffes "Informationsbanken" in: "Commercially available information banks". Repr. from Auerbach Computer Technology Reports. Pennsauken, N.Y.: Auerbach Publ. Inc., 1977, 51 S. Steinbuch benutzt den Begriff "Informationsbanken" in: Computer und Politik/Steinbuch, K. in Datascope 1978 Bd. 9 (H. 28), S. 3-10: 12 Lit.)

(2) Lancaster behandelt diese Probleme ausführlich in: The evaluation of machine readable data bases and information services derived from these data bases/Lancaster, F.W. in: Evaluation and scientific management of libraries and information centres/Lancaster, F.W. (Hrsg.); Cleverdon, C.W. (Hrsg.). Leyden, N.L.: Nordhoff, 1977. - S. 73-100: 11 Lit. Nato Advanced Study Institutes Series, Series E.: Applied Science; no. 18

(3) Bei dem von der ZMD durchgeführten Aufbau der Datenbank für das Material des Referateorgans Food Science and Technology Abstracts (FSTA) konnte der Umfang der invertierten Datei durch den Einsatz von 105 Stoppwörtern von etwa 11,5 Millionen angefallener Fundstellen auf 9 Millionen Fundstellen reduziert werden. Der Speicherplatzbedarf für die invertierte Datei sank dabei um 22%. Das ergab im vorliegenden Fall eine Einsparung von ca. 20 Millionen Bytes.

(4) Eine gute Zusammenstellung verschiedener Stoppwortlisten für die englische Sprache in: H. Feinberg/Title derivative indexing techniques. A comparative study. Metuchen, N.Y.: Scarecrow Press 1973, 307 S.

(5) MAB-1 Maschinelles Austauschformat für Bibliotheken
MADOK Magnetband-Austauschformat für Dokumentationszwecke
MATER Magnetband-Austauschformat für terminologische und lexikographische Daten

(6) In der Arbeitsgruppe waren folgende Institutionen vertreten: BPA, DIMDI, DKFZ, PHI, ZAED, ZMD

(7) Bei den IRS handelte es sich um die Retrievalsysteme AVAS, DIRS2, GOLEM, LORD und STAIRS, bei den DV-Anlagen um die Systeme IBM 370/145, IBM 370/158, Siemens 4004/45 und Siemens 4004/151

Literaturverzeichnis

Produktivität durch Datenverarbeitung in Wissenschaft und Verwaltung/IBM Deutschland GmbH [Bonn, DE]. Fachbereich für Datenverarbeitung in Wissenschaft und Verwaltung. Bonn, DE: IBM, 1977. - 250 S. - 250. Liebenzeller Seminar. - 29.11.1977-1.12.1977

Funktionenkatalog. Benutzungsseitige Anforderungen an Information-Retrieval-Systeme/Brühl, G.; Meder, W. (Zentralstelle für maschinelle Dokumentation (ZMD) [Frankfurt/Main, DE]). - (de) Berlin, Köln, DE: Beuth, 1.10.1977. - 228 S. (ZMD-A-30). - ISBN 3-410-44030-5

Kennzahlen für Planung und Betrieb von Datenverarbeitungsanlagen für Information-Retrieval-Systeme/Zentralstelle für maschinelle Dokumentation (ZMD) [Frankfurt/Main, DE]. - (de) Berlin, Köln, DE: Beuth, 1.12.1977. - (ZMD-A-31). - ISBN 3-410-44031-3

Mathematische Beschreibung von Relationen im automatischen Indexing und Retrieval/Hüther, H. (Zentralstelle für maschinelle Dokumentation (ZMD) [Frankfurt/Main, DE]). - (de) Berlin, Köln, Frankfurt/Main, DE: Beuth, 30.4.1974. - 93 S.: 14 Lit. - (ZMD-A-24). - ISBN 3-410-44024-X

Morphologische Relationen durch Reduktionsalgorithmen/Kuhlen, R. - (de). In: Nachr. Dok. 1974, Bd. 25 (H. 4), S. 168-172: 10 Lit.

Statistische Relationen zwischen Textwörtern und Deskriptoren/Kragenings, R. (Zentralstelle für maschinelle Dokumentation (ZMD) [Frankfurt/Main, DE]). - (de) Berlin, Köln, Frankfurt/Main, DE: Beuth, 2.5.1974. 33 S.: 9 Lit. (ZMD-A-25). ISBN 3-410-44025-9

Zur maschinellen Fragemodifizierung bei der Free Text Search/Schaab, C. (Zentralstelle für maschinelle Dokumentation (ZMD) [Frankfurt/Main, DE]). - (de) Berlin, Köln, Frankfurt/Main, DE: Beuth, 31.5.1974. 64 S.: 28 Lit. (ZMD-A-26) ISBN 3-410-44026-7

Zusatzprogramme für den Einsatz von STAIRS im I&D-Bereich/Zentralstelle für maschinelle Dokumentation (ZMD) [Frankfurt/Main, DE]. - (de) Berlin, Köln, Frankfurt/Main, DE: Beuth, 15.7.1974. 47 S.: 37 Lit. (ZMD-A-27) ISBN 3-410-44027-5

Leitfaden für die formale Erfassung von Dokumentation in der Literaturdokumentation/Hitzeroth, C.; Marek, D.; Müller, I.; Häfner, C. (Mitarb.); Knarr, M. (Mitarb.); Metzler, B. (Mitarb.); Seeger, C. (Mitarb.). - (de) München, DE: Verl. Dok., 1976. - 492 S.: 28 Lit. ISBN 3-7940-7002-X

MADOK. Magnetband-Austauschformat für Dokumentationszwecke/Zentralstelle für maschinelle Dokumentation (ZMD) (Frankfurt/Main, DE). - (de) München, DE: Verl. Dok., 1977. - 131 S. ISBN 3-7940-7004-6

Maschinelles Austauschformat für Bibliotheken (MAB1). Stand: 02.1976/Kohl, E. (Red.); Deutsche Forschungsgemeinschaft (DFG) (Bonn, DE). Bibliotheksausschuß; Staatsbibliothek Preußischer Kulturbesitz (Berlin, DE). Arbeitsstelle für Bibliothekstechnik, 1973. - 96 S.

Information Retrieval und Automatisierung: Perspektiven und Probleme/Wessel, A.E. - (de) Neuwied, DE: Luchterhand, 1975. - 223 S.: 32 Lit. - ISBN 3-472-03518-8 (Wirtschaftsführung, Kybernetik, Datenverarbeitung/Lindemann, P. (Hrsg.); Bd. 18

Zweiter Entwurf einer Liste der Nicht-Stichwörter im Deutschen. Berlin, Köln, Frankfurt/Main, DE: Beuth, 1968. - 45 S. ZMD-A-17, ersetzt ZMD-A-11. ISBN 3-410-44018-6

Walter Grothstück

Planung, Entwicklung und Aufbau einer Datenbank für Technische Regeln mit dem Retrievalsystem GOLEM

1 Einleitung
2 Planungsvorhaben für eine Normeninformationsbank
3 Kategorieschema
4 Prototypen
5 Datenerfassung
6 Datenausgabe
7 Änderungsdienst
8 Ausblick

Zusammenfassung

DIN-Normen und Technische Regeln stellen hohe Anforderungen an die Flexibilität der beteiligten DV-Systeme. Der Aufbau der Normeninformationsbank am DIN für das Retrieval mit GOLEM2, die sich verändernde Struktur des Kategorienschemas, die Probleme des Zeichenvorrats, der Datenerfassung (zunächst über Klarschriftleser, später Online-Erfassung mit FLIRT), der Datenausgabe und des Änderungsdienstes werden vorgestellt. Zukünftige Aufgaben des IZ20 werden diskutiert.

Abstract

DIN standards and technical rules place heavy demands on the flexibility of data processing systems. The development of the DIN information bank of standards for retrieval with GOLEM2, the changing structure of category schema, the problems connected with character inventory, with data input (initially optical character recognition, later online input with FLIRT), with data output (editing) and data correction are presented. Further tasks of the IZ20 are discussed.

1 Einleitung

Das deutsche Normenwerk stellt mit zur Zeit 22 000 DIN-Normen eine Dokumentenmenge dar, für die sich bei den meisten IuD-Einrichtungen der Einsatz eines Rechners noch nicht lohnen würde.

DIN-Normen und andere Technische Regeln unterscheiden sich von "normalen" dokumentarischen Bezugseinheiten jedoch zumindest durch folgende Eigenschaften, die einen Rechner-Einsatz nahelegen:

- Technische Regeln werden entsprechend dem Stand der Technik geändert, erweitert, durch andere ersetzt oder ungültig.

- Technische Regeln sind im Normalfall redundanzfrei. Dies bedeutet, daß ein Sachverhalt nicht in einer zweiten oder dritten Regel noch einmal beschrieben ist.

- Technische Regeln behandeln Sachverhalte u.U. nicht vollständig. Sie erreichen die Vollständigkeit durch Zitieren anderer Regeln. So enthält die DIN-Norm über eine bestimmte Schraube nur Maßangaben dieser Schraube. Für die Gewindemaße, Werkstoffe und Prüfungen wird auf Gewindenormen, Werkstoffnormen und diverse Prüfnormen verwiesen. Jeder Anwender kann sich somit ballastfrei die ihn interessierenden Regeln zusammenstellen.

- Technische Regeln sind ihrem Wesen nach unverbindliche Empfehlungen. Sie werden aber mehr und mehr vom Gesetzgeber in Gesetzen, Verordnungen, Richtlinien usw. zitiert und sind damit Teil einer verbindlichen "Rechtsnorm". Der Föderalismus der Bundesrepublik Deutschland bedingt es, daß solche Einbettungen in den einzelnen Bundesländern u.U. unterschiedlich gehandhabt werden.

Diese Besonderheiten schaffen derart viele Probleme, daß die über 22 000 DIN-Normen nicht mehr auf konventionelle Weise bearbeitet werden konnten.

Im Jahre 1971 entschloß sich die Geschäftsleitung des DIN, mit neuen Methoden ein Informationszentrum aufzubauen, das die nationalen und internationalen Bedürfnisse für die nächsten 20 Jahre befriedigen sollte. Zu diesem Zeitpunkt arbeiteten nur wenige sehr große Dokumentationsstellen mit DV-Systemen. Die Preise für Rechner und Rechnerleistungen lagen noch in einer Größenordnung, die die Finanzkraft des DIN um vieles zu übersteigen schien. Im Vertrauen auf die technische Weiterentwicklung und einen damit verbundenen Preisverfall wurde das Projekt "Normeninformationsbank (NIB)" gestartet. Als Retrievalsystem wurde, nach einer Untersuchung der Leistungsfähigkeit der auf dem Markt befindlichen Systeme, GOLEM2 von SIEMENS ausgewählt. Wesentliche Kriterien für die Auswahl von GOLEM2 waren die weitgehenden Annäherungen an die Anforderungen des DIN, wie der ständige Änderungsdienst bestehender Dokumente durch die Anpassung an den Stand der Technik, die hausinternen Anforderungen, daß der DIN-Katalog, die monatlichen Ergänzungshefte zum DIN-Katalog und Spezialbibliographien aus der Datenbank erstellt werden sollen.

2 Planungsvorgaben für eine Normeninformationsbank

Wie eingangs erwähnt, unterscheiden sich Technische Regeln von anderen Dokumentarten durch ihre Besonderheiten (ständige Anpassung an den Stand der Technik, weitgehende redundanzfreie Wiedergabe technischen Sachverhaltes, unterschiedliche Verbindlichkeit usw.). Desgleichen sind auch Anforderungen der Anwender Technischer Regeln an eine Informationseinrichtung über Technische Regeln anders gegliedert als an eine Literaturdokumentation. Die vom Benutzer geforderten Informationen sind direkt anwendungsbezogen. Sie gliedern sich im Nachweis des Dokumentes (Dokumentnummer und -titel), des Dokumentinhaltes, des Bereichs der Gültigkeit, der Verbindlichkeit und der Verknüpfung mit anderen Technischen Regeln

(Zitate). Aufgrund der oben aufgeführten Unterschiede und des Anforderungskataloges der Benutzer an eine solche Datenbank ist es zwangsläufig, daß das Dokument in seine wesentlichen Teile (bibliographische und inhaltserschließende Teile) zerlegt wird. Diese Teile sind wiederum in mehrere Kategorien aufgeteilt worden. Das Kategorienschema umfaßt mehr als 40 einzelne Kategorien. Die relativ große Anzahl von einzelnen Kategorien (Aspekten) je Dokument ist für die Aussagefähigkeit der Datenbank wesentlich und ermöglicht auch gleichzeitig die detaillierte Wiedergabe des Dokuments.

Das größte Problem bei der Planung für die Normeninformationsbank (NIB) waren die täglichen Veränderungen im Normenwerk. Hierauf mußte sofort reagiert und der Datenbestand aktualisiert werden. Im Durchschnitt erfordert gegenwärtig jedes neue bzw. ungültig gewordene Dokument Eingriffe bei 16 bestehenden Dokumenten. Die unterschiedlichsten Möglichkeiten von Veränderungen werden im nachfolgenden Beispiel aufgezeigt:

Zeit (Monate)	Vorgang	Reaktion
Ø	Dok.A als Entwurf veröffentlicht	Indexieren und speichern
+ 6	Dok.A als gültiges Dok. veröffentlicht	1. Dok.A Entwurf markieren, daß gültiges Dok. seit ... vorliegt
		2. Dok.A Entwurf in Historische Datenbank bringen und in der NIB löschen
		3. Dok.A indexieren und speichern Hinweis: Dok.A Entwurf war vom ... bis ... Vorläufer
+10	Dok.B (zitiert in A) ungültig und ersetzt durch Dok.C	1. Zitat in Dok.A erweitern: B am ... ungültig, ersetzt durch C

Zeit (Monate)	Vorgang	Reaktion
+12	Gesetz X bindet Dok.A ein	Dok.A erweitern: Ist seit ... mit Abschnitt 3 Bestandteil von Gesetz X
+40	Dok.A ungültig und ersetzt durch Dok.D	1. Dok.A ungültig markieren 2. "Ersetzt am ... durch Dok.D" hinzufügen 3. Hinweis: Abschnitt 3 bleibt als Bestandteil von Gesetz x gültig

Neben den aufgeführten Problemen durch die Veränderungen sind noch weitere Anforderungen an die Datenbank gestellt worden:

<u>1. Vorgabe</u> Das Datenbanksystem muß in der Lage sein, gespeicherte Informationen zu ändern, zu erweitern und unter gleichzeitigem Löschen in eine andere Datenbank zu verlagern. Da dieser Änderungsdienst extrem aufwendig ist, muß auf eine Minimierung der Rechenzeiten geachtet werden; Reorganisationsläufe der Datenbank sind zu vermeiden.

<u>2. Vorgabe</u> Das Handling der Änderungen muß einfach sein. Hinzufügen von Informationen darf vom Personaleinsatz her nicht teurer sein als die Neueinspeicherungen eines Dokumentes. Es sind nur Rechnerkommandos erlaubt, damit die Fehlerrate minimal bleibt. Die Idealvorstellung ist, Änderungen am Bildschirm in eine vorhandene Information "hineinzuschreiben".

<u>3. Vorgabe</u> Es sind Methoden zu entwickeln, mit denen beliebig große Datenmengen in minimaler Zeit auf Datenträger gebracht werden können. Besonderes Augenmerk ist auch hier auf Sicherheit und Fehlerminimierung zu legen.

Ein Datenerfassungsverfahren, wie es hier gefordert wird, kann nur dann optimal entwickelt werden, wenn es unabhängig von den Konventionen des Retrievalsystems arbeitet. Es ist also noch ein Konvertierungsprogramm notwendig, welches das Erfassungsformat in das meistens vorgegebene Datenbankformat überführt.

<u>4. Vorgabe</u> Das Konvertierungsprogramm muß beliebige Erfassungsformate in ein den Datenbankkonventionen entsprechendes Format überführen können. Dabei sollen folgende Datenmanipulationen möglich sein:

- Plausibilitätsprüfung einzelner Datenelemente
- automatische Datenkorrektur (falls sie algorithmisch möglich ist)
- Stoppwortlistenvergleich
- Datensubstitution
  (aus mehrere Kategorien weitere generieren)

In gleicher Weise ergeben sich aus den Anforderungen für den Output Vorgaben, die das Gesamtsystem erfüllen muß.

<u>5. Vorgabe</u> Jeder Printout (vom Schnelldrucker oder als Hardcopy vom Bildschirm) muß vom Benutzer ohne Bedienungsanleitung lesbar und verständlich sein.

<u>6. Vorgabe</u> Aus der Datenbank sind Kataloge zu erzeugen, die sich in ihrer Typographie nicht vom konventionellen Bleisatzkatalog unterscheiden.

Das bedeutet:
- Groß-/Kleinschreibung
- Umlaute
- Diakritische Zeichen
- Sonderzeichen
- Schriftumschaltungen
  (kursiv, fett usw.)

Bei der Herstellung des jährlichen DIN-Katalogs, der monatlichen Ergänzungshefte und der Spezialbibliographien ist neben der Typographie auch die Art der Zusammenstellung der Einträge der einzelnen Katalogteile wichtig.

7. Vorgabe Jeder Katalog muß vom Dokumentar am Datensichtgerät zusammengestellt werden können. Das Ergebnis wird auf Magnetband zur drucktechnischen Aufbereitung ausgegeben.

Diese Vorgaben wurden in einem Pflichtenheft sehr detailliert zusammengestellt. 1971 war lediglich das Retrievalsystem GOLEM2 von SIEMENS so flexibel konzipiert, daß es innerhalb kurzer Zeit auf einen den Anforderungen entsprechenden Leistungsstand gebracht werden konnte.

3 Kategorienschema

Wie bereits begründet, werden in einer Datenbank für Technische Regeln mehr Informationen gespeichert, als es in der Literaturdokumentation üblich ist. Ein sehr großer Teil dieser Informationen muß als Suchargument (wie ein Deskriptor) ansprechbar sein.

Als Beispiel dafür möge folgende Anfrage dienen:

"Welche Verordnungen, Vorschriften und Unfall-Verhütungsvorschriften haben im Bundesland Hamburg seit März 1973 die Aufzugsverordnung beeinflußt bzw. geändert und welche Dokumente mußten beim Bau von Aufzügen am 16. März 1975 beachtet werden?"

Komplexe Fragen wie diese können nur beantwortet werden, wenn aus dem Dokument die entsprechenden Elemente selektiert und in die dafür vorgesehenen Kategorien eingetragen werden. Diese bilden die Struktur der Datenbank.

Wie schnell sich die Bedürfnisse der Benutzer auf die Datenbankstruktur auswirken, zeigen die folgenden Beispiele.

NIB-Kategorienschema

10	Dokument-Nr	40	Einspruchsfrist
11	Zusatz-Nr	43	vorherige Ausgabe
12	Dokument-Art		
		50	Herausgeber
20	DK-Klassifikation	51	Autor
		52	Co-Autor
21	Ausgabe-Datum		
22	Format	60	Zitate
23	Seitenzahl	61	Konkordanz international
24	Preis		
25	Sprache	62	Grad der Konkordanz
26	Übersetzungen		
27	Kataloggruppe		
		70	Deskriptoren
30	Titel	71	Begriffe
33	Titelübersetzung	72	Registereintrag

Dieses Kategorienschema wurde nach umfangreichen Benutzerbefragungen für eine Datenbank der DIN-Normen als vollständig angesehen.

Bereits zwei Jahre später wurden durch das Gesetz über Technische Arbeitsmittel (GtA), kurz "Maschinenschutzgesetz" genannt, weitergehende Forderungen gestellt. Wiederum wurden umfangreiche Benutzerbefragungen und Expertengespräche - insbesondere mit der Bundesanstalt für Arbeitsschutz und Unfallforschung, den Berufsgenossenschaften und Gewerbeaufsichtsämtern - durchgeführt. Als Ergebnis wurde das Kategorienschema entwickelt, das zum gegenwärtigen Zeitpunkt erneut den nochmals gestiegenen Anforderungen angepaßt wird.

SIDOK-Kategorienschema

10	Dokument-Nr	15	Format
11	Zusatz-Nr	16	Seitenzahl
12	Dokument-Art	17	Preis
13	Registrier-Nr	18	Sprache
14	DK (Klassifikation)	19	Übersetzungen

20	Ausgabe-Datum	52	Herausgeber
21	Einspruchsfrist	53	Verlag
22	Veröffentlicht	54	Bezugsquelle
23	Inkraft seit	55	Fundstelle
24	Übergangsfrist	56	Maschinenschutzgesetz
25	Änderungen	57	Rechtsverbindlichkeit
30	Titel	60	Zitate
31	Titelzusatz	61	Verweise
32	Titelübersetzung		
33	Warnvermerk	71	Klassifikation DIN 31000
34	Geltungsbereich	72	CIS-Schlüssel
40	Registereintrag	80	Begriffe
50	Autor	90	Deskriptoren
51	Co-Autor		

An diesem Beispiel zeigt sich, daß das Retrievalsystem GOLEM auf Änderungen des Benutzerbedarfs flexibel reagieren kann. Jede einmal entwickelte Datenbankstruktur kann mit geringem Aufwand in eine andere überführt werden. Gleichzeitig lassen sich weitere Daten jeder Informationseinheit hinzufügen.

4 Protypen

Den vollen Zeichenvorrat der natürlichen Sprache zu verarbeiten, war eine zwingende Anforderung. Da jedoch Zeichen, die im Binärsystem eines Rechners aufgrund der begrenzten Zeichenzahl keine eigene Codierung erhalten können und damit nicht direkt darstellbar sind (Umlaute, griechische Buchstaben oder mathematische Symbole), mußten Hilfskonstruktionen geschaffen werden. Hierbei hat sich z.B. das von der (früheren) ZMD entwickelte Protypenverfahren für nicht direkt darstellbare Zeichen bewährt. Dabei wird im Rechner jedes nicht direkt darstellbare Zeichen durch eine alphanumerische Zeichenfolge, die durch ein besonderes Steuerzeichen eingeleitet wird, aufgebaut.

Die Protypentabellen der (früheren) ZMD waren für die Zwecke einer Datenbank über Technische Regeln zu umfangreich und damit für die Datatypistinnen zu unübersichtlich. Deshalb ist eine den Bedürfnissen angepaßte Sonderzeichentabelle entwickelt worden. Dabei wurden vier Bereiche gebildet:

- Schriftarten
  fett, halbfett (usw.)
  kursiv
  Indexschrift
  Exponentenschrift

- Griechische Buchstaben
  Versalschrift
  Gemeinschrift

- Mathematische Symbole
  Diakritische und andere Zeichen

- Typographische Vereinbarungen
  Kettung von Texten
  Ausschlüsse usw.

Beispiele:

$01 Normalschrift
$02 Fettschrift
$03 Kursivschrift

Die *schnelle* Information

wird geschrieben:

Die $03schnelle$01 Information

Texte mit solchen Sonderzeichen werden vom GOLEM beim Datenbankaufbau unverändert übernommen.

Würden diese Sonderzeichen beim Retrieval unverändert auf den Bildschirm oder Schnelldrucker gebracht, wäre die Vorgabe Nr. 5 (Lesbarkeit der Informationen ohne Instruktionen) nicht erfüllt. Aus diesem Grunde enthält GOLEM Umsetzroutinen, die die Daten für den Bildschirm bzw. Schnelldrucker aufbereiten. Finden diese Routinen Codierungen

(Sonderzeichen), so werden diese in eine eindeutige und verständliche Form umgewandelt:

Codierung	Bildschirm	Schnelldrucker	(Katalog)
ℒA	ALPHA	ALPHA	(A)
ℒa	alpha	alpha	(α)
25 01C	25 Grad C	25 Grad C	(25 °C)

Mit den Ursprungstexten sind solche Texte zwar nicht vergleichbar. Sie gewährleisten aber unter Berücksichtigung des begrenzten Zeichenvorrates des Bildschirmes bzw. des Schnelldruckers eine gute Lesbarkeit. Für die Katalogerstellung mit Daten aus der Datenbank werden über eine DIGISET-Lichtsetzmaschine die Sonderzeichen durch Umsetzroutinen wieder in ihre Bedeutung in der natürlichen Sprache umgesetzt oder ihre typographischen Vereinbarungen in das Druckbild eingebaut.

5 Datenerfassung

In einer Datenbank über Technische Regeln ist aufgrund der ständigen Anpassung dieser Regeln an den Stand der Technik Aktualität oberstes Gebot. Ein bekannter Engpaß aller DV-Aktivitäten ist die Datenerfassung, speziell dann, wenn große Datenmengen anfallen und vom Auftraggeber Tagesaktualität gefordert wird. Die herkömmlichen Erfassungsmethoden über Lochstreifen, Lochkarten u.Ä. schieden unter diesen Bedingungen aus. Es mußten andere Möglichkeiten der Datenerfassung betrachtet werden. Nach genauer Analyse der auf dem Markt angebotenen Verfahren wurde 1971 eine relativ neue Methode der Datenerfassung - die optische Beleglesung - ausgewählt, die in Berlin (Satz-Rechen-Zentrum) bereits erfolgreich eingesetzt wurde. Der entscheidende Vorteil dieser Datenerfassung war die schnelle und relativ problemlose Übertragung der ausgewählten Datenelemente aus einem Dokument mittels einer handelsüblichen Büroschreibmaschine auf normales Schreibmaschinenpapier.

Die 1971 vorhandene Beleglesemaschine konnte alle Schreibmaschinenschriften lesen. Eine optimale Beleglesung ohne Lesefehler aufgrund von Schriftunterschieden war durch eine Schreibmaschinenbelegung mit der Schrift B nach DIN 66009 (OCR-B) sichergestellt.

Die im Kategorienschema festgelegten Kategorien-Nummern wurden den entsprechenden Datenelementen vorangestellt (z.B. 10 = DIN 66009) und fortlaufend und ohne Berücksichtigung des normalen Zeilenendes oder der Worttrennung geschrieben. Tabulatorpositionen und/oder Steuerzeichen entfielen; lediglich die Sonderzeichen, die nicht auf der Schreibmaschinentastatur vorhanden waren, mußten entsprechend den vereinbarten Protypen dargestellt werden. Die Schreibleistung war erheblich höher als z.B. bei der Lochkartenerfassung. Gleichzeitig war die Fehlerrate kleiner als ein Promille der erfaßten Zeichen. Dieses Verhältnis machte sich sehr positiv im Preis/Leistungsvergleich bemerkbar.

Die erstellten Belege wurden von einer Beleglesemaschine SCAN-DATA 300 gelesen, in einem frei definierbaren Format auf Magnetband übertragen und in einem anschließenden Lauf auf vereinbarte Plausibilitäten geprüft. Fehlerhafte Daten wurden während des Prüflaufes zusätzlich markiert. Die Korrektur konnte online erfolgen, oder die Daten wurden ausgedruckt, gelesen und anschließend korrigiert.

Der Einsatz der optischen Beleglesemaschine war für die Einzelbeleglesung nicht geeignet. Die Wirtschaftlichkeit ist erst ab ca. 20 000 Zeichen/Auftrag gegeben.

Bei Datenbanken, die die Anforderung erfüllen müssen, Dokumente tagesaktuell zu speichern, führt die externe Datenerfassung (in den oben angeführten Mengen) und der damit verbundene Datentransport zwischen verschiedenen Institutionen zu Terminproblemen. Diese Zeitverluste und die Bedingung, auch kleine Datenmengen schnell erfassen zu müssen, führten zu der Entwicklung des Online-Erfassungssystems.

Das Online-Erfassungssystem bietet der Datatypistin Datenerfassungsformulare - entsprechend dem Kategorienschema - auf dem Datensichtgerät an. In dieses Formular werden die Daten, die vorher vom Dokumentar ausgewählt und auf dem Dokument gekennzeichnet bzw. ergänzt wurden, eingetragen. (Durch die Kennzeichnung der Daten auf dem Dokument entfällt das Ausfüllen von Datenerfassungsbelegen durch den Dokumentar.) Anschließend wird das Formular dem Rechner übermittelt. In diesem Arbeitsschritt werden Plausibilitätsprüfungen durchgeführt. Im Fehlerfalle wird das Formular mit einem Fehlerhinweis an die Datatypistin zurückgegeben. Die korrekten Daten werden auf Magnetband geschrieben.

Nach Abschluß der gegenwärtig (Mitte 1979) angelaufenen Umstellung des Rechnerbetriebssystems vom Teilhaber- auf Teilnehmerbetrieb (BS 1000 auf BS 2000) kann das Online-Erfassungsprogramm ohne großen Programmierungsaufwand nicht mehr betrieben werden. Es war daher notwendig, die Online-Datenerfassung neu zu durchdenken. Unstrittig war, daß auf eine Online-Erfassung nicht verzichtet werden kann - sie soll jedoch im Bereich der Prüf- und Korrekturmöglichkeiten wesentlich verbessert werden. Nach einer Analyse stellte sich heraus, daß keine eigene Software entwickelt werden muß.

Das Bundespresseamt und das Bundeskriminalamt betreiben seit 1977 das gemeinsam entwickelte Erfassungssystem FLIRT (vgl. Artikel in Rathgeber Bd 1). Gegenwärtig vorliegende Testergebnisse lassen vermuten, daß es für die Datenbank über Technische Regeln ohne Einschränkung einsetzbar ist.

6 Datenausgabe

Das DIN publiziert einmal jährlich den DIN-Katalog der Normen und Norm-Entwürfe, monatliche Ergänzungen zum DIN-Katalog, die jeweils die Veränderungen gegenüber dem Jahresverzeichnis kumuliert anzeigen, und Spezialbibliographien.

Diese Kataloge sind in Sach-, DIN-Nummern- und Registerteil gegliedert.

Alle Datenbanken des DIN wurden im GOLEM so konzipiert, daß neben dem Retrieval auch Kataloge, Bibliographien, Listen und Statistiken erstellt werden können.

Es soll hier nur das aufwendigste Projekt - der Satz des DIN-Kataloges im Lichtsatzverfahren - erläutert werden (weitere Möglichkeiten s. Roesler Bd. 3):

Die dazu benötigten Daten werden als Retrievalfrage am Datensichtgerät zusammengestellt (z.B. sämtliche DIN-Normen, die von Januar bis April herausgegeben bzw. ungültig wurden). Das Ergebnis wird mit einem Kommando dem weiterverarbeitenden Programm übergeben. Nur die für die jeweiligen Katalogteile benötigten Daten werden auf Magnetband übertragen. In einem weiteren Verarbeitungsschritt werden die Daten sortiert, drucktechnisch aufbereitet und zu einem Eingabeband für die Lichtsatzanlage DIGISET aufbereitet. In der Lichtsatzanlage (DIGISET) wird das lichtempfindliche Material (Film, Papier, Mikrofilm) mittels eines Kathodenstrahles belichtet. Dieses Verfahren hat gegenüber Fotosetzmaschinen wesentliche Vorteile. Die Setzgeschwindigkeit ist erheblich höher. Als mechanische Arbeit tritt lediglich der Materialtransport auf. Der Zeichenvorrat ist fast unbegrenzt, die Schriftart und die Schriftgröße ist frei wählbar und kann beliebig oft gewechselt werden.

Der Kathodenstrahl ist beliebig positionierbar. Jedes Zeichen kann gesetzt werden. Durchschnittlich werden ca. 3 Mio. Zeichen/Stunde belichtet. Das Ergebnis ist ein Verzeichnis, das "wie Blei gesetzt" aussieht, aber im Flachdruck (Offset-Druck) erstellt wurde.

289 **DK 621.822 Lager**
Bearing

E ISO 4384			
	T 2	9.77	Härteprüfung an Lagermetallen; Härteprüfung an Massivwerkstoffen *(E, F)* Hardness testing of antifriction metals; hardness testing of solid materials
E ISO 4386			
	T 1	9.77	Prüfung der Bindung metallischer Verbundgleitlager; Zerstörungsfreie Prüfung mit Ultraschall auf Bindungsfehler für Lagermetall-Schichtdicken > 2 mm [6] *(E, F)* Testing of the bonding of metallic multilayer plain bearings; non destructive ultrasonic testing of bond defects for antifriction metal layer thicknesses ≧ 2 mm
E ISO 4386			
	T 2	9.77	Prüfung der Bindung metallischer Verbundgleitlager; Zerstörende Prüfung der Bindung Lagermetall/Stützkörper auf Bindungsfestigkeit für Lagermetall-Schichtdicken ≧ 2 mm *(E, F)* Testing of the bonding of metallic multilayer plain bearings; destructive testing of the bond strength of the bond antifriction metal/backing for antifriction metal layer thicknesses ≧ 2 mm
E ISO 6279		9.78	Gleitlager; Aluminiumlegierung für Einstofflager *(E, F)* Plain bearings; aluminium alloy for solid bearings
E ISO 6280		9.77	Anforderungen an Stützkörperwerkstoffe für dickwandige Verbundgleitlager *(E, F)* Requirements on backing materials for thick-walled multilayer plain bearings
E ISO 6282		9.77	Bestimmung der $\sigma_{0,01}{}^{\times}$-Grenze an metallischen dünnwandigen Lagerschalen *(E, F)* Determination of $\sigma_{0,01}{}^{\times}$-limit on metallic thin-walled half bearings

Zahlen in [ ] geben die Preisgruppe an. Keine Angaben = Preisgruppe 2 - 4 459

Ausschnitt aus dem Sachteil des Normenverzeichnisses

Wie bei der Datenerfassung werden sich durch die Umstellung der Betriebssysteme vom BS 1000 auf BS 2000 und durch gestiegene Anforderungen der Benutzer an die Ausgabeprogramme für die Datenweiterverarbeitung wesentliche Änderungen und Erweiterungen der Druckprogramme ergeben. Ein Teil dieser Anforderungen (Statistiken, Listen u.ä.) wird in Zukunft neben GOLEM im BS 2000 durch das von der Gesellschaft für Mathematik und Datenverarbeitung (GMD) entwickelte Datenbanksystem FIDAS auf der Ausgabeseite übernommen.

7 Änderungsdienst

Die Datenbanken über Technische Regeln können den Anforderungen der Benutzer nur genügen, wenn sie dem ständigen Anpassungsprozeß von Technischen Regeln an den Stand der Technik tagesaktuell folgen. Diese Aktualität muß auch bei der großen Zahl von Änderungen, die sich durch gegenseitige Zitierung der DIN-Normen ergibt, gewährleistet sein. Bei ca. 4000 Neu-,

Folge-, Ersatzausgaben und Zurückziehungen von DIN-Normen pro Jahr sind ca. 60 000 Einzelveränderungen zu bewältigen. Bei diesem Änderungsvolumen reichten die in GOLEM integrierten Änderungsprozeduren nicht aus. Zur Bewältigung dieser großen Anzahl von Änderungen - wie schon erwähnt auch für die Datenerfassung - ist das Programm Online entwickelt worden. Das Programm Online erfüllt nachfolgende Funktionen:

- Vereinfachte Datenerfassung und die Umsetzung in GOLEM-Konventionen.

- Parallelarbeiten im Online und GOLEM
  (Die im GOLEM-Retrieval ermittelten Dokumente werden am Datensichtgerät abgebildet. Die zu verändernden Daten werden korrigiert und dem Programm Online beim Zurückschreiben übergeben. Online erzeugt dann aus diesen Daten die Änderungsanweisungen für die GOLEM-Änderungsprozeduren. Durch das Zwischenschalten des Programms Online wird im Änderungsprozeß viel Arbeit und Zeit gespart. Außerdem wird die Fehlerrate gesenkt, da nur die zu ändernden Zeichenfolgen überschrieben werden müssen und der Rest(text) erhalten bleibt.)

- Generierung von Änderungsanweisungsaspekten für ständig wiederkehrende Änderungsarten (Maskenverarbeitung).

8 Ausblick

Die wachsende Bedeutung der deutschen Technischen Regeln im nationalen, europäischen und internationalen Bereich und der ständige Anpassungsprozeß an den Stand der Technik sowie ihre Verpflechtungen untereinander, ihre Einbindung in das gültige Recht durch Gesetz oder Verordnungen des Bundes und/oder der Länder erfordern ein Informationszentrum, das dem Benutzer und dem Regelwerkersteller schnell, genau und aktuell Auskunft geben kann. Diese Auskünfte dürfen sich nicht nur auf bibliographische Daten beschränken,sondern müssen auch Sachaussagen einschließen.

Aus dem gemeinsam von der Bundesanstalt für Arbeitsschutz und Unfallforschung und dem DIN Deutsches Institut für Normung e.V. entwickelten Projekt SIDOK (Sicherheitstechnische Dokumentation) wird mit Mitteln aus dem Programm der Bundesregierung zur Förderung der Information und Dokumentation in den kommenden Jahren das IZ20 Technische Regelwerke (Deutsches Informationszentrum für Technische Regeln -DITR-) aufgebaut. Im IZ20 sollen sämtliche Technischen Regeln, die in Deutschland erschienen sind oder mit deutscher Beteiligung entstanden sind, nachgewiesen werden. Gleichzeitig wird dieses Zentrum durch die Mitgliedschaft des DIN in der ISO (International Organization for Standardization) über ISONET einen direkten Zugriff auf ähnliche Dokumentationszentren in mehr als 80 Ländern der Erde haben.
ISONET ist ein Vertragswerk, das alle Mitgliedsländer verpflichtet, nach gemeinsamen Regeln ihre Technischen Regeln aufzubereiten und für alle Kommunikationswege (Brief, Telefon, EURONET, SCANNET usw.) bereitzuhalten.

Klaus Brothun, Ekkehard Mochmann, Friedrich Rau

Z.A.R. – Ein Datenbanksystem für Umfragen

1. Anwendungsgebiet und Benutzeranforderungen
2. Einzelfragen/Variablenbeschreibungen und Studienbeschreibungen als Zielinformation
3. Technische Komponenten des Z.A.R.-Systems
4. Das Z.A.R.-System als Instrument zur Dokumentation von Umfragedaten
5. Anhang

Zusammenfassung

Das Z.A.R.-System wurde zur Volltextspeicherung und zur Dokumentation von Umfragen der empirischen Sozialforschung entwickelt (1). Auf Grund der komplexen Aufgabenstellung (Kombination formatierter und nicht formatierter Datenbasen, Realisierung einer Vielzahl unterschiedlicher Dokumentationsebenen, Ausbaufähigkeit bis hin zu Verfahren der sozialwissenschaftlichen Inhaltsanalyse etc.) wurde zur Realisierung des Z.A.R.-Systems ein interpretativer Datenbank-Monitor, APLGD, eingesetzt, der programmierbar ist. APLGD basiert auf der von K.E. Iverson beschriebenen Programmiersprache APL und verfügt über spezielle Funktionen zur Bearbeitung von Texten, sowie zur Verwendung von Baumstrukturen. Obwohl für einen speziellen Zweck entwickelt, läßt sich das Z.A.R.-System als ein möglicher Prototyp für die Entwicklung allgemeinerer Systeme betrachten.

Abstract

The Z.A.R.-System was developed for the purpose of Full Text Retrieval and documentation of surveys in the sphere of empirical social research. The complexity of the task in hand (a combination of formatted and unformatted databases, the implementation of a large number of different documentation levels, development capability up to the level of the processing of sociological content analysis, etc.) made the introduction of an interpretative databank monitor - APLGD - (which is programmable) a necessity for the realization of the Z.A.R.-System. APLGD is based on the programming language APL, described by K.E. Iverson, which has special functions for text processing as well as for the use of tree structures. Although it was developed for a special purpose, the Z.A.R.-System can be regarded as a possible prototype for the development of general systems.

INHALTSVERZEICHNIS

Z.A.R. - EIN DATENBANKSYSTEM FÜR UMFRAGEN

1. ANWENDUNGSGEBIET UND BENUTZERANFORDERUNGEN

Eine fundierte Erklärung sozialer Einstellungen und sozialen Wandels ist angewiesen auf Daten der Gesellschaft von gestern und heute. Während aktuelle Fragestellungen in vielen Millionen Interviews jedes Jahr nahezu alle Lebensbereiche in der Bundesrepublik abbilden, fehlen häufig vergleichbare Angaben über frühere Zeiträume. Zwar zeigen Ergebnisdokumentationen, wie z. B. Jahrbücher der öffentlichen Meinung oder Presse- und Informationsdienste, wenn sie über die Jahre hinweg verfolgt werden, einige wichtige Entwicklungstendenzen auf. Eine weitergehende Analyse unter gegenwärtig relevanten Aspekten ist jedoch nur möglich, wenn auch der Zugriff auf die ursprünglichen Einstellungs-, Meinungs- oder Verhaltensmessungen, also die für jeden Befragten erhobenen Angaben, möglich ist. Entsprechend dem technologischen Stand der Auswertungstechniken können diese Angaben als "maschinenlesbare Daten" mit Hilfe von Computern analysiert werden. Dabei ist weitestgehend dem Datenschutz Rechnung getragen, da,von ganz wenigen Spezialstudien abgesehen, diese Angaben nicht mehr - oder nur unter unverhältnismäßig hohem Aufwand - der konkreten Person zugeordnet werden können, bei der sie erhoben wurden. Die ursprünglich personenbezogenen Daten sind für die Analyse anonymisiert. Zugangsbeschränkungen, die von den in jüngster Zeit verabschiedeten Datenschutzgesetzen auch für die Forschungsdaten bei Verwendung für andere Zwecke als bei der Erhebung beabsichtigt (Sekundäranalyse), gefordert werden, sind mithin in der Regel nicht gegeben.

Eine Repräsentativumfrage in der Bundesrepublik kostet heute durchschnittlich zwischen 100 000 und 300 000 D-Mark. Um diese wertvollen Informationen über die Primärpublikation hinaus auch in der Zukunft nutzen zu können, müssen vor allem die technischen Zugangsprobleme gelöst werden. Für eine Auswertung sind zunächst von Interesse:

1. die Daten selbst (auf Lochkarte oder Magnetband)
2. der zugehörige Codeplan, aus dem die Bedeutung der einzelnen Lochungen bzw. Magnetband-Positionen hervorgeht

3. eine Kopie des Meßinstruments (z.B. des Fragebogens, mit dem die Antworten des Befragten erhoben wurden).

Daten, Codeplan und Meßinstrument sind Ergebnisse des Forschungsprozesses. Sie sind zunächst die eigentliche Zielinformation, die für die weitere statistische Auswertung benötigt wird. Da aber die Interpretation immer auch die Entstehungsbedingungen der Daten berücksichtigen muß, ist für die Sekundäranalyse die Kenntnis der Hintergrundinformation über Methoden und Techniken, Urheber, Ort und Zeit, zu der die Erhebung durchgeführt wurde, erforderlich. Die Dokumentation des Forschungsprozesses, zu der die genannte Hintergrundinformation zusammengefaßt wird, geschieht meist aber nur sehr fragmentarisch durch die Forscher selbst. Deshalb müssen die Datenarchive der Sozialforschung als Vermittlungsstellen für die "analysegerecht aufbereiteten Daten" diese Hintergrundinformation zu der eigentlichen Zielinformation selbst erfassen bzw. ergänzen. In internationaler Zusammenarbeit mehrerer Datenarchive wurde in den letzten 10 Jahren für diesen Zweck das "Standard-Schema für die Beschreibung von Studien" ("Study Description Scheme", "SD-Schema") entwickelt (2).

Aus der Art der zu verarbeitenden Information ergibt sich, daß formatierte und unformatierte Datenfelder nebeneinander auftreten. Während sich die Rückgewinnung über die Studienbeschreibung mit den methodisch-technischen Hintergrundinformationen vorwiegend auf formatierte Felder stützt, werden für den Zugriff auf die Frageninhalte aus den Fragebögen Techniken für unformatierte Datenbasen angewendet.

Die Benutzeranforderungen sind entsprechend dem Ausbildungsgrad, der praktischen Analyseerfahrung sowie der methodischen Anwendung und der inhaltlichen Fragestellung sehr unterschiedlich. Deshalb müssen nicht nur die Probleme einer komplexen Datenstruktur gelöst werden, sondern es müssen auch durch das Angebot flexibel einsetzbarer Retrievalinstrumente unterschiedlichen

Anforderungen entsprechende Suchstrategien realisiert werden können.

Die Benutzeranforderungen lassen sich am besten von den Extrempunkten des sehr heterogenen Spektrums her charakterisieren. Zum einen werden Anfragen gestellt, die durch die offensichtlichen (manifesten) Inhalte der gespeicherten Fragen abgedeckt sind (z. B. Parteipräferenz, Urlaubspläne oder demographische Angaben, wie Beruf, Schulbildung etc.). Solche Inhalte können ohne weiteres aus den Frageformulierungen von den Indexern nach einem Klassifikationsschema erschlossen werden, das speziell für die Erfassung von Inhalt und Form von Umfragen entwickelt wurde. Eine zur Kennzeichnung der hierarchischen Beziehungen aufgebaute vierstellige Dezimalnotation erwies sich als ausreichend (3).

Fortgeschrittenere Fragestellungen, die z. B. aktuelle Forschungsprobleme berücksichtigen, welche bei der inhaltlichen Erschließung der gespeicherten Informationen noch nicht bekannt waren, können über die Verwendung von Volltexterschließungsverfahren, wie sie in der sozialwissenschaftlichen Inhaltsanalyse entwickelt wurden, beantwortet werden (4).

Der Möglichkeit, unter Rückgriff auf den Volltext in der ursprünglichen Frageformulierung auf nicht offensichtliche Dimensionen der Messung ex post zu schließen, kommt auch besondere Bedeutung zu, wenn z. B. eine Zeitreihe von Fragen erstellt werden soll, für bestimmte Zeitpunkte das entsprechende Problem aber nicht durch eine entsprechende Frage direkt erfaßt wurde. Aufgrund der Volltextspeicherung sind alle Wörter mit Ausnahme einer definierten Liste von "stop words" als Suchbegriffe zugelassen. Da sich eine bestimmte theoretische Fragestellung in verschiedenartig formulierte Interviewfragen zerlegen läßt, können umgekehrt für die Suche auch alternative Benennungen zum gewünschten Ergebnis führen. So können z. B. zur Analyse des theoretischen Konzepts "Kommunikation" Fragen, in denen die Begriffe "Telefon, Brief, Fernsehen, Zeitung etc." verwendet werden, relevant sein. Begriffliche Zuordnungen dieser Art - hier also die Aufzählung unterschiedlicher Medien in der Sprache der gespeicherten Zielinformation - zu dem für die Suche relevanten Konzept - wurden über die Retrievalwörterbücher getroffen. Soweit die speziellen Anforderungen eines Benutzers nicht durch das generelle Systemwörterbuch gedeckt werden, hat er die Möglichkeit, sein Spezialwörterbuch selbst zu definieren.

Diese Möglichkeiten sind erst z. T. in dem im folgenden zu beschreibenden Z.A.R.-System softwaremäßig implementiert. Der größte Teil der für den weiteren Ausbau des inhaltsanalytischen Ansatzes erforderlichen Routinen zum Wörterbuchaufbau und zur Zusammenfassung zu Begriffen steht jedoch bereits in der für die Programmierung von Z.A.R. verwendeten Systemsprache APLGD (s. u.) zur Verfügung. So können z. B. die Verben "schreiben, rechnen, telefonieren, singen, unterhalten etc." über die Funktion "GET" als Liste von Suchargumenten bei einer Anfrage nach Kommunikationsverhalten einzeln angegeben werden. Mit der Funktion "GETG" (die einzelnen Funktionstypen werden später noch näher erläutert) kann diese Liste aber auch z. B. dem Begriff "Kommunikationsverhalten" als alleine weiterzuverwendendem Suchargument zugewiesen werden, das dann automatisch die anderen Wörter einbezieht. Auch die Zuordnung eines Begriffs aus z. B. der englischen Sprache (hier z. B. "Communication") ist unproblematisch, so daß mehrsprachiges Suchen möglich wird.

Von großer praktischer Bedeutung ist die Adaptierbarkeit des Systems an neue, im ursprünglichen Design nicht berücksichtigte Anforderungen. Aus der Sicht des Benutzers bedeutet dies die unproblematische, kurzfristige ad hoc-Erweiterbarkeit der Retrievalsprache um neue Kommandos.

Wie bei den neuesten weiterentwickelten Systemen müssen auch in Z.A.R. die üblichen Sprachelemente zur Formulierung und fortlaufenden Präzisierung von Suchanfragen, weiterhin Sprachelemente zum Aufruf von Ausgabe- bzw. Protokolldiensten und von "Informierediensten" etc. zur Verfügung stehen.

Die Anforderungen an Retrievalsysteme für die im Zentralarchiv gestellten Probleme gliedern sich also in solche
- die Format und Inhalt der abzufragenden Datenbestände betreffen (Beschreibbarkeit und integrierte Verarbeitung verschiede-

ner Typen von Datenbasen)

- die die Flexibilität und schnelle Adaptierbarkeit an neue Aufgabenstellungen betreffen
- die die Standard-Leistungen von Retrievalsystemen betreffen.

2. VARIABLENBESCHREIBUNGEN UND UMFRAGEBESCHREIBUNGEN ALS ZIELINFORMATION

Dokumentationseinheit bei der Suche unter inhaltlichen Aspekten sind die einzelnen Fragen, die bei der Analyse auch als Variablen bezeichnet werden. Die Gesamtheit aller einer Studie zugehörigen Variablenbeschreibungen wird auch Codebuch genannt (5). Jede Frage ist durch die Zentralarchiv-Studiennummer und die zugehörige Frage- (bzw. Variablennummer), die ihre relative Position im Fragebogen bzw. Codeplan angibt, eindeutig gekennzeichnet.

Dokumentationseinheit bei der Suche unter methodisch-technischen Aspekten ist die Umfragebeschreibung. Damit sind für eine Studie jeweils eine Umfragebeschreibung und soviele Einzelfragen, wie der Fragebogen enthält, zu speichern.

Dies geschieht im Fragenpool und im Studienbeschreibungspool, die zunächst unabhängig voneinander aufgebaut werden. Sie können bei der Recherche separat angesprochen werden oder aber auch aufeinander bezogen werden.

Die Datenerfassung erfolgt über Lochkarten, die Korrektur und "redaktionelle Überarbeitung" der erfaßten Angaben wird im Dialog am Bildschirm mit Unterstützung eines seitenorientierten, seltener eines zeilenorientierten Editors durchgeführt.
Die Erfassung der Fragentexte orientiert sich zwar am Originalfragebogen, folgt ihm aber nicht strikt. Vielmehr sind die Erfassungsformate durch die Regeln für die Erstellung maschinenlesbarer Codebücher definiert. Hierzu wurde in Kooperation mit dem Dansk Data Arkiv (Kopenhagen) ein Standardformat erarbeitet, das mit den Formaten des weltweit verbreiteten OSIRIS Datenanalysesystems kompatibel ist (6).

2.1 DER VARIABLENBESCHREIBUNGSPOOL AUS BENUTZERSICHT

Der im Zentralarchiv vorliegende Z.A.R.-Dokumentenpool "Variablenbeschreibungen"(7) hat im wesentlichen, d.h. für die in bestimmten Dokumententeilen enthaltenen Texte, die Natur eines unformatierten Datenbestandes. Allerdings haben die in den unformatierten Datenbestand eingespeicherten Dokumente auch formatierte Felder.

Hauptsächliche Arten von Informationselementen sind u. a.:

a) ZENTRALE TEXTINFORMATION (IN "UNFORMATIERTEN" DATENELEMENTEN DES DOKUMENTENPOOLS)

i) Volltext der der erhobenen Variable entsprechenden bzw. sie beschreibenden Fragebogen-Fragen (alle hier enthaltenen Nicht-Stopwörter = Stichwörter deskribieren die Variable in qualitativ-inhaltlicher Hinsicht).

ii) Volltext aller vom Fragebogen-Designer der jeweiligen Frage zugeordneten Antworttexte (alle hier vorkommenden Nicht-Stopwörter deskribieren die Variable in qualitativ-inhaltlicher Hinsicht).

iii) Die der Variable "manuell" durch den Indexierer zugewiesenen Klassifikationskategorien (auch die Kategorien = Schlagwörter deskribieren die Variable in qualitativ-inhaltlicher Hinsicht und gleichen in dieser Funktion den Nicht-Stopwörtern).

b) ZENTRALE QUANTITATIVE INFORMATION (IN "FORMATIERTEN" DATENELEMENTEN DER DOKUMENTE)

i) Die absoluten Häufigkeiten des Auftretens jeder der zur Frage definierten Antwortkategorien

ii) Die Gesamtzahl der Befragten, die die Frage überhaupt beantwortet haben

iii) Nummern (d. h. "Adressen") sogenannter "Filter-Fragen".

c) VERSCHIEDENE HILFS- BZW. ERGÄNZUNGSINFORMATIONEN,

wie z. B. Kommentare des Indexierers zu einzelnen Positionen, der Variablen-Name in Textform etc.

Beispiel: (Auszug für eine Frage aus einem Codebuch)

Variablen-identifikation	V 77 -3- NEUE PARTEI NOTWENDIG REF.NR. 477 Position 686 Karte 11 FW1: 0 Variablenposition auf Karte FELDLÄNGE 1 Spalte 78 FW2: 8 bzw. Magnetband			
Fragentexte	F 39 Glauben Sie, daß eine völlig neue Partei gegründet werden müßte, die Ihre Interessen besser vertritt, oder halten Sie das nicht für notwendig?	Ungewichtet = Abs.	 %	1138 % Ungew.
	1. Notwendig	64	8.08	5.62
	2. Nicht notwendig	1074	51.73	94.37
	.			
	.			
	.			
Antworten und Codes	8. Weiß nicht	57	2.75	-
	9. KA	1	0.05	-
	0. Bei der zweiten Welle nicht befragt	880	42.39	-
		2076	100.00	99.99

Alle Fragen der gespeicherten Studien sind als Einzelfragen direkt adressierbar. Über die Studiennummer der Studie, in der sie gestellt wurden, läßt sich die zugehörige Umfragebeschreibung zuordnen. Die Speicherstruktur wird unter 4.3 dieses Beitrages erklärt.

2.2 DER STUDIENBESCHREIBUNGSPOOL AUS BENUTZERSICHT

Die Formatvorschrift für die Erfassung der Informationen dieses Pools ist aus dem Standardschema für die Beschreibung von Studien bzw. Umfragen ersichtlich. Was bereits eingangs über die formale Natur des Z.A.R.-Dokumentenpools "Variablenbeschreibungen" gesagt wurde, gilt mit genau umgekehrtem Vorzeichen auch für den Z.A.R.-Dokumentenpool "Studienbeschreibungen". Obwohl im wesentlichen von formatiertem Charakter, sind aus praktischen Anwendungserwägungen "unformatierte" Informationen (z.B. Abstracts) in die erfaßten Dokumente integriert worden.

Abbildung 1 charakterisiert stark vereinfacht einige der im Studienbeschreibungspool für jede beschriebene Studie gemäß SD-Schema niederzulegenden Typen von Informationen sowie den anwendungslogischen Zusammenhang dieser Informationen. Je nach Sichtweise kann der Inhalt des Studienbeschreibungspools verschieden interpretiert werden.

Einmal kann der gesamte Pool aufgefaßt werden als eine Ansammlung von Dokumenten (= alle kompletten Standardbeschreibungen jeweils einer Studie), die formal und inhaltlich von gleicher Struktur sind und deren jedes der Dokumentation bzw. Beschreibung einer Studie als Ganzem (nicht ihrer einzelnen Variablen!) in methodisch-technischer Hinsicht dient. Im Ablauf der Zeit können zu bereits vorhandenen Studienbeschreibungen weitere hinzugefügt werden - bis zu einer Maximalzahl von 512 Dokumenten pro Pool.

Zum anderen ist der Pool-Inhalt aber auch darstellbar als ein einziges Dokument (= eine Standard-Beschreibung für alle Studien), das laufend um standardisierte Informationen über weitere Studien fortzuschreiben ist - bis zu der genannten Maximalzahl von 512 Studien pro Pool.

In der graphischen Übersicht der Abb. 1 (die natürlich nichts über die Art der physischen Ablage der Informationen im Pool aussagt) sind in exemplarischer Auswahl einige der pro Studie zu erfassenden Typen bzw. Untertypen von Beschreibungsinforma-

Abbildung 1: INFORMATIONSZUSAMMENHANG IM STUDIENBESCHREIBUNGSPOOL (Die echten Nummern der exemplarisch angegebenen items sind 201, 223, 231, 331, 332 und 401)

		Studie 1	Studie 2	Studie 3	Studie 511	Studie 512
Item 1: Untersuchungsthema (Abstract)		Referenz auf Text				
Item 2: Auswahl-verfahren	Subit. 01: Totalerhebung	X				
	Subit. 02: Quotenauswahl			X		
	Subit. 03: Einf. Zufallsausw.		X			
	Subit. 04: Geschichtete Zuf.-Ausw.					
	Subit. 05: Clusterauswahl					
	Subit. 06: Mehrstufige Auswahl					
	Subit. 99: Freier Kommentar					
Item 3: Zeitpunkt der Erhebung	Subit. 01: Beginn (Jahr, Monat, Tag)	731101	740128			
	Subit. 02: Ende (Jahr, Monat, Tag)	740207	740527			
	Subit. 03: Dauer (in Wochen)	14	17			
	Subit. 04: Freier Kommentar					
Item 4: Zugänglichkeit	Subit. 01: Keine Beschränkung					
	Subit. 02: K.-B. für wiss. Nutzung		X			
	Subit. 03: K.B., aber Konsultation					
	Subit. 04: Publikat. genehmig.-pflicht					
	Subit. 05: nur mit schriftl. Genehmig.	X				
	Subit. 06: nur nach Sondervereinbarg.			X		
	Subit. 99: Freier Kommentar					
Item 5: Steuerung des Zugangs durch	Subit. 01: Name	Text Ref.	Text Ref.	Text Ref.		
	Subit. 02: Institut	Text Ref.	Text Ref.	Text Ref.		
	Subit. 03: Anschrift	Text Ref.	Text Ref.			
	Subit. 99: Freier Kommentar	Text Ref.				
Item 6: Veröffentlichungen u. Berichte des Primärforschers	Subit. 01: Bibliogr. Daten 1. Publik.	Text Ref.	Text Ref.			
	Subit. 02: Verfügbarkeit 1. Publik.	Text Ref.	Text Ref.			
	Subit. 03: Bibliogr. Daten 2. Publik.		Text Ref.			
	Subit. 04: Verfügbarkeit 2. Publik.		Text Ref.			
	Subit. 05: Bibliogr. Daten 3. Publik.					
	Subit. 06: Verfügbarkeit 3. Publik.					
	Subit. 99: Freier Kommentar					

tion (auch Items bzw. Subitems genannt) als Zeilenköpfe einer Tabelle eingetragen. Die Spaltenköpfe geben an, welche Studie durch die in der betreffenden Spalte ablesbare Information dokumentiert wird.

Es sollte betont werden, daß das Suchen im Pool (in der Terminologie des Schemas ausgedrückt) nur "zeilenweise", d. h. über individuelle Werte von Items bzw. Subitems als Suchargumente, möglich ist - es sei denn, der Zugriff erfolgt im "integrierten" Retrieval mit Hilfe von Suchergebnissen aus dem Variablenbeschreibungs-Pool (für kombinierte bzw. "integrierte" Retrievalstrategien über beiden Dokumentenpools siehe Punkt 2.3).

2.3 ZUR KOMBINATION VON "FORMATIERTEM" UND "UNFORMATIERTEM" POOL

Im folgenden sollen die für ein kombiniertes Retrieval relevanten Informationszusammenhänge zwischen den beteiligten Pools aufgezeigt werden. Eine entsprechende Übersicht gibt Abbildung 2.

Wie aus dem Bild hervorgeht, faßt man konzeptionell die Beschreibungen aller der Variablen, die zu ein- und derselben Studie gehören (z. B. zur Studie Nr. 2), unter dem Begriff "Codebuch der Studie" (z. B. Codebuch der Studie Nr. 2) zusammen. Da das Codebuch z. B. der Studie Nr. 2 diese offensichtlich in ihrer Gesamtheit (unter inhaltlichen Aspekten) dokumentiert, andererseits auch die Studienbeschreibung Nr. 2 diese Studie (unter methodischen Aspekten) nachweist, so besteht eine natürliche 1:1-Zuordnung zwischen Studienbeschreibung und Codebuch dieser (bzw. jeder beliebigen) Studie.

Gleichzeitig gelten folgende Beziehungen:

- Mit dem Nachweis einer einzelnen Variablenbeschreibung im Retrievalprozeß ist auch bereits das übergeordnete Codebuch nachgewiesen, und damit auch die letzterem entsprechende Studienbeschreibung.

- Der Nachweis einer Studienbeschreibung beinhaltet (über das zugeordnete Codebuch) gleichzeitig den Nachweis der Beschreibungen aller Variablen dieser Studie.

Über von außen zugewiesene Klassifikationskategorien (= Schlagworte) und aus den Variablenbeschreibungen extrahierte Textelemente (= Stichworte) besteht wiederum ein System von Referenzen aus dem in einem eigenen Pool abgelegten Z.A.R.-Wörterbuch (siehe 4.4) auf die Variablenbeschreibungen/Dokumente im unformatierten Pool.

Bei einer kombinierten bzw. "integrierten" Suche sowohl unter inhaltlichen als auch unter methodischen Aspekten kann so z. B. zunächst mit Hilfe von Textdeskriptoren als Suchargumenten im "unformatierten Retrieval" eine Reihe von Variablenbeschreibungen nachgewiesen werden. Dieses Ergebnis A wird als Menge von Referenzen auf Variablenbeschreibungen zwischengespeichert. Anschließend kann durch Angabe eines oder mehrerer Itemwerte als Suchargumente per "formatiertem Retrieval" unter methodischen Gesichtspunkten gesucht werden und ein Zwischenergebnis B als Menge von Referenzen auf Studienbeschreibungen (und damit auch auf die dokumentierten Studien) erzeugt und zwischengespeichert werden.

Möchte man wissen, welche der im ersten Schritt nachgewiesenen Variablenbeschreibungen gleichzeitig sowohl den spezifizierten inhaltlichen als auch den angegebenen methodischen Aspekten genügen, so ist es erforderlich, das Zwischenergebnis B auch im unformatierten Retrieval in hier verarbeitbarer bzw. kompatibler Weise zur Verfügung zu stellen. Zu diesem Zweck wird jede in B vorhandene Referenz auf eine Studienbeschreibung übersetzt in die Menge der Referenzen auf Variablenbeschreibungen des zugeordneten Codebuchs (Einander zugeordnete Studienbeschreibungen und Codebücher weisen ja die gleiche Studie nach!). Das auf diese Weise aus B entstandene Zwischenergebnis B' kann man dann über die Boolesche Funktion AND mit der Referenzen-Menge A verknüpfen. Als Ergebnis dieser Verknüpfung erhält man die Referenzen auf alle die Variablenbeschreibungen, die gleichzeitig sowohl den spezifizierten inhaltlichen als auch den angegebenen methodischen Kriterien genügen.

STUDIENBESCHREIBUNGSPOOL V

Studien	ITEMS				
	1	2	3		512
1					
2					
3					
4					
505					
506					
507					
508					
509					
510					
511					
512					

Abbildung

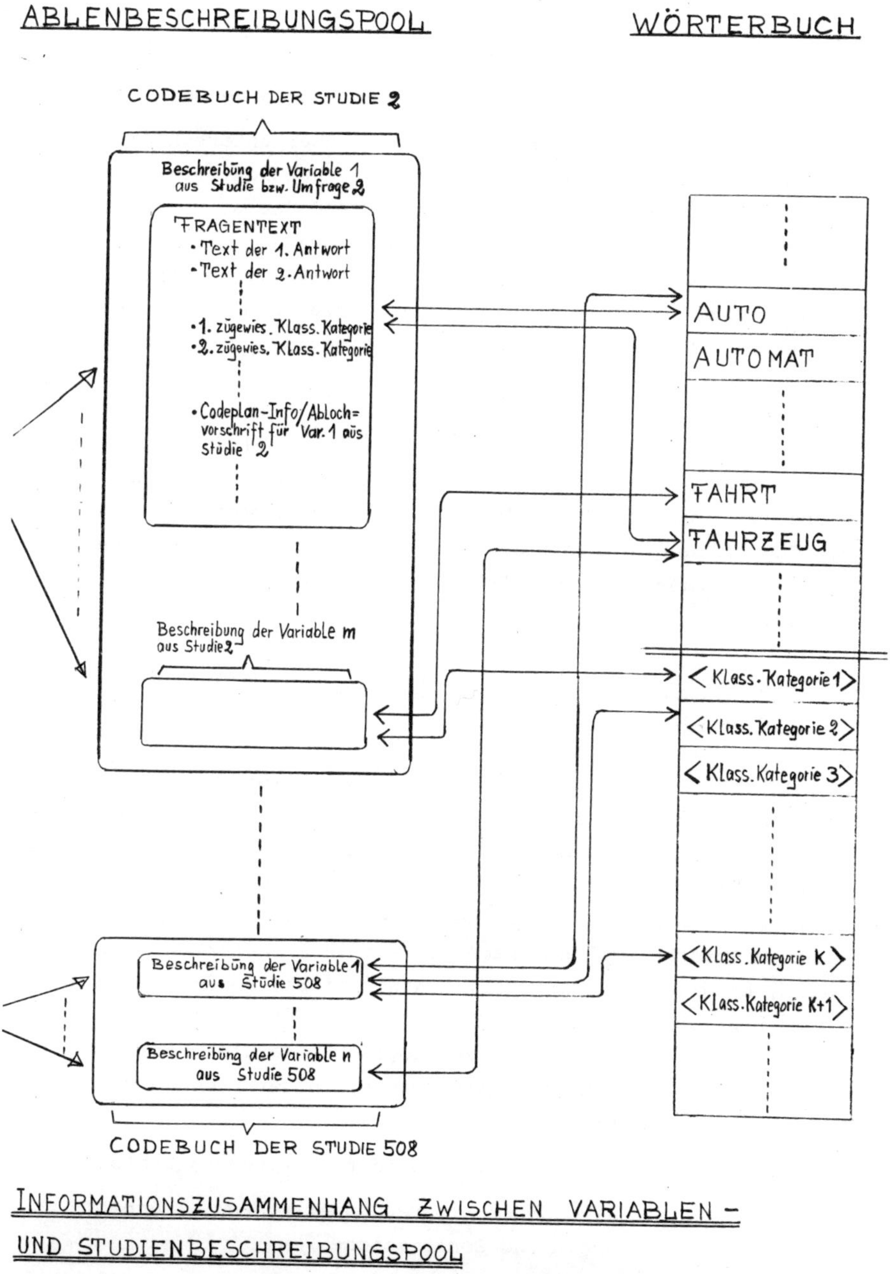

Abblidung 2: Informationszusammenhang zwischen Variablen- und Studienbeschreibungspool

3. TECHNISCHE KOMPONENTEN DES Z.A.R.-SYSTEMS

Entsprechend den geschilderten Strukturen des Datenmaterials sind die technischen Komponenten des Z.A.R.-Systems so ausgelegt, daß sie drei sehr komplexen Anforderungen genügen:

a) Sie erlauben die gleichzeitige Suche über unterschiedlich strukturierte Datenbasen (formatiert und nicht formatiert).
b) Ihre Handhabung setzt zumindest während des Suchprozesses keinerlei EDV-technische Kenntnisse voraus.
c) Sie sind so ausgelegt, daß sie die Formulierung neuer, evtl. sogar vom bisherigen Systemkonzept abweichender Fragestellungen erlauben, ohne daß dadurch eine Änderung des Systems nötig wird.

Dieser anspruchsvollen Aufgabenstellung kann eigentlich nur ein allgemeiner Datenbankmonitor genügen, der auf einer sehr hohen Ebene (weit weg vom Betriebssystem) frei programmierbar ist und den Zugriff auf komplexe Datenstrukturen erlaubt. Die interaktive Programmiersprache APL kommt diesen Vorstellungen sehr entgegen.

3.1 APL - EINE INTERAKTIVE PROGRAMMIERUNGS-ORIENTIERTE PROGRAMMIERSPRACHE

APL (8) erlaubt es, bis ins Detail ablauffähige Programme entsprechend der Logik der jeweiligen Problemlösung zu notieren, ohne auf die technische Problematik von Computersystemen Rücksicht nehmen zu müssen.
Nach den Regeln dieser Sprache werden Daten, nicht wie bei anderen Sprachen üblich, nach der Art ihrer Darstellung als gepackt, binär, Gleitkomma etc. klassifiziert, sondern an Hand ihrer Funktion als:

logische Werte	- Ergebnisse aus logischen Vergleichen, die nur 0 oder 1 sein können, in der Bedeutung von falsch oder wahr
Zahlen	- alle natürlichen oder gebrochenen Zahlen
Zeichen	- alle darstellbaren numerischen, alphabetischen und Sonderzeichen.

Die Felder, die diese Daten enthalten, können elementar sein (Skalare), sie können hintereinander geordnet sein (Vektoren), in mehreren Dimensionen geordnet sein (Matrizen) oder unregelmäßige Strukturen bilden (Baumstrukturen). Die Inhalte dieser Datenfelder können mit Hilfe von Operatoren verknüpft oder umgeformt werden, die ihrerseits entweder mit nur einem Operanden (monadisch) oder mit zwei Operanden (dyadisch) arbeiten.
Die Sprache umfaßt arithmetische Operatoren (wie: plus, minus, Potenz), logische Operatoren (wie: größer, kleiner, gleich, größtes Element), Operatoren aus der Mengenlehre (wie: Schnittmenge, Vereinigungsmenge) und Operatoren zur Matrizenrechnung, sowie einen Sortier- und einen Verzweigungs-Operator.

Einzelanweisungen der Sprache können zu Funktionen (Programmen) zusammengefaßt und dann wie Operatoren benutzt werden.

Die Operatoren lassen sich, wenn logisch möglich, auf alle Datenformen anwenden.

Die bisher verfügbaren APL-Systeme genügen den Anforderungen, die man an einen solchen Monitor stellen muß, jedoch in mehreren Hinsichten nicht.

a) Texte lassen sich in Form von Zeichenvektoren nur schwer verarbeiten.
b) Die von Iverson beschriebenen Baumstrukturen sind bisher in keinem der verfügbaren Systeme vorhanden.
c) Die Zugriffsmöglichkeiten auf extern (z. B. auf Magnetplatten) gespeicherte Daten verlangen vom Benutzer eines solchen Systems wiederum spezielle EDV-Kenntnisse (9).

3.2 APLGD (GD = GERMAN DIALECT)

Bei APLGD handelt es sich um einen Ausschnitt aus der allgemeinen APL-Notation, der von Jürgen Höhe speziell für die Bearbeitung von Textdatenbasen entwickelt wurde (10). APLGD kennt z. B. keine Gleitkomma-Arithmetik und keine Operatoren zur Matrizenrechnung, umfaßt aber den vollen Umfang der von Iverson beschriebenen logischen Operatoren, die Grundrechnungsarten und das Indexsystem. Was APLGD jedoch zum Einsatz als Monitor für die Bearbeitung von Datenbasen brauchbar macht, sind folgende Punkte: Zulassung von Baumstrukturen, Einführung des Textwortes als Datentyp, das Konzept der externen Variablen.

3.3 TEXTWORT UND TEXTWORTINDEX

Eine für die Textbearbeitung wesentliche Ergänzung zur APL-Notation ist die Zulassung des Textwortes als Datentyp. Das Textwort kann in APLGD nicht nur mit Hilfe der logischen Operatoren größer, kleiner, gleich etc. manipuliert werden, sondern es gilt auch als Zeiger auf eine bestimmte Form einer APLGD-Variable, den Textwortindex. Diese Variable hat die Form einer Baumstruktur, deren erste Verzweigungsebene die alphabetisch sortierten Stichwörter einer Textdatenbasis sind. An die durch die Wörter gebildeten Knoten dieser Ebene können sich nun weitere Verzweigungen anschließen. Entsprechend der schematischen Darstellung der Z.A.R.-Textdatenbasis (Abb.3 im Anhang) hat man durch die APLGD-Anweisung:

WOERTERBUCH: "HAUS": 2:

die Positionsnummern aller Dokumente, in denen das Wort "Haus" vorkommt, im Zugriff. Wäre die Realität so einfach wie das Schema, würde allein die Anweisung:

WORTTABELLE: ((DOKUMENTENPOOL: (WOERTERBUCH: "HAUS": 2:)):

APLGD veranlassen, diese Dokumente im Klartext auszugeben.

3.4 DAS KONZEPT DER EXTERNEN VARIABLEN

APLGD geht von der Voraussetzung aus, daß Daten auf externen Speichern bereits ein APLGD-internes Format haben, nämlich APLGD-Baumstrukturen sind. Damit ist das Problem der Verarbeitung irgendwie erfaßter und irgendwie strukturierter Daten mit Hilfe von APL natürlich noch nicht gelöst. Es ist jedoch damit erreicht, daß der Benutzer Zugriff auf große Datenmengen erhält, ohne die APL-Logik verlassen zu müssen, um irgendwelche Lese- oder Schreiboperationen auszuführen. Lediglich der Name der Variablen (externe Variablen beginnen mit den beiden Buchstaben XX) gibt dem System an, wo sich die Daten befinden.

4. DAS Z.A.R.-SYSTEM ALS INSTRUMENT ZUR DOKUMENTATION VON UMFRAGEDATEN

4.1 ZU SPEZIFIKATION UND LOGISCHEM DESIGN DER Z.A.R.-BENUTZERSPRACHE

Aufgrund der Zielvorgaben des Zentralarchivs ist der Punkt "Kurzfristige Erweiterbarkeit der Benutzersprache" von speziellem Interesse, und zwar aus folgenden Gründen:

1) Das Zentralarchiv hat einen heterogenen Benutzerkreis mit unterschiedlichen Informationswünschen, die zu unterschiedlichen Suchstrategien führen können. Durch reine Antizipation aller auch nur denkbaren Benutzerforderungen a priori die optimalen Sprachelemente zur Befriedigung dieser Anforderungen bereitzustellen, wäre erstens kaum möglich, zweitens auch unter ökonomischen Gesichtspunkten wenig sinnvoll. Die bereits geschilderte Erweiterbarkeit der Sprache trägt dazu bei, Benutzerwünsche betreffend neue Sprachelemente dann flexibel zu bedienen, wenn sie in der Praxis wirklich auftreten (und dann auch präzise formulierbar sind), anstatt "auf Vorrat" Features bereitzustellen, die später evtl. nie oder höchstens sehr selten benutzt werden.

2) Bei zunehmender Integration über Satellitennetze ist die Fähigkeit eines Systems, in internationale Informationsnetze einbringbar zu sein, von besonderem Interesse. Die damit implizierte prinzipielle Verträglichkeit ist aber zumindest partiell in aktuelle Kompatibilität zu überführen, um die Zusammenarbeit verschiedener Systeme zu ermöglichen. Ein Beispiel wäre der Fall, daß eine bestimmte, bezüglich ihres Leistungsumfanges eindeutig spezifizierte Standard-Teilleistung, z. B. Ausgabe eines bestimmten gefundenen Dokuments auf einen Bildschirm, in einem Retrievalsystem eines Netzes durch ein von der Syntax und vom Operationscode anderes Sprachelement aufgerufen wird, als in einem zweiten System des Netzes. Für das auf APLGD basierende Z.A.R.-System ist die Angleichung z. B. der Kommando-Syntax des Aufrufs dieser Leistung an von anderen Systemen vorgegebene Normen aufgrund der Interpreter-Eigenschaft von APLGD unproblematisch.

Analoges gilt für alle Sprachelemente und nicht nur für ihre Umbenennung und Syntaxänderung, sondern auch für die Neueinführung von Kommandos (also echte Spracherweiterungen), wenn nur das System dies von seiner Gesamtkonzeption her erlaubt.

Insbesondere diese Anforderung ("Kurzfristige Erweiterbarkeit der Benutzersprache") führte zu der Entscheidung, das System mittels der durch einen Übersetzer vom Typ "Interpreter" verarbeiteten Sprache APLGD zu realisieren. Jedes Kommando der dem Benutzer zur Verfügung stehenden Retrievalsprache ist als APLGD-Funktion, d. h. als definierte Folge von APLGD-Statements, realisiert. Der Kommando-Code (z. B. GET, PRINT etc.) ist der Name der in einer speziellen APLGD-Funktionenbibliothek abgelegten APLGD-Funktion. (Im betriebsbereiten System z. B. aktiviert die Online-Eingabe eines Kommandonamens die dadurch benannte Funktion. Aufgrund des Gesagten genügt zur Definition neuer oder auch zur Änderung bestehender Kommandos die Neu- bzw. Umdefinition einer APLGD-Funktion und die Ablage dieser Information in der APLGD-Funktionenbibliothek.

Das Problem der Vergleichbarkeit mit anderen Retrieval- bzw. Abfragesprachen (besonders im Zusammenhang mit den Anforderungen an Retrievalsysteme, die von geplanten Informationsnetzen wie EURONET, ODIN etc. gestellt werden könnten) verlagert sich damit von der Frage nach Umfang und Struktur des zu einem gegebenen Zeitpunkt vorliegenden Zustandes der zur Verfügung stehenden Retrievalsprache auf die Frage nach der prinzipiellen Leistungsfähigkeit des Z.A.R. zugrundegelegten Systems APLGD: Alles, was mit APLGD möglich ist, ist mit Z.A.R. möglich. Sind prinzipiell vorhandene Möglichkeiten bisher nicht über ein Element der Benutzersprache abrufbar, so genügen die Definition der entsprechenden APLGD-Funktion sowie ihre mnemotechnisch günstige Benennung und ihre Einfügung in die Funktionenbibliothek, um sofort ein neues (oder umbenanntes bzw. geändertes) Sprachelement als Erweiterung der Z.A.R.-Retrievalsprache zur Verfügung zu haben. Ein vorheriger spezieller Übersetzungsvorgang ist wegen der Interpreter-Eigenschaft des Systems nicht erforderlich.

Dies bedeutet, daß jede Abschätzung der Einsatzmöglichkeiten des Z.A.R.-Systems bei einer Evaluation von APLGD anzusetzen hat, um zu zuverlässigen Ergebnissen zu kommen.

Die unter 4.2 folgenden Beispiele von als APLGD-Funktionen in der Funktionenbibliothek vorhandenen Z.A.R.-Kommandos dienen der Veranschaulichung des vorstehend Gesagten.

4.2 DIE Z.A.R.-BENUTZER-SPRACHE

Die vorhandenen Sprachelemente dienen dem Aufruf der Benutzern zur Verfügung stehenden Dienstleistungen des arbeitsbereiten Systems. Sie lassen sich, grob gesehen, in vier Hauptgruppen einteilen, nämlich Sprachelemente zum

a. Formulieren von Suchanfragen
b. Aktivieren von Ausgabe- und Protokolldiensten
c. Aufrufen von Informiere-Diensten
d. Anfordern sonstiger zur Verfügung stehender Hilfsdienste.

Im folgenden wird versucht, einen Überblick über einige Spezifika der genannten Gruppe zu geben. Für eine detailliertere Beschreibung der derzeit definierten (und als APL-Funktionen realisierten) Kommandos siehe Appendix B.

a) SPRACHELEMENTE ZUR FORMULIERUNG VON SUCHANFRAGEN

Die Gruppe beinhaltet spezialisierte Statements für die Suche über "unformatierten" Z.A.R.-Datenbeständen einerseits und über "formatierten" Z.A.R.-Datenbeständen andererseits. Zulässige Suchargumente sind im ersten Falle Textwörter und Klassifikationskategorien, im zweiten Falle Feldinhalte bestimmter Datenelemente (Items=Formatierte Datenelemente) der Dokumente des zu durchsuchenden Bestandes. Die hier angesprochenen Kommandos sind GET, GETG, GETD, LIMITS, SAMPLING (siehe auch Appendix B).

GET: = Auffinden von Dokumenten an Hand einer vorgegebenen Liste von Suchargumenten. Jedes Argument der Liste erzeugt eine separate Menge von Referenzen. Diese Mengen von Referenzen werden nicht automatisch miteinander verknüpft.

GETG: = "Get group". Wie GET, zusätzlich werden aber die gefundenen Mengen von Referenzen automatisch über die Boolesche ODER-Funktion miteinander verknüpft. Als Endergebnis entsteht also nur eine einzige Menge von Referenzen.

GETD: = "Get and display". Wie GET, zusätzlich wird aber eine Auflistung der im Wörterbuch zu den Suchargumenten vorhandenen grammatischen Ableitungen sowie zu vorhandenen Ober- und Unterbegriffen im Dialogprotokoll auf Bildschirm bzw. Fernschreiber ausgegeben (siehe auch das Kommando DISPLAY).

LIMITS: = "Suche innerhalb von Zeitschranken"

SAMPLING: = "Suche mit Inhalt des Feldes 'Auswahlverfahren' als Suchargument".

b) AUSGABE- BZW. PROTOKOLLDIENSTE

Diese Gruppe enthält Kommandos, deren Zweck es ist, dem Benutzer die systemintern abgelegten Recherchierergebnisse in Form der geführten Recherchierdialoge auf einem Datensichtgerät oder Fernschreiber oder nach Abschluß einer Suche als Hardcopy über einen Drucker auszugeben. Zur Gestaltung des gewünschten Outputs steht dem Benutzer dabei eine Reihe von Optionen zur Verfügung, die durch spezielle Parametereingaben abrufbar sind und in deren Auswahl er durch einen Prompting-Service unterstützt wird. (Kommandos PRINT, STORE, STORSEL, DISPLAY, DERIV).

PRINT: = Ausgabe von Dokumenten der spezifizierten Referenzenmenge auf dem Terminal (gesteuert durch ein Prompting Feature kann die Ausgabe aller oder einzelner Dokumente der ausgewählten Referenzmenge verlangt werden).

DISPL: = "DISPLAY" gibt auf dem Bildschirm Wörterbuchinformation zu jedem im Operandenfeld angegebenen Suchwort aus. Es werden folgende Informationen auf das Dialog-Terminal ausgegeben:

- wie viele Verweise auf Dokumente jedem der spezifizierten Suchworte/Dokumentdeskriptoren zugeordnet sind
- welche grammatischen Ableitungen sowie Ober- und Unterbegriffe dieser Suchworte im Z.A.R.-Wörterbuch enthalten sind.

Siehe auch GETD.

STORE: = Dieses Kommando dient dazu, die den spezifizierten Referenzmengen entsprechenden Dokumente zwecks späterer Hardcopy-Erzeugung im System zwischenzuspeichern. Am Ende jedes Gesprächs fragt das System, ob diese "Hardcopy-Kandidaten" über einen Drucker ausgegeben werden sollen.

STORSEL: = "Store selectively". Wie STORE, aber mit der Möglichkeit einer gezielten Auswahl von Dokumenten.

DERIV: = "Erzeuge eine Liste mit Wörterbuchinformation über alle grammatischen Ableitungen (DERIVATIONS) des spezifizierten Suchworts."
Dieser Liste wird ein ebenfalls als Operand spezifizierter Name zugeordnet, d. h. die Liste ist unter diesem Namen zwischengespeichert. Der Listenname selbst stellt, als Operand in GET oder GETG eingesetzt, alle Listeneinträge als Suchwörter für das Retrieval zur Verfügung.

Beispiel: LISTE = DERIV 'HAUS'
GETG LISTE

Das erste Kommando erzeugt eine Liste von Suchwörtern, e.g. HAEUSER, HAUSES, ZUHAUSE, die unter dem Namen LISTE zwischengespeichert sind.
Das zweite Kommando erzeugt eine Menge von Referenzen auf Dokumente. Diese Referenzmenge besteht aus der Vereinigungsmenge aller der Referenzen, die von den einzelnen Suchwörtern der Liste separat bereitgestellt werden (siehe auch "GETG").
Als "Grammatische Ableitungen" eines primären Suchworts/Wörterbucheintrags werden hier alle Wörter verstanden, die durch einen Indexierer einem primären Wörterbucheintrag als Ableitung zugewiesen und als solche im Wörterbuch kenntlich gemacht worden sind. Eine halb- bzw. vollautomatische Reduktion von grammatischen Ableitungen auf grammatische Stammwörter oder gar Wortstämme unter Berücksichtigung der Syntax bzw. Morphologie einer natürlichen Sprache erfolgt dagegen nicht.

c) INFORMIERE-DIENSTE

Diese Gruppe stellt u.a. dialogorientierte Hilfsmittel bereit, die es erlauben, das in der aktuellen Retrievalsitzung zu einem bestimmten Zeitpunkt systemintern aufgelaufene Dialogprotokoll (welches neben Hilfsinformationen und ausgegebenen Dokumenten auch die bisher in der Sitzung formulierten Suchanfragen enthält), vor- und rückwärts durchzublättern. Ebenso stehen Hilfsmittel zur Ausgabe von Information über die Struktur des Wörterbuchs (vorhandene semantische Verknüpfungen von Wörterbucheinträgen) bereit. Weiterhin ist es jederzeit möglich, sich am Bildschirm eine Übersicht über alle bisher in der aktuellen Retrieval-Session erzeugten Zwischenergebnisse (=Verweismengen) und die diesen Zwischenergebnissen zugeordneten Suchargumente zu verschaffen. Die Implementierung einer generellen HELP-Funktion ist geplant, ebenso die Implementierung eines Kommandos zur Ausgabe im Retrievalbetrieb akkumulierter statistischer

Information über den Ablauf des Retrieval (Kommandos DISPL, SCREENS, SETS).

SCREENS: = Dieses Kommando ermöglicht das durch einen Prompting Service unterstützte Durchblättern aller in einen Pufferspeicher fixer Größe einspeicherbaren Seiten (Bildschirmfüllungen) des bisher angefallenen Dialogprotokolls. Überschreitet diese Informationsmenge die Größe des zur Verfügung stehenden Protokoll-Puffers, so werden die zuletzt erzeugten Protokoll-Seiten (SCREENS) aufbewahrt und Seiten am Protokoll-Anfang "abgeschnitten". Sind alle Zeilen einer Bildschirmfüllung mit Protokollinformation zu 100% besetzt, so kann der Protokoll-Puffer etwa vier "Screens" aufnehmen - bei "Normalbesetzung" mit Protokollinformation 10 oder mehr Seiten.

SETS: = "Gib eine Übersicht über alle bisher erzeugten Referenzmengen (sets of references) aus".
Für jede bis zum Zeitpunkt der Kommandoeingabe im aktuellen Dialog generierte Menge von Referenzen wird die folgende Information ausgegeben:

- Laufende Nr. der Verweismenge
- dieser Verweismenge zugeordnete Suchwörter (bzw. zugeordnetes Suchwort)
- in der Verweismenge enthaltene Anzahl von Verweisen auf Dokumente.

d) <u>SONSTIGE HILFSDIENSTE</u>

Die Kommandos dieser Gruppe schließlich ermöglichen z.Zt. u. a. das Umschalten von einem Retrievalmodus auf den jeweils "anderen" (mit oder ohne "Mitnehmen" von bereits vorhandenen Zwischenresultaten), die willkürliche Veränderung des Verweismengen-Zählers (= Reference-Set-Counter) und das Zuweisen von beliebigen "Benutzer-Notizen" bzw. Benutzerkommentaren in Textform zu beliebig spezifizierten Zwischenergebnissen (sets of references). (Kommandos SWITCH, NOTE(s), REPEAT).

Für alle genannten Kommandogruppen gilt, daß sie bei und gemäß Bedarf jederzeit und ad hoc durch neue, aus Benutzersicht erforderlich erscheinende Kommandos (intern realisiert als APL-Funktionen) erweitert werden können, wenn nur die Natur der Datenpools und des Retrievalsystems dies prinzipiell erlauben.

4.3 DER FRAGEN-/VARIABLENBESCHREIBUNGSPOOL ALS UNFORMATIERTER Z.A.R.-DATENBESTAND

In softwaretechnischer Hinsicht stellt sich der zugrundeliegende Datenbestandstyp je nach Sichtweise als Externe Variable (XX1) im Sinne von APLGD oder als Direktzugriffsdatei unter der Verwaltung von Z.A.R. und organisiert in Form einer Baumstruktur dar, wobei die Knoten des Baumes außer Verweisinformation auch Objektinformation, d.h. in diesem Falle Teile von rückzugewinnenden Daten bzw. Dokumenten tragen. In die schematische Darstellung (Abb. 3 im Anhang) sind aus Platzgründen nur Texte aufgenommen.

Aus der Anwenderperspektive gesehen handelt es sich um einen Datenbestandstyp, der es gestattet, Informationen beliebiger Art einzuspeichern und wiederzugewinnen, wenn nur die eingespeicherten Informationen den formalen Erfassungsregeln genügen. Für Sinn und Zweckmäßigkeit der Zuordnung seiner Eingabeinformationen zu den verschiedenen durch das Z.A.R.-Erfassungsschema beschriebenen Typen von Eingabeinformation trägt der jeweilige Anwender die volle Verantwortung selbst. Ein Beispiel für mögliche Anwendungen außer der im Zentralarchiv vorliegenden wäre die Einspeicherung bibliographischer Information (= Aufbau eines Literatur-Nachweissystems per Z.A.R.). Die derzeit im Zentralarchiv vorliegende Anwendung beinhaltet entsprechend die Ablage einer Datenbasis mit (Codebuch-) Variablen-Beschreibungen gemäß Z.A.R.-Erfassungsvorschrift (Standard-Codebuch-Format) in einem Z.A.R.-Datenbestand von unformatiertem Typ.

4.4 DAS Z.A.R.-WÖRTERBUCH

Ein Z.A.R.-Wörterbuch ist das jeweilige Pendant (inverted file) zu einem Z.A.R.-Datenbestand vom unformatierten Typ in einer konkreten Anwendung. Mehrere solcher Wörterbücher sind möglich.

Es handelt sich hier ebenso wie bei einem unformatierten Z.A.R.-Datenbestand aus APLGD-Perspektive um eine Externe Variable (XX2), und zwar um die spezielle Variante "Textwort-Index" (siehe Kapitel 3.3). Die Möglichkeit, ein Textwort als Wurzel einer Baumstruktur zu betrachten, ist so genutzt, daß die einzelnen Knoten außer systeminterner Verweisinformation, wie Dokumentnummer und Wortcode, Wörterbuchinformation im engeren Sinne tragen, nämlich Verweise von Wörterbucheinträgen auf Wörterbucheinträge zur Realisierung verschiedener Typen von semantischen Verknüpfungen von Wörterbuchelementen (Abb. 4 im Anhang).

Ein Hilfsdatenbestand zum Wörterbuch, die sogenannte Worttabelle, enthält in ihren ersten 256 Positionen alle im 8 Bit EBCDIC darstellbaren Einzelzeichen. Daran schließt sich die alphabetisch aufsteigend sortierte Stopwortliste an, die im Z.A.R.-System auf Wörter mit maximal 6 Buchstaben beschränkt ist. Jedes Wort, das während des Speicherungsvorgangs nicht in Wörterbuch oder Stopwortliste gefunden wird, wird an diese Tabelle angehängt. Der Code für das Wort, der im Dokument selbst gespeichert wird, ist die Positionsnummer des Wortes innerhalb dieser Tabelle.

Die Worttabelle ist ebenfalls als APLGD-Externe Variable realisiert (XX3).

Aus einem kontrollierten Vokabular (dem sogen. Zentralarchiv-Klassifikationsschema) können den Einzeldokumenten "manuell" Klassifikationskategorien zugewiesen werden, die zwar in Dezimalnotation verschlüsselt sind (siehe Kapitel 1.), die aber im Erfassungsprozeß als Textwörter in das Wörterbuch eingefügt werden. Der Begriff "Kategorie" entspricht hier dem aus anderen Systemen bekannten Begriff "Schlagwort" (= Dokument-Deskriptor, der nicht notwendig selbst als Wort im deskribierten Dokument vorzukommen braucht) - "Nicht-Stopwort" korrespondiert dagegen in etwa dem ebenfalls gebräuchlichen Begriff "Stichwort" (= aus dem zu deskribierenden Dokument extrahiertes Textelement).

Die Fähigkeiten des Z.A.R.-Datenerfassungssystems gestatten derzeit die Definition von Oberbegriff-Unterbegriff (Tag-Entry)-Relationen sowohl zwischen bereits vorhandenen Wörterbucheinträgen mit Direktverweisen auf Dokumente, als auch die "manuelle" Zuordnung eines bisher nicht im Wörterbuch vorkommenden und kein Dokument nachweisenden Textelements als Oberbegriff zu einer spezifizierten Gruppe von Wörterbucheinträgen mit Direktverweisen auf Dokumente. Ebenfalls möglich ist die Definition einer Wörterbuch-Verknüpfung vom Typ "Grammatischer Stamm-Grammatische Ableitung".

Die Einführung weiterer Typen von Wörterbuch-Verknüpfungen (z.B. Synonyme, Semantische Felder, etc.) ist mit den Hilfsmitteln von APLGD prinzipiell möglich und bei entsprechenden Anforderungen aus Benutzerkreisen vorgesehen.

Für den Benutzer stellt sich das Z.A.R.-Wörterbuch dar als ein Bestand von Verwaltungs- bzw. Hilfsdaten zur Unterstützung/Vermittlung der Ansteuerung in Suchanfragen beschriebener Dokumente - dies ist genau die Standardfunktion eines Wörterbuchs in einem Retrievalsystem.

4.5 DER STUDIENBESCHREIBUNGSPOOL ALS FORMATIERTER Z.A.R.-DATENBESTAND

Ebenso wie bei den Z.A.R.-Datenbeständen "Variablenbeschreibungen" und "Wörterbuch" handelt es sich hier in softwaretechnischer Sicht wiederum um eine Externe Variable (XX5) des Basis-Systems APLGD, und analog stellt sich dieser Datenbestandstyp aus Z.A.R.-Systemsicht als von Z.A.R. verwaltete und in Form einer Baumstruktur organisierte Direktzugriffsdatei dar. Wieder enthalten die Knoten der Struktur neben Verweisinformation auch gemäß dem standardisierten Studienbeschreibungsschema erfaßte

"Objektinformation".

Benutzerrelevant ist, daß anders als im Falle des unformatierten Z.A.R.-Datenbestandes im Retrieval-Prozeß der Zugriff auf die eingespeicherte Information nicht unter Zuhilfenahme eines Wörterbuchs, sondern primär auf der Basis eines Matching zwischen vorgegebenen Suchargumenten und spezifizierten Feldinhalten der eingespeicherten formatierten Datenelemente erfolgt.

Die gegenüber der Suche mit Wörterbuch andere Technik der Rückgewinnung spiegelt sich auf der Ebene der Retrievalsprache u.a. in spezialisierten Kommandos zur Formulierung von Suchanfragen über einem Z.A.R.-Datenbestand vom formatierten Typ wider.

4.6 PRAKTISCHE ERFAHRUNGEN MIT DEM SYSTEM

Das System wurde bisher für die Beantwortung unterschiedlicher inhaltlicher und methodischer Fragestellungen für Benutzer des In- und Auslandes eingesetzt. Soweit die Benutzer das Zentralarchiv selbst besuchten, konnten sie nach einer kurzen Einweisung von etwa einer halben Stunde Z.A.R. selbständig benutzen und somit in einen echten Dialog mit dem System treten. Der folgende Auszug aus einer Recherche soll abschließend statt weiterer Erläuterungen ein plastisches Bild der Arbeit mit Z.A.R. vermitteln.

(Anm.: Kleinbuchstaben = Eingabe, Großbuchstaben = Ausgabe)

```
displ 'kultur'
++ KULTUR ++ HAT 9 REFERENZ(EN)
ABGELEITETE FORMEN:
KULTURELLE
ZUSAMMENGESETZTE FORMEN:
BUNDESKULTUSMINISTER KULTURAMT       KULTURKREIS
KULTURNIVEAU         KULTURPOLITIK   KULTURPOLITISCHEN

getg 'kultur',(deriv 'kultur')
SET NO. 1 HAT 14 REFERENZ(EN)

get 'schule'
SET NO. 2 ++ SCHULE ++ HAT 120 REFERENZ(EN)

1 and 2
SET NO. 3 : 1 AND 2 HAT 2 REFERENZ(EN)

note
SET NO. 3

kultur und schule
get '+6022'
SET NO. 4 ++ +6022 ++ HAT 59 REFERENZ(EN)

note
SET NO. 4

kategorie 6022 literatur
switch sdr
SD SET 1 HAT 7 REFERENZ(EN)
UMFRAGEBESCHREIBUNGS RETRIEVAL LAUFENDE SET NR.: 1

limits 62 64
SD SET 2 HAT 12 REFERENZ(EN)

note
SET No. 2

studien zwischen 1962 und 1964
1 and 2
SET NO. 3 : 1 AND 2 HAT 1 REFERENZ(EN)

items 101 201 331 401
TITEL DER STUDIE

0021

BILDUNGSERWARTUNGEN UND WISSENSINTERESSEN (NOVEMBER 1963)
UNTERSUCHUNGSTHEMA (ABSTRACT)

0021
EINSTELLUNGEN DES BEFRAGTEN ZUM BILDUNGSSYSTEM: FRAGEN NACH DEN
MOEGLICHKEITEN, DEN ALLGEMEINEN BILDUNGSSTAND ZU HEBEN, SEINE
BEGABUNGEN ZU VERWIRKLICHEN, NACH DER EINFUEHRUNG DES 10.
PFLICHTSCHULJAHRES. FRAGEN ZUM BESUCH VON VHS-VERANSTALTUNGEN,
AMERIKA-HAEUSERN, LEIHBIBLIOTHEKEN UND BILDER-AUSSTELLUNGEN.

ZUGAENGLICHKEIT
SD 0021
-------
KEINE BESCHRAENKUNG FUER WISSENSCHAFTLICHE BENUTZUNG (ZA-KATE-
GORIE A)
```

```
VEROEFFENTLICHUNGEN-BERICHTE DES PRIMAERFORSCHERS
SD 0021
-------
AUTOR(EN)-TITEL-ORT, VERLAG-ZEITSCHRIFT, BAND NR., SEITEN-JAHR

DIVO PRESSEDIENST JANUAR 11, 1964 UND FEBRUAR 1, 1964

VERFUEGBARKEIT
IM ZA

switch cbr
SET NO. 5 HAT 42 REFERENZ(EN)
CODEBUCH RETRIEVAL LAUFENDE SET NR.: 5

sets
SET NO. 1 ARGUMENT KULTUR KULTURELLE 14 REFERENZ(EN)

SET NO. 2 ARGUMENT : SCHULE : 120 REFERENZ(EN)

SET NO. 3 ARGUMENT : 1 AND 2 : 2 REFERENZ(EN)
NOTE: KULTUR UND SCHULE

SET NO. 4 ARGUMENT : +6022 : 59 REFERENZ(EN)
NOTE: KATEGORIE 6022 LITERATUR

4 and 5
SET NO. 6 : 4 AND 5 HAT 2 REFERENZ(EN)

print 6
ALL QTEXT CTEXT CLASS DOCNO ODER STOP

all
DOKUMENTLISTE ODER RETURN (ALLE DOKUMENTE)


1

1 : ++ STUDIE 21 DOKUMENT 12++

KLASSIFIKATIONSKATEGORIEN:
6022  9011  9111

DOKUMENT-TEXT:
HABEN SIE IN DIESEM JAHR SCHON EINMAL IN EINER OEFFENTLICHEN
LEIHBIBLIOTHEK BUECHER AUSGELIEHEN?

MARGINAL ANTWORTCODE ANTWORTTEXT
--------------------------------

      10  KEINE ANGABE
     417  JA
    1547  NEIN
--------------------------------


store 4
OUTPUT-IDENTIFIKATION ANGEBEN SET 4

fragen zur literatur
off
SOLLEN ERGEBNISSE GEDRUCKT WERDEN?
BITTE MIT JA ODER NEIN ANTWORTEN

ja
SOLLEN ZUSAETZLICH UMFRAGEBESCHREIBUNGEN GEDRUCKT WERDEN?
BITTE MIT UMF (JA) ODER NOUMF (NEIN) ANTWORTEN
```

ANHANG A:

Struktur der Datenbasis für "Codebuch-Variablen-Beschreibungen"

Die Abbildungen 3 und 4 sind eine z.T. stark vereinfachte schematische Darstellung der Z.A.R. Datenbasis für Codebuch-Variablen-Beschreibungen.

Abb. 3:
Die in der externen APLGD-Variablen XX1 gespeicherten Code-Nummern der einzelnen Wörter ergeben sich aus der Position dieser Wörter in der Wörtertabelle der externen Variablen XX3. Die ersten 256 Positionen dieser Tabelle sind durch die im IBM 8 Bitcode darstellbaren Einzelzeichen besetzt. Die Positionen 257 - 1079 enthalten, alphabetisch aufsteigend, die Wörter der vordefinierten Stopwortliste.
Wird bei einem Speicherungslauf ein Wort aus einem zu speichernden Dokument weder in der Stopwortliste noch im Wörterbuch (XX2) gefunden, wird es an diese Tabelle hinten angehängt und samt seiner Positionsnummer (Knoten 1) in die alphabetische Folge des Wörterbuchs übernommen. Bei erneutem Auftreten eines Wortes werden nur noch die Dokumentenverweise (Knoten 2) fortgeschrieben.

Abb. 4:
Diese Abbildung verdeutlicht, wie im Z.A.R.-System die Baumstruktur des APLGD-Testwortindex (Z.A.R. Wörterbuch) zur Speicherung grammatischer und konzeptueller Zusammenhänge zwischen Wörtern und Begriffen genutzt wird. Die den Darstellungen als "Dokumente" unterlegten Texte sind:

Dokument 1: Der Mann besitzt viele Haeuser; auch ein Haus in Amerika?

Dokument 2: Kennen Sie nur die Mieter im eigenen Haus oder auch die Bewohner anderer Haeuser?

Dokument 3: Wird es bei der Premiere in Hamburg ein volles Haus geben?

Dokument 4: Waren Sie schon einmal im Amerika Haus?

Dokument 5: Gehoert nach Ihrer Meinung ein Garten zum Haus?

Abbildung 5

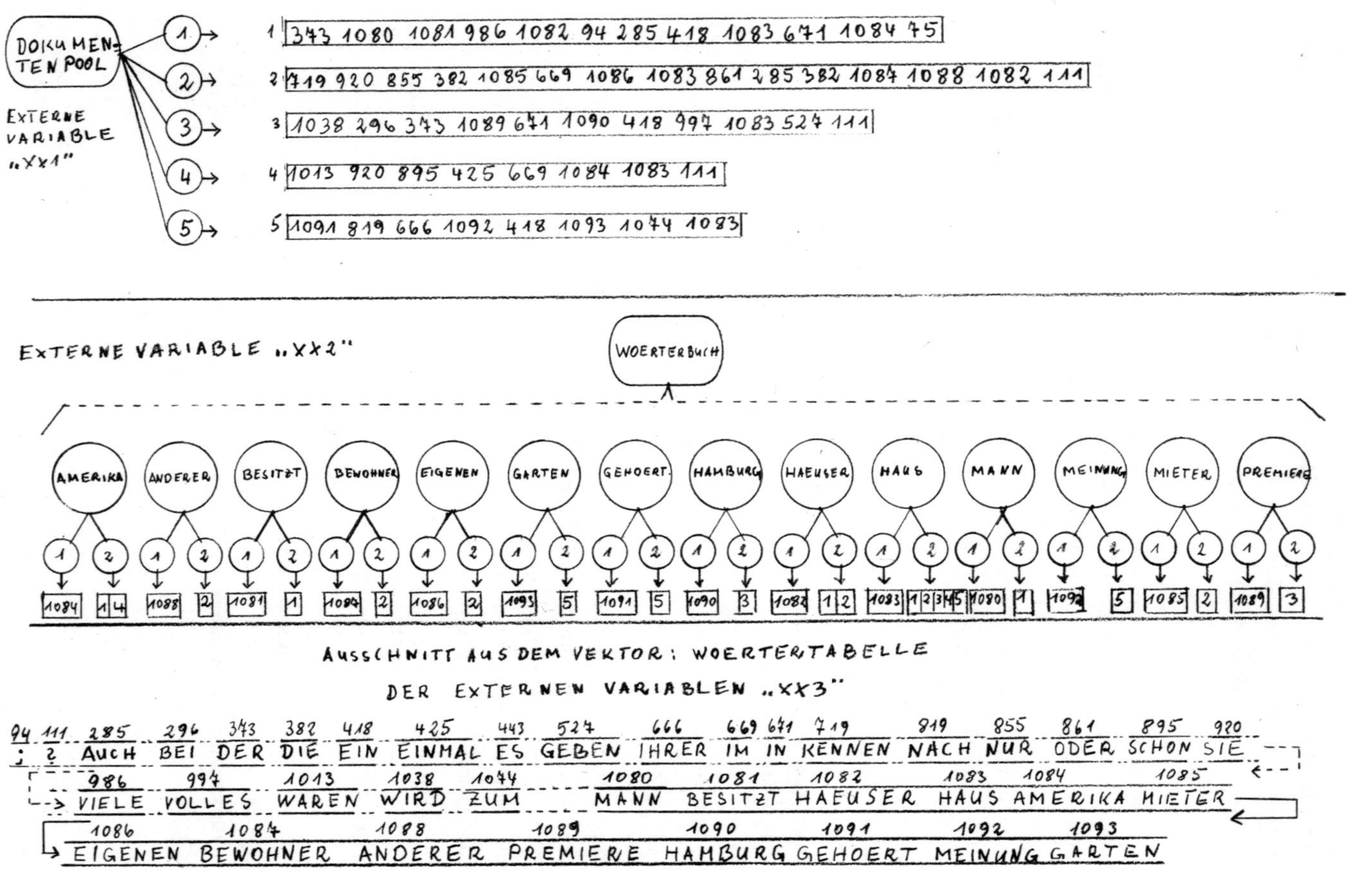
DOKUMENTENPOOL
EXTERNE VARIABLE „XX1"
1 343 1080 1081 986 1082 94 285 418 1083 671 1084 75
2 719 920 855 382 1085 669 1086 1083 861 285 382 1087 1088 1082 111
3 1038 296 343 1089 671 1090 418 997 1083 527 111
4 1013 920 895 425 669 1084 1083 111
5 1091 819 666 1092 418 1093 1074 1083
EXTERNE VARIABLE „XX2"
WOERTERBUCH
AMERIKA
ANDERER
BESITZT
BEWOHNER
EIGENEN
GARTEN
GEHOERT
HAMBURG
HAEUSER
HAUS
MANN
MEINUNG
MIETER
PREMIERE
1084 1 4
1088 2
1081 1
1087 2
1086 2
1093 5
1091 5
1090 3
1082 1 2
1083 1 2 3 4 5
1080 1
1092 5
1085 2
1089 3
AUSSCHNITT AUS DEM VEKTOR: WOERTERTABELLE
DER EXTERNEN VARIABLEN „XX3"
94 111 285 296 343 382 418 425 443 527 666 669 671 719 819 855 861 895 920
; ? AUCH BEI DER DIE EIN EINMAL ES GEBEN IHRER IM IN KENNEN NACH NUR ODER SCHON SIE
986 997 1013 1038 1074 1080 1081 1082 1083 1084 1085
VIELE VOLLES WAREN WIRD ZUM MANN BESITZT HAEUSER HAUS AMERIKA MIETER
1086 1087 1088 1089 1090 1091 1092 1093
EIGENEN BEWOHNER ANDERER PREMIERE HAMBURG GEHOERT MEINUNG GARTEN

STAMMWORT

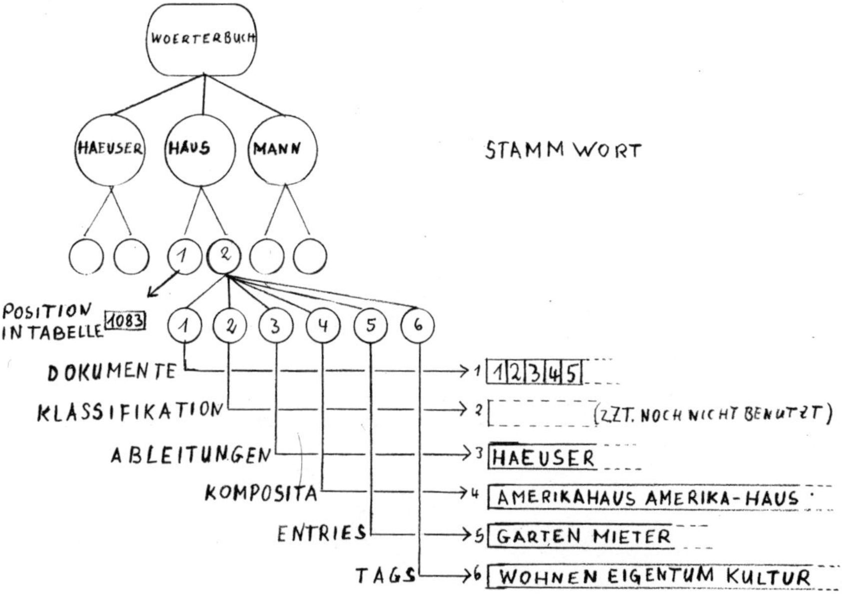

ABLEITUNG

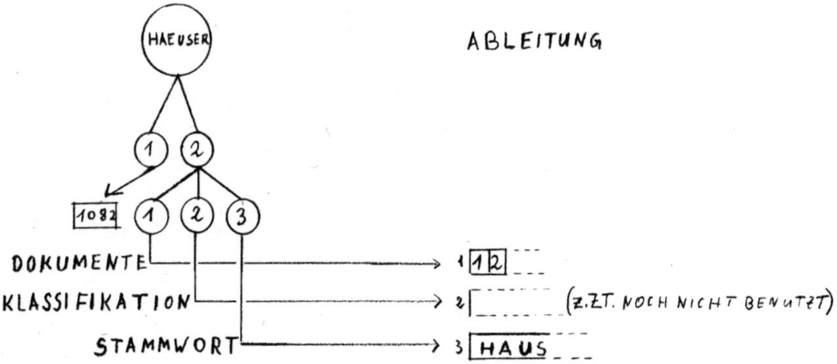

Abbildung 4

ANHANG B:

Die Z.A.R.-Benutzersprache

Z.A.R. RETRIEVAL LANGUAGE (OVERVIEW)

A. DICTIONARY-QUERY STATEMENTS

DERIV
TAG
ENTRY
REDUCED

B. CB-QUERY STATEMENTS

GET
GETD
GETG

C. SD-QUERY STATEMENTS

LIMITS
SAMPLING

D. BOOLEAN COMMANDS

AND
ANDNOT
OR

E. DISPLAY COMMANDS

DISPL
PRINT
ITEMS

F. CHANGING OF RETRIEVAL-MODE

SWITCH

G. GENERAL COMMANDS

REPEAT
SETS
NOTE
NOTES
)SCREENS

H. HARDCOPY OPTIONS

STORE
STORSEL

A. DICTIONARY-QUERY STATEMENTS

<listname>␣=␣DERIV␣'<single search word>'	Generates a list of all derivations of the specified search word
<listname>␣=␣TAG␣'<single search word>'	Generates a list of all tags to which the specified word has been defined to be an entry
<listname>␣=␣ENTRY␣'<single search word>'	Generates a list of all entries to which the specified word has been defined to be a tag
<listname>␣=␣REDUCED␣[DERIV / TAG / ENTRY] '<single search word>'	Prompts you for deletion of unwanted elements from the result before storing it into the defined list

B. CB - QUERY STATEMENTS

GET ␣	['<List of search words>' <name of list of search words>]	where search word= non-stopword	The processing of this command will create a separate set of references to documents for each of the words in the descriptor list
GETD ␣	'<List of search words>'		Combination of GET and DISPL
GETG ␣	'<List of search words>'		As GET, but assembles all found documents into <u>one</u> set of references

C. SD - QUERY STATEMENTS

LIMITS␣XX␣YY	where XX = two digit lower bound of time interval (in years), e.g. 1948 coded as 48 YY = two digit upper bound
SAMPLING␣[ASSIST / <parameter list of alpha values>]	When ASSIST is coded, a prompler will be activated. Parameters are to be separated by commas. P1 = TOTAL P2 = QUOTA P3 = SIMPLE P4 = STRATIF P5 = CLUSTER P6 = STAGE P7 = SPECIAL

D. BOOLEAN COMMANDS (SD AND CB)

[PRINT / STORE] ␣ <set number> ␣ [AND / ANDNOT / OR] ␣ <set number>	The outcome from the processing of this command is a new set of reference which is the logical intersection, difference or union of the two sets specified in the left and right operand. (These commands may be combined directly with the PRINT or the STORE command)

E.

DISPLAY COMMANDS
DICTIONARY

DISPL ␣ '<list of search words>'	This command will supply you with information on the dictionary, e.g. - how many references to documents exist with respect to each word - which derivation of these words are contained in the dictionary

CB

PRINT ␣ <set number>	This command enables the user to display at his terminal selected parts or all of the document(s) referenced by the specified set. The selection process will be guided by prompting.

SD

ITEMS ␣ <list of item numbers to be separated by blanks>	The items specified <u>and</u> the according subitems are displayed at the terminal

F. CHANGING OF RETRIEVAL-MODE

SWITCH␣ [CB | CBR | SD | SDR]

CB:	Mode switch to Codebook search mode <u>without</u> retaining previous retrieval results for search in new mode
CBR:	Mode switch to Codebook search mode which <u>includes</u> preservation of previous retrieval results for further use in new mode
SD:	Mode switch to SD-search mode <u>without</u> retaining previous retrieval results for search in new mode
SDR:	Mode switch to SD-search mode which <u>includes</u> preservation of previous retrieval results for further processing in new mode

G. Z.A.R. GENERAL COMMANDS

Command	Operands	Description
REPEAT␣	<wanted set number>	The effect of this command is the resetting of the "set counter" to the specified value
SETS	no operands	For each set of reference produced in the retrieval session, a separate line will be listed showing the following information: number of set — search word(s) associated with set no number of references in this set
NOTE	no operands	The user note will be associated with the actual set
NOTES␣	<set number>	By means of this command, freely chosen text (= user notes) can be associated with the specified set number. The user will be prompted to input his notes

SPECIAL COMMANDS:

Command	Operands	Description
)SCREENS	no operands	Gives information of number of screen images kept in core and allows scrolling up and down. Subcommand HELP will guide you to use further services of SCREENS.

H. HARDCOPY OPTIONS

STORE␣<List of CB-set numbers> If there is more than one entry in this list, entries are separated by blanks	This command provides the user with the ability to produce hardcopies of the documents referenced by the specified sets. A prompting facility will aid the user in getting what he wants.
STORSEL␣<List of wanted CB-sets>	As STORE. In addition, STORSEL will prompt you for a list of document numbers to select from the actual set for hardcopy printing. For each study in the set of variables the SD-ITEMS: TITLE OF STUDY SAMPLING PROCEDURES DATE OF DATA COLLECTION ACCESSABILITY automatically are printed with the hard-copy

ANMERKUNGEN

(1) Mit der Anregung von Jürgen Höhe, das von ihm entwickelte APLGD als DB-Monitor für die bereits 1968 installierte Z.A.R.-Version (entwickelt nach den Ideen von Hans D. Klingemann und Jürgen Höhe) einzusetzen, begann 1970 die technische Realisierung des Z.A.R.-Systems in seiner heutigen Gestalt. Als ein wesentlicher Schritt vorwärts erwies sich die Installation des noch unfertigen Systems beim Dänischen Daten Archiv in Kopenhagen. Während im Zentralarchiv unter der technischen Leitung von Jürgen Höhe an der Erweiterung und Stabilisierung des Monitors, der Programmierung der Z.A.R.-Sprache und der Erweiterung der Wörterbuchverwaltung gearbeitet wurde, entstand im DDA unter der technischen Leitung von Henning Jakobsen der Komplex der Codebuch-Erfassungsprogramme für das Standard Codebuch Format (OZPRINT, OSIZAR, CODEBOOK-PREPROCESSOR) sowie die APLGD-Funktionenbibliothek (Torkel Jensen).

Die Vorarbeiten von Hans D. Klingemann und Siegfried Lachenicht zur Entwicklung eines Studienbeschreibungsschemas wurden von Hartmut Roseke in ein technisches Konzept (ZAUB) umgesetzt. Die technischen Grundlagen für die Integration der Datenbasis in einem Retrieval-Vorgang wurden von Klaus Brothun entwickelt, der auch das technische Konzept für die Wörterbuchverarbeitung entwarf. Die logischen Konzepte und Methoden für die Volltextbearbeitung, die Wörterbücher und das Klassifikationsschema wurden von Ekkehard Mochmann entwickelt. Die technische Leitung liegt jetzt bei Friedrich Rau.

(2) Danish Data Archives (Hg.), "Study Description. Guide & Scheme", Copenhagen 1975

Klingemann, Hans D., und Ekkehard Mochmann, "Sekundäranalyse", in: Jürgen van Koolwijk und Maria Wieken-Mayser (Hrsg.), Techniken der empirischen Sozialforschung, 2. Band, München 1975, S. 181 ff.

Nielsen, Per, "Information Access at the Data File Level: Documentation Prerequisites on the File-Level Data Base Inquiry Process", in: SIGSOC Bulletin, Vol. 6, Nos. 2 u. 3, Fall/Winter 1974-75, S. 39-46

"SD-Questionnaire Example", in: Zentralarchiv für empirische Sozialforschung, "ZA and DDA Study Description Programs", Köln 1978 (Durch Zentralarchiv zu beziehendes hektographiertes Programm-Handbuch)

Zentralarchiv für empirische Sozialforschung (Hg.), "Studienbeschreibung" (= Deutsche Fassung des SD-Schemas; hektographierte Intern-Information), Köln 1975

(3) Klingemann, Hans D., "Research and Development of Literary-Style Retrieval Systems for Survey Data Archives, in: Social Science Information 6, 1967, S. 119-135

Mochmann, Ekkehard, "Entwicklung eines automatisierten Systems zur Dokumentation von Fragen aus Umfragen der empirischen Sozialforschung", Köln 1968

Mochmann, Ekkehard, "Das Zentralarchiv-Klassifikationsschema. Ein Instrument zur Erfassung von Inhalt, Form und Funktion von Fragen aus Umfragen der empirischen Sozialforschung", in: Jahrbuch der Universität zu Köln 1969

(4) Mochmann, Ekkehard, "Automatisierte Textverarbeitung", in: Jürgen van Koolwijk und Maria Wieken-Mayser (Hrsg.), Techniken der empirischen Sozialforschung, Band 3, München 1974

Mochmann, Ekkehard, "Information Access at the Data Item Level: Approaches to Indicator Retrieval from Survey Archive Data Bases, in: SIGSOC Bulletin, Vol. 6, Nos. 2 u. 3, Fall/Winter 1974-75, S. 47-55

Mochmann, Ekkehard, "Automatisierte Inhaltsanalyse, in: Werner Langenheder (Hrsg.), "SIZSOZ Expertisen", St. Augustin 1976, S. 61-92

(5) Als Variablenbeschreibung wird hier ganz allgemein der um bestimmte Zusatzinformationen erweiterte Volltext einer Fragebogenfrage verstanden. Zu unterscheiden sind die Begriffe Codeplan und Codebuch: Der Code*plan* ist die Ablochvorschrift für die Daten einer gesamten Umfrage; jede Variablenbeschreibung enthält u. a. auch die Abloch- bzw. Codierungsvorschrift für die beschreibende Variable (d. h. das zugeordnete Codeplansegment); ein Codebuch ist die Menge aller Variablenbeschreibungen einer Studie (und *enthält* daher u. a. auch die gesamte Codeplan-Information dieser Studie). Für die Verwendung dieser Begriffe siehe auch Anmerkung (6).

(6) Institute for Social Research (The University of Michigan) (Hg.), "OSIRIS III - Manual" (Ann Arbor, Michigan, 1973), Vol. 1 (System and Program Description), p. 784ff.: The Dictionary-Codebook

"Format of the cards used in extended OSIRIS codebooks", in: Jensen, Torkel: "DDA OSIRIS-Z.A.R. Interfaces", hg. Danish Data Archives; Kopenhagen 1974

(7) Mochmann, Ekkehard, "Information Access at the Data Item Level: Approaches to Indicator Retrieval from Survey Archive Data Bases", in: SIGSOC Bulletin, Vol. 6, Nos. 2 u. 3, pp. 47-55, Fall/Winter 1974/75

(8) Iverson, Kenneth E., "A Programming Language", New York (John Wiley and Sons, Inc.) 1962

(9) "APL Shared Variables (APLSV) User's Guide", [3]1976 (IBM-Broschüre; Form No. SH2O-146O-2)

"APL Shared Variables (APLSV) Operations Guide" [2]1975 (IBM-Broschüre; Form No. SH2O-1461-1)

(1O) Höhe, Jürgen, und Peter Schultz, "APL-GD HANDBUCH", Köln 1972

Höhe, Jürgen, "Z.A.R.II definiert in APL-GD". Vortrag, gehalten auf der NORD DATA 73 - Konferenz in Kopenhagen (15.-17. August 1973).

Matthias Herfurth

Aufbau und Nutzung einer Datenbank sozialwissenschaftlicher Forschung beim Informationszentrum Sozialwissenschaften

Inhalt: Ausgehend von der Konzeption der Datenbank werden ausführlich die drei zentralen Dateien beschrieben: die Datei der Forschungseinrichtungen, der Forschungsarbeiten und der Anfragen bzw. Auskünfte. Zusätzlich zu einzelnen Aspekten der derzeitigen Nutzung werden danach außerdem mögliche Entwicklungsperspektiven skizziert.

Abstract: After a brief outline of the basic conception of the research data bank implemented by the Social Sciences Information Centre, a detailed description of its three central data files follows: research institutes, research work and inquiries and information directed towards and given by the Centre. In addition to the various aspects of the present use of the data bank, an attempt is made to sketch the futuren development aimed at.

I. Gegenstandsbereich und Ziele der Datenbank

Zielsetzung und Leistungen der hier vorzustellenden Datenbank (1) werden am besten auf der Grundlage einer terminologischen Vorklärung deutlich. Dabei soll durch die Darstellung der Zusammenhänge zwischen Forschungsdokumentation einerseits und Literatur- bzw. Datendokumentation andererseits der Gegenstandsbereich von Forschungsdokumentation beim INFORMATIONSZENTRUM SOZIALWISSENSCHAFTEN (IZ) erläutert werden (IZ 1978, 2).

1. Terminologische Vorklärung

Ein Forschungsprojekt kann u.a. dadurch gekennzeichnet werden, daß aus ihm sowohl Literatur, d.h. Publikationen, wie auch (numerische) Daten als Ergebnis der Forschungsaktivitäten hervorgehen können. In Forschungsliteratur und -daten wird der Objektraum eines Planungsziels von Forschungsprojekten bzw. -vorhaben beschrieben (Lutz 1968). Jedoch ist bei der Forschungsdokumentation die Beschreibung dieses Objektraumes nur eine Teilaufgabe. Forschungsdokumentation, wie sie im folgenden verstanden werden soll, kennzeichnet in erster Linie einen Prozeß, den Prozeß der Forschungs- und Entwicklungsarbeit mit allen seinen möglichen Dimensionen: die Entstehung, die Organisation und die Personen ebenso wie die Methoden, die Inhalte, die Ziele und Ergebnisse (4).

Operationalisiert man den Begriff "Dokumentation" (in "Forschungsdokumentation") durch den Begriff "Information Retrieval" (als Kurzform von Information, Storage, Retrieval und Dissemination (Kistermann 1968, Lutz/Klimesch 1971)), so befaßt sich die folgende Darstellung - zum Teil unterschiedlich gewichtet - mit der Sammlung, der Verarbeitung, der Wiedergewinnung, der Vermittlung und Verbreitung von Daten bzw. Informationen über Forschungsarbeiten.

2. Ziel der Forschungsdokumentation

Das Ziel der Forschungsdokumentation ist die Vermittlung von Forschungsinformationen, d.h. in diesem Falle von Informationen über alle Aspekte sozialwissenschaftlicher Forschung an alle Personen, die an sozialwissenschaftlicher Forschung interessiert sind. Primär sind dies zur Zeit die Wissenschaft (Scientific Community) selbst, in zunehmendem Maße jedoch auch die Politik, die Verwaltung, die Wirtschaft, soziale Einrichtungen, der Medienbereich und Privatpersonen. Die Bereitstellung von Forschungsinformationen für den Wissenschaftsbereich dient der Herstellung einer (fachlichen) Kommunikationsbasis, der Vermeidung unnötiger Doppelarbeit oder der Bereitstellung von Daten für forschungssoziologische Analysen im Rahmen der Wissenschaftsforschung. In der öffentlichen Verwaltung beispielsweise können Forschungsinformationen die Entscheidungsvorbereitung erleichtern oder zur Vermittlung von Experten als Auftragnehmer für anwendungsorientierte Forschungs- und Entwicklungsvorhaben verwendet werden (5).

II. Organisation der Datenbank

1. Konzeption

Grundlegende Aufgabenstellung des IZ im Rahmen der Forschungsdokumentation ist seit 1969 die Durchführung einer regelmäßigen und zentralen Forschungserhebung im Bereich der Sozialwissenschaften (zum Erhebungsbogen, vgl. Anhang 1). Die aus der Erfüllung dieser Aufgabe resultierende zentrale Verfügbarkeit von Forschungsdaten legte das Ziel nahe, ein EDV-unterstütztes Informationssystem für sozialwissenschaftliche Forschung aufzubauen. Auf der Basis einer Ist-Analyse und der Entwicklung eines Soll-Konzeptes konnte Ende 1972 der erste Versuchspool mit Forschungsinformationen als GOLEM-Datenbank implementiert werden. Der Betrieb der Datenbank lief Mitte 1973 an, jedoch waren sowohl in bezug auf die Struktur (nur eine Datei) wie auch die Nutzung des Systems zu dieser Zeit vergleichsweise geringe Datenbankeffekte zu erzielen. Die Entwicklung von einem datenverarbeitungsorientierten Informationssystem damals zu einem auf einer Datenbank mit mehreren untereinander verknüpften bzw. verknüpfbaren Dateien basierenden Informationssystem mit vielfacher Nutzung heute ist jedoch primär eine mit den Aufgaben gewachsene und weniger eine konzeptionelle Entwicklung. Dies ist jedoch kein Nachteil. Die Dateien entsprechen der organisatorischen Grundstruktur des IZ: Informationsgewinnung (institutioneller Aspekt), Auswertung (fachlich-inhaltlicher Aspekt) und Informationsdienstleistungen (Nutzer- bzw. Verwertungsaspekt) und bieten damit sowohl eine verarbeitungs- wie auch auskunftsorientierte Datenbank. Sie dient primär zur Gewinnung von Informationen für externe Nutzer durch Direktanfragen oder durch zweckorientierte Verarbeitung des Datenbankinhaltes, zum Teil aber auch zur Steuerung der internen Arbeitsabläufe.

Tabelle 1: Datenbankdiagramm

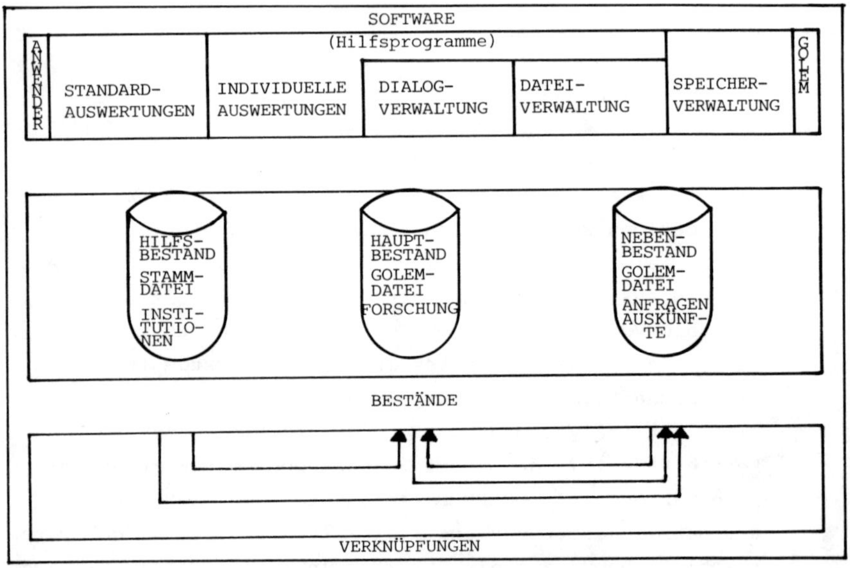

Die Institutionen- und die Anfragendatei sind primär verarbeitungsorientiert (interne Nutzung), die Forschungsdatei primär auskunftsorientiert (externe Nutzung).

In bezug auf das Datenbanksystem GOLEM und den Hauptdatenbestand ist das System ein Anfragesystem, bei dem freie Anfragen über eine Anfragesprache formuliert werden (6).

Die Flexibilität eines solchen Anfragesystems hängt weitgehend davon ab, wie fein die Datenelemente der Datenbank gegliedert sind und in welchem Ausmaß man diese Datenelemente durch Datenbank-Software zu Nachrichten bzw. Informationen zusammenführen kann. Grundsätzlich sind solche Systeme um so auskunftsfreudiger, je besser zu kleinen Datenelementen zugegriffen und je leichter postkoordiniert werden kann. Letzteres hängt weitgehend von dem zugrundeliegenden (hier netzwerkartigem) Datenbankmodell ab.

Hardware- und Software-Voraussetzungen

Für die Datenbank bestehen folgende hardware-mäßigen Voraussetzungen: das Datenbanksystem ist auf der Rechenanlage des Presse- und Informationsamtes der Bundesregierung (BPA RZ-1) implementiert und läuft auf einem Siemens-Rechner 4004/151 mit 768 KB Kernspeicher. Die Datenbank wird innerhalb eines Teilnehmerrechensystems betrieben.

Die Dateneingabe (für den Datenbankaufbau) erfolgt direkt im Rechenzentrum (batch mode).

An das System sind im IZ zur Zeit folgende Anschlußgeräte zur Datenausgabe installiert:

- 2 Bildschirme (Siemens-Transdata 8152)
- 1 Nadeldrucker (Siemens 8120)

Die Datenübertragung (Datenwiedergewinnung) erfolgt über Standleitung mit einer Übertragungsrate von 2.400 bit/sec.

Die Datenbanksoftware besteht aus dem Softwareprodukt GOLEM (Siemens) und Anwenderprogrammen.

Das gesamte GOLEM-System läuft unter dem time-sharing Betriebssystem BS 2000 ab. Der Zugriff zu den Dateien erfolgt mit der Zugriffsmethode PAM (Primary Access Method).

Sowohl von der Herstellerseite (Siemens bei GOLEM und BS 2000) wie auch von der Anwenderseite wird die Programmiersprache Assembler verwendet (Siemens 1978).

2. Aufbau und Struktur

Inputgrößen der Datenbank

Die Forschungsdatenbank hat folgende drei Hauptinputfaktoren:

- Forschungseinrichtungen, Auftraggeber und Finanzierer von Forschung (institutionaler Aspekt)

- Forschungs- und Entwicklungsarbeiten (fachlich-inhaltlicher Aspekt)

- Anfragen bzw. Auskünfte zu Forschungsinformationen (Verwertungsaspekt)

Entsprechend diesen Input-Größen und der Darstellung in Tabelle 1 besitzt die Datenbank drei Hauptdateien: Institutionendatei, Forschungsdatei und Anfragen-/Auskunftsdatei, die im folgenden näher beschrieben werden. Zusätzlich zu dem in Tabelle 2 ausgewiesenen Speicherbedarf für die Datenbestände erfordert der Datenbankbetrieb z.Zt. ca. 7,5 Mio./byte.

Tabelle 2: Beschreibung der Datenbestände (in Anlehnung an Wedekind 1970)

Merkmale / Dateien	Größe Anzahl Datensätze	Größe Mio./Byte	Zuwachs (Jahr) Anzahl Datensätze	Zuwachs (Jahr) Mio./Byte	Änderungsrate (Jahr)
INSTITUTIONEN	7.100	3,83	1.000	0,54	4.000 (Ändern von Feldinhalten)
FORSCHUNG	25.000	34,15	4.500	6,14	1.500 (Löschen von Datensätzen des Vorjahres-input)
ANFRAGEN u. AUSKÜNFTE	6.500	2,16	3.000	1,00	800 (Hinzufügen von Merkmalsausprägungen)
SUMME	38.600	40,14	8.500	7,68	

Institutionendatei

Bei dieser Datei handelt es sich um eine Basis- bzw. Hilfsdatei mit formatierten Daten, die nicht permanent im Plattenspeicher resident ist, sondern auf Magnetband ausgelagert ist und bei Bedarf in eine indexsequentiell organisierte Datei für die Bearbeitung umgewandelt wird (7, 8). Sie dient als Basisdatei insbesondere der Adressenverwaltung und der Ablauforganisation bei den jährlichen Erhebungen; als Hilfsdatei im Sinne einer zentralen Körperschaftsdatei dient sie zur Füllung der institutionellen Aspekte beim Aufbau der Forschungsdatei und der Anfragen-/Auskunftsdatei.

Die Institutionendatei besteht zur Zeit aus etwa 7.100 Datensätzen mit fester Länge von 540 Bytes; der einzelne Datensatz besteht aus vier Abschnitten, die jeweils eine Feldgruppe darstellen:

Abschnitt 1: Formale Angaben zur Institution

Feld 1: Qualifikation
- aktive Adressen
- inaktive Adressen (9 Merkmalsausprägungen für Inaktivierungsgründe)
- abgetretene Adressen (19 Merkmalsausprägungen zur Kennzeichnung, an welche IuD-Einrichtung diese Adresse abgetreten wurde)

Feld 2: Adressenkennzahl (5-stellig numerisch)

Feld 3: Prüfziffer (Modulo-11-Verfahren)

Feld 4: Funktionentabelle
- Forschungseinrichtung
- Auftraggeber
- Finanzierer

Feld 5: Postleitzahl

Feld 6: Land (Sitzland der Forschungseinrichtung)

Abschnitt 2: Klassifikationen und Zähler

Feld 7: Grobklassifikation der Institutionen (5 Ausprägungen)

Feld 8: organisatorisch-rechtliche Klassifikation von Forschungseinrichtungen, Auftraggebern und Finanzierern (32 Ausprägungen)

Feld 9: fachgebietsmäßige Klassifikation von Forschungseinrichtungen (23 Ausprägungen)

Feld 10: Rücklaufzähler (Anzahl der zurückgeschickten Erhebungsbogen im Berichtsjahr und im Vorjahr)

Feld 11: Versandangabe für Erhebungsbogen (Anzahl)

Feld 12: Organisationsbyte

Abschnitt 3: Name und Anschrift der Institutionen

Felder 13 - 15: Name (kleinste organisatorische Einheit)

Feld 16: Stadt

Feld 17: Straße und Hausnummer

Felder 18 u.19: Name (organisatorischer Überbau, Ebene 1)

Felder 20 u.21: Name (organisatorischer Überbau, Ebene 2)

Abschnitt 4: Trailer

Feld 22: aktuelle Angaben zu Adressen mit Datum der letzten Änderung etc.

Tabelle 3: Institutionendatei: Quantitativ-inhaltliche Struktur

Funktion / Qualifikation	Anzahl der Forschungseinrichtungen	Anzahl der Auftraggeber u. Finanzierer	Summe
Aktiv	3.800	940	4.740
Inaktiv	1.500	20	1.520
Abgetreten	840	./.	840
Summe	6.140	960	7.100

Forschungsdatei

Die Forschungsdatei bildet den Hauptbestand der Datenbank und wird als GOLEM-Pool geführt. Diese Datei besteht zur Zeit aus ca. 22.000 logischen Datensätzen, d.h. unterschiedlichen Beschreibungseinheiten von Forschungsarbeiten (Zielinformationen). Jeder Datensatz wird durch maximal 46 verschiedene Merkmalskategorien (Aspekte) gekennzeichnet (vgl. Anhang 2), denen mehrere Strukturprinzipien zugrunde liegen (9).

Hauptstrukturprinzip ist die Unterscheidung von "Retrieval-Kategorien" und "Nutzer-Kategorien". Retrieval-Kategorien dienen lediglich als Suchargumente zum Auffinden bestimmter Datensätze und sind in der Regel nicht zur Informationsweitergabe bestimmt (10). Nutzerkategorien und deren Inhalte dagegen dienen dazu, eine Forschungsarbeit formal und inhaltlich so vollständig wie möglich zu beschreiben. Von den 46 Kategorien insgesamt sind 36 Retrieval-Kategorien und 27 Nutzer-Kategorien; 17 Kategorien haben beide Funktionen.

Die Unterscheidung in Retrieval- und Nutzer-Kategorien dient dem Kompromiß zwischen Abgabe der Vollinformation und Erschließungserfordernissen, d.h. bei der Beantwortung von Direktanfragen durch Computerausdrucke möglichst wenig Ballastinformationen abgeben zu müssen.

Eine weitere strukturelle Untergliederung ist die Unterscheidung von "Textkategorien" und "Deskriptoren-Kategorien". In den Textkategorien werden in nicht formalisierter Weise der Inhalt, die Vorgehensweise und die Ergebnisse einer Forschungsarbeit - in der Art eines Positionsreferats - nach maximal 10 unterschiedlichen Merkmalen beschrieben; die Inhalte dieser Kategorien dienen primär der Nutzerinformation, die Textbegriffe können aber auch zur sequentiellen "Textrecherche" herangezogen werden. Die restlichen 36 Kategorien sind Deskriptoren-Kategorien, die formalisierte Ordnungsbegriffe und Suchargumente enthalten und damit ausnahmslos Retrieval-Kategorien sind.

Das dritte - mehr dokumentarische - Gliederungsprinzip der Beschreibungsmerkmale einer Dokumentationseinheit ist die Aufspaltung in obligatorische Merkmale (Pflichtkategorien) und fakultative Merkmale (Wahlkategorien). Eine Text- und 19 Deskriptoren-Kategorien sind Pflichtkategorien, 9 Text- und 17 Deskriptoren-Kategorien sind Wahlkategorien.

Die nächste Beschreibungsebene - nach der Beschreibung der Struktur der Merkmale - des Hauptdatenbestandes ist die Darstellung der Struktur der Merkmalsausprägungen der einzelnen Kategorien dieser Datei.

Die einzelnen Textkategorien (Textabschnitte) sind variabel lang; die Länge des Textteils insgesamt wurde jedoch vom Datenbankanwender auf 4.000 Zeichen begrenzt.

Von den insgesamt 36 Deskriptoren-Kategorien haben 12 geschlossene Ausprägungskataloge (kontrolliertes Vokabular). Insgesamt sind dabei 530 verschiedene einzelne Ausprägungen möglich, von denen 266 für eine 18 sozialwissenschaftliche Fachgebiete bzw. Problembereiche umfassende Fachordnung verwendet werden.

Exkurs: Thesaurus

Für jedes einzelne Merkmal und seine Ausprägungen baut GOLEM ein eigenes Sub-Wörterbuch auf. Hier soll nur auf das Wörterbuch (Thesaurus) der inhaltlichen Suchkriterien (freie Deskriptoren) eingegangen werden. Der "GOLEM-Thesaurus" enthält zur Zeit 14.400 Deskriptoren, von denen 8.600 zur Indexierung freigegeben sind. Die restlichen 5.800 Begriffe sind Nicht-Deskriptoren, von denen in 1.600 Fällen auf Vorzugsbenennungen verwiesen wird.

Für den Bereich Kommunikationsforschung ist ein detaillierter Sub-Thesaurus implementiert, der etwa 750 Einträge mit den üblichen Beziehungsstrukturen enthält. Für das Fachgebiet Soziologie wird ein entsprechender Thesaurus Anfang 1980 implementiert werden können.

Das ausführliche Eingehen auf die quantitative Struktur dieser - und der folgenden - Datei(en) soll auch dem weniger an den Sozialwissenschaften und damit an der qualitativ inhaltlichen Struktur der Datenbank interessierten Leser einen möglichst objektiven Eindruck von der Struktur und den Möglichkeiten dieser Datenbank vermitteln.

Dieser quantitative Einblick in die Struktur dieser Datei ist aber erst dann aussagekräftig, wenn der absolut möglichen Komplexität einer Dokumentationseinheit bzw. der Datei insgesamt die praktisch realisierte Komplexität, d.h. die effektive Anzahl vorhandener Merkmale bzw. Merkmalsausprägungen gegenübergestellt wird. Für den Input im Jahre 1977 in diese Datei (5.900 Dokumentationseinheiten) ergibt sich folgendes Bild (11):

Tabelle 4 bis 7: Forschungsdatei: Quantitative-formale Struktur

Tabelle 4: Durchschnittliche Anzahl der Merkmale pro Datensatz

Textkategorien (Textabschnitte)	3,4
Deskriptoren-Kategorien (Aspekte)	16,6
Merkmale insgesamt	20,0

Tabelle 5: Durchschnittliche Anzahl der Merkmalsausprägungen pro Datensatz

"Freie" Deskriptoren	6,7
"Gebundene" Deskriptoren	27,2
Merkmalsausprägungen insgesamt	33,9

Einen weiteren Einblick in die quantitative Struktur dieser Datei gibt die physische Länge der Datensätze (Zielinformationen) bzw. ihrer Bestandteile:

Tabelle 6: Physische Länge (Zeichen) der Datensätze (Prozent)

500 - 1.000	20 %
1.000 - 2.000	50 %
2.000 - 5.000	30 %

Tabelle 7: Physische Länge (Zeichen) der Merkmale und Merkmalsausprägungen (Prozent)

1 - 5	30 %
5 - 10	35 %
10 - 20	27 %
20 und mehr	6 %

Anfragen- und Auskunftsdatei

Auch der Vorgang der Systemanfrage und der Beantwortung ist Inputgröße für die Datenbank dieses Forschungsinformationssystems. D.h.,jede Anfrage an das IZ wird, unabhängig davon, ob sie mit vorhandenen Datenbankinhalten beantwortet werden kann, ausgewertet und im System abgespeichert. Diese Datei wird ebenfalls wie die Hauptdatei als GOLEM-Pool geführt und umfaßt zur Zeit ca. 6.500 Datensätze (Zielinformationen). Dieser Datenpool dient heute noch primär "internen Unternehmenszwecken", der Benutzerstatistik und -analyse mit dem Ziel der laufenden Rückkopplung zwischen Informationsdienstleistungen und Informationsbedürfnissen (13).

Hauptstrukturprinzip eines Datensatzes ist die Aufteilung in einen Anfragenteil (17 Kategorien) und einen Auskunftsteil (11 Kategorien). Drei weitere Verwaltungskategorien werden datenbankintern generiert.

Ein Datensatz dieser Datei kann durch maximal 31 Kategorien (Aspekte) beschrieben werden, davon sind 14 Wahlkategorien. Alle Kategorien sind Deskriptoren-Kategorien. (Zur Beschreibung der Kategorien siehe Anhang 3.)

12 Kategorien haben geschlossene Ausprägungsvorhaben mit insgesamt 151 Ausprägungen.

Für den Input 1977 in diese Datei (2.100 Zielinformationen) ergibt sich folgende effektive quantitative Struktur (14, 15):

Tabelle 8 bis 10: Anfragen- und Auskunftsdatei: Quantitativ-formale Struktur

Tabelle 8: Durchschnittliche Anzahl der Merkmale und Merkmalsausprägungen pro Datensatz

Deskriptorenkategorien	20
Deskriptoren	
"Freie" Deskriptoren	2
"Gebundene" Deskriptoren	24
insgesamt	46

Tabelle 9: Physische Länge (Zeichen) der Datensätze (Prozent)

100 - 200	6 %
200 - 500	94 %

Tabelle 10: Physische Länge (Zeichen) der Merkmale und Merkmalsausprägungen (Prozent)

1 - 5	62 %
5 - 10	32 %
10 und mehr	6 %

Dateiverknüpfungen

Eine Datenbank integriert mehrere Dateien zu einem Dateiensystem; dabei ist zur Erzielung von Datenbankeffekten notwendig, daß die einzelnen Datenelemente so aufbereitet und gespeichert werden, daß eine flexible logische oder physische Verknüpfung zwischen den Datenelementen möglich ist. Grundsätzlich sind drei Modelle zu unterscheiden: das hierarchische, das Netzwerk- sowie das relationale Modell. Im vorliegenden Fall handelt es sich um ein netzwerkartiges Datenbankmodell. Die Zugriffspfade beim hierarchischen und Netzwerkmodell sind in der Datenstruktur begründet, wobei beim letzteren Hierachiestufen aufgrund der Vernetzung übersprungen werden können. Für neue, nicht strukturimmanente Anwendungen sind jedoch aufwendige organisatorische Maßnahmen zur Restrukturierung notwendig.

Beim relationalen Datenbankmodell wird dagegen eine Datenstrukturunabhängigkeit dadurch erreicht, daß das Geschehen auf logischer Ebene als Beziehung von Relationen abläuft, also Zeiger, Indizes usw. nicht erforderlich sind. Die Beantwortung einer Fragestellung an diese Datenbank wird mit Methoden der Mengenlehre und dem Prädikatenkalkül der Logik durchgeführt und beantwortet. Somit erweist sich das relationale Modell als Allgemeinlösung, die das hierarchische sowie das Netzwerkmodell einschließt. Bisher sind nur wenige Implementationen nach diesem Modell bekannt (z.B. ADABAS, GRIPS u.a.), es sind jedoch wesentliche Entwicklungen in diesem Bereich zu erwarten.

In der vorliegenden Datenbank werden Beziehungen zwischen den oben beschriebenen Dateien dadurch realisiert, daß in ihnen gemeinsame charakteristische Datenwerte auftauchen. Dies wird durch die Festlegung bzw. Ermöglichung der Vergabe gleicher Ordnungskriterien für unterschiedliche Dateien (mehr-dimensionale Indizierung) erreicht. Gemeinsame Ordnungskriterien sind für alle drei Dateien gewährleistet, d.h. der Datenbestand der Institutionendatei, der ja im Gegensatz zu den beiden anderen Dateien formatierte Daten enthält, ist integrierbar. Eine solche Verknüpfung kann z.B. in bezug auf die institutionellen Angaben in den einzelnen Dateien durch Anwendersoftware erfolgen. Dabei ist auch eine Übernahme von Daten aus einer Datei in eine andere durch Zwischenspeicherung möglich.

Für die beiden GOLEM-Dateien (Forschungsdatei und Anfragen-/Auskunftsdatei) ist eine Verknüpfung laufend durch eine Recherche im "Pool-Verbund" ermöglicht. Hier kann z.B. gefragt werden, ob ein Forscher gleichzeitig auch als Anfrager im System abgespeichert ist.

Auf die Möglichkeiten der (verknüpften) statistischen Auswertung von Dateien durch Anwendersoftware wird im folgenden Kapitel eingegangen.

III. Anwendungen der Datenbank

1. Kommunikation mit der Datenbank

Hauptkennzeichen für die Kommunikationsformen mit der hier beschriebenen Datenbank ist, daß sowohl Programme als auch Menschen als Benutzer auftreten. Diese Differenzierung spiegelt sich zum Teil auch in der bereits erwähnten Verarbeitungs- und Auskunftsorientierung des Systems wider. Während der Verkehr über Abfragesprachen für die Auskunftserteilung dominiert, dienen die Anwenderprogramme beiden Zwecken, d.h. sowohl dem verarbeitungsorientierten Informationsbedarf der IuD-Einrichtung wie auch dem fachlich-inhaltlichen Informationsbedarf von Personen außerhalb der IuD-Stelle (Merten 1974).

Software für die Datenwiedergewinnung

GOLEM-Software

Der den Teil der Datenwiedergewinnung betreffende Software-Aspekt von GOLEM manifestiert sich primär in der Abfragesprache. Die Elemente dieser Abfragesprache sind die Deskriptoren, ergänzt durch Verknüpfungsoperationen (vgl. die Artikel von Barth, Habel und Roesler).

Anwendersoftware

Die Anwendersoftware ist durch die Tatsache gekennzeichnet, daß es bis vor kurzem keine logisch definierte Schnittstelle bei GOLEM für Anwenderprogramme gab. Ausgangspunkt für solche Programme war daher das GOLEM-Ausgabeformat. Die für den Bereich der Datenwiedergewinnung verfügbaren Anwenderprogramme lassen sich in drei Gruppen gliedern:

- individuelle Auswertungen (Zielinformationsprogramme)
- Standardauswertungen (Dokumentationsprogramme, insbesondere für gedruckte Dienste)
- Hilfsprogramme (Thesaurusprogramme)

Individuelle Auswertungen

Das Programmpaket leistet die statistische Auswertung (Häufigkeiten, Prozentuierungen, Listungen) einer oder mehrerer Dateien. Dabei können Unterdateien mittels der vorprogrammierten Funktionen des Dialogsystems als temporäre Dateien gebildet werden, die dann auf Magnetband ausgegeben werden (Steinacker 1975). Das Programmpaket besteht aus folgenden Programmteilen:

- Erstellung einer normierten Zielinformation für die Generierung von Statistiksätzen

- Generierung von Statistiksätzen

- Plausibilitäts-, Transformations- und Substitutionsprogramm für Statistiksätze

- Zähl- und Druckprogramm zur Ausgabe der Randverteilung von Merkmalsausprägungen

- Zähl- und Druckprogramm zur Ausgabe zweidimensionaler Verknüpfungs(kreuz)tabellen; die Angabe der Tabellenglieder ist wahlfrei.

Durch weitere Aufteilung der auszuwertenden Dateien ist auch eine mehr als zweidimensionale Verknüpfung von Variablen möglich.

Standardauswertungen

Für die benutzerfreundliche Gestaltung der Datenbankausgaben bei Direktanfragen wird ein Programm angewendet, das wahlfrei ist in bezug auf die Auswahl und Abfolge der Kategorien (einschließlich Textkategorien) und gleichzeitig eine gute optische Aufbereitung des ausgegebenen Textes leistet (Komprimierung und Gliederung). Dieses Programm ist das Standardprogramm für Computerausdrucke, die an externe Benutzer verschickt werden (Beispiel siehe Anhang 4).

Hilfsprogramme (Thesaurusprogramme)

Die in diesem Arbeitsbereich vorliegenden Programme dienen sowohl der verbesserten Datenwiedergewinnung als auch der Verbesserung der institutsinternen dokumentarischen Verarbeitung. Hierbei werden insbesondere folgende Programme angewendet:

- Herstellung von Wortlisten zu beliebigen Kategorien von GOLEM-Dateien nach verschiedener Sortierung (alphabetisch, Worthäufigkeiten) und wahlweise mit Angabe beliebiger Ordnungskriterien.

- Ermittlung von Deskriptoren, die vorgegebene Zeichenfolgen (strings) enthalten, für Batch- und Dialogverarbeitung.

- Programm zur Herstellung von KWOC-Listen.

- Herstellung von Hilfslisten für die dokumentarische Auswertung mit GOLEM-Dateiunabhängiger Kennzeichnung von Deskriptoren (Löschung, Indizierung, Verweisung).

Auch in bezug auf die Datei der forschenden Einrichtungen (Institutionendatei) stehen variable Programme, insbesondere zur Selektion, zum Druck und zur (Rücklauf)statistik, zur Verfügung.

2. Output-Leistungen

Retrospektive Recherchen

Wichtigste Output-Leistung aus der Datenbank ist die Auskunftserteilung bei Direktanfragen, die über die beiden Datenendstationen im Informationszentrum abgesetzt werden.

Die Auskunft wird dabei in der Regel in Form von Computerausdrucken abgegeben.

1977 wurden ca. 3.300 einzelne derartige Datenbankabfragen für unterschiedliche Nutzer vorgenommen (16). Dabei wurden insgesamt ca. 100.000 einzelne Datensätze (Zielinformationen) nachgewiesen, pro retrospektive Recherche also durchschnittlich 33 Forschungsnachweise (17). Die Anfragen werden von sieben Spezialisten für einzelne (wissenschaftliche) Fachgebiete durchgeführt, die vorher intensiv in der Benutzung des (GOLEM)-Systems geschult wurden.

Profildienste

Aufgrund des jährlichen Rhythmus der Forschungserhebungen werden SDI-Dienste zur Zeit ebenfalls jährlich geliefert (18). Die etwa 30 Profildienste werden hauptsächlich von weiterverarbeitenden IuD-Einrichtungen für eigene spezialisierte (gedruckte) Dienste verwendet. Hauptabgabeform sind Computerausdrucke und COM (Computer-Output on Microfilm) (19).

Statistische Auswertungen

Quantitative Analysen der Forschungsdatei

1977/78 wurden Analysen der Forschungsdatei vorgenommen, die sich insbesondere auf forschungssoziologische Fragestellungen (Wissenschaftsforschung) bezogen. In diesen Analysen wurde eine Informationsverdichtung dadurch erreicht, daß nicht nur logische Verknüpfungen, sondern auch arithmetische Operationen durchgeführt wurden. In Listen und (Kreuz)tabellen wurden Kennzahlen, charakteristische Parameter, Summierungen und Prozentuierungen gebildet, die sich auf formale, inhaltliche und zeitliche Dimensionen bezogen.

Die dabei gewonnenen Ergebnisse dienen in erster Linie heuristischen Zwecken (Hypothesengenerierung) bzw. als Hilfsgrößen für die Bewertung von Hypothesen im Rahmen forschungssoziologischer Fragestellungen. Diese Einschränkung der Anwendungsmöglichkeiten muß wegen der bisher nicht überprüften Repräsentativität der Datenbank für sozialwissenschaftliche Forschung gemacht werden.

An einem Beispiel soll diese Output-Leistung verdeutlicht werden: Als Grundlage einer Analyse der Forschungsdatei in bezug auf Bildungsforschung 1972 - 1977 wurde eine 10.000 Datensätze (Zielinformationen) umfassende Auswertungsmenge gebildet, die in 21 bildungsforschungsrelevante Themenkomplexe gegliedert war. Diese 21 Untermengen wurden durch einzelne Dialogrecherchen gebildet. Per Anwenderprogramm wurden danach einige durch bestimmte Ordnungsbegriffe oder Deskriptorenbereiche gekennzeichnete Zielinformationen aus den Auswertungsdateien eliminiert und danach die einzelnen Dateien zu Statistiksätzen verarbeitet. Insgesamt wurden auf der Basis der Verknüpfung von sieben Variablen, mit insgesamt 96 Ausprägungen, 90 Tabellen und 42 Randverteilungen ausgegeben. Die einzelnen Auswertungen waren nach dem Jahr, in der die Forschung stattfand, gegliedert, wobei diese Jahresangaben - unter Zuhilfenahme vorhandener Daten - ebenfalls aufgrund eines Anwenderprogrammes generiert wurden.

Benutzerstatistik

Die Anfragen-/Auskunftsdatei wurde bisher durch GOLEM-Thesaurusausgaben und einfache Zählprogramme zu Zwecken der Benutzerstatistik und Analyse ausgewertet. Zur Zeit wird überprüft, ob die Verwendung des eben beschriebenen Statistikprogrammes oder das SPSS-Programmpaket für diese Zwecke in Zukunft besser geeignet sind.

Im Rahmen einer Verwertungsanalyse für Forschungsinformationen soll 1979 eine integrierte Auswertung der Forschungsdatei und der Anfragen- bzw. Auskunftsdatei vorgenommen werden, z.B. nach der Fragestellung: wer forscht, teilt seine Forschungsarbeit mit und ist gleichzeitig Nutzer der Datenbank,bzw. wer forscht und nutzt die Datenbank nicht,bzw. differenziert gefragt: wer forscht über ein bestimmtes Thema, fragt aber nach etwas anderem.

Einige auf der Basis der Benutzerstatistik gewonnene grobe Parameter für die Nutzung der Datenbank bzw. des Informationssystems sind in der Informationsbroschüre des IZ (IZ 1978) enthalten.

Seit 1977 erhebt das IZ Kostenbeiträge für IuD-Dienstleistungen. Die Preise sind dabei nach Benutzergruppen gestaffelt und belaufen sich für beispielsweise 50 Einzelnachweise auf zwischen 15,-- DM (Studierende) und 100,-- DM (Wirtschaftsunternehmen). Die Benutzeranalyse zeigt, daß 70 bis 80 % der Rechnungen sofort bzw. nach einer Mahnung bezahlt werden; diese Kennziffer, die bisher nur nachträglich festgestellt werden konnte, soll in Zukunft laufend aus der Datenbank abgerufen werden können.

Adressenstatistik

Eine Statistik in bezug auf den Bestand der Institutionendatei wird zur Zeit ebenfalls - wie die Benutzerstatistik - jährlich erstellt. Mit speziellen Analyseprogrammen wird eine Rücklaufkontrolle bei den Erhebungen im Vergleich zum Vorjahr und differenziert nach Organisations- bzw. Rechtsform und Fachgebiet der Forschungseinrichtungen ermöglicht. Für diese Datei erscheint zur Zeit eine laufende Überwachung nicht notwendig.

IV. Entwicklungsperspektiven

Den Ansätzen der Datenbankstruktur entsprechend ergeben sich zwei Entwicklungsperspektiven, die aus einer Verbesserung der zweckorientierten Verarbeitung und Nutzung der in der Datenbank gespeicherten Daten resultieren:

a) verstärkte fachliche, aber auch problemorientierte Verwertung der Datenbankinhalte im Rahmen des Aufbaus des Fachinformationszentrums Sozialwissenschaften und
b) verstärkte Nutzung der Datenbank als Informationsbasis für Entscheidungen der operativen (Arbeits)ebene des IZ als auch für die Entscheidungsvorbereitung des Management.

1. Verbesserung der externen Nutzung

Die Weiterentwicklung der Datenbank zur Verbesserung der externen Nutzung der Datenbank hat drei Schwerpunkte:

Integriertes Informationssystem

Im einleitenden Kapitel wurde darauf hingewiesen, daß die Forschungsdokumentation bereits basale Elemente der Datendokumentation und der Literaturdokumentation enthält (vgl. auch Meyer-Uhlenried 1973). Diese komplexe Eigenschaft der Forschungsdokumentation ist auch im Ansatz der hier beschriebenen Forschungsdatenbank sichtbar (vgl. insbesondere Anhang 1 und Anhang 2). Aufgrund dieser Ausgangssituation bietet sich daher die Chance, beim Aufbau des Fachinformationssystems Sozialwissenschaften von vorneherein eine Integration der Informationstypen Forschung, Literatur und Daten in einem Informationssystem vorzusehen und damit eine integrierte Datenbank zu realisieren (20). Ein diesem Aufbauprinzip entsprechendes EDV-Konzept und Datenbankmodell ist eine vordringliche Entwicklungsaufgabe.

Problemorientierte Informationsvermittlung

Neben diese Notwendigkeit der Vernetzung traditioneller Dokument-, Deskriptor bzw. sachverhalts-orientierter Dateien bzw. Datenelementen und der damit (höchstens) erreichbaren Vermittlung von Basiswissen tritt zunehmend die Aufgabe innovativer, problemorientierter und aktiver Wissensvermittlung (Kunz 1978).

Für diese Perspektive, d.h. qualitative Informationsvermittlung als Orientierungsziel, ist eine Akzentuierung der Forschungsdokumentation auf Forschungsergebnisdokumentation hin notwendig. Eine in diesem Sinne verstärkte problemorientierte Auswertung wurde 1978 in Angriff genommen (21). Zur Erreichung dieses Ziels genügt es jedoch nicht, allgemeine Angaben über einen Forschungsprozeß (Forschungsdokumentation) und aus ihm (eventuell) resultierende Daten und/oder Veröffentlichungen integriert verfügbar zu machen. Zur Beurteilung, ob und wie Forschungsergebnisse in einem bestimmten Problemzusammenhang verwendet werden können, sind weitere Informationen notwendig, die den Gesamtzusammenhang, in dem eine Forschungsarbeit steht, kennzeichnen. Differenziert berücksichtigt werden müssen dabei insbesondere die Informationskategorien Personen und Institutionen im Sinne von Experten, die den Forschungsaktivitäten zugrundeliegenden Ideen und Konzepte, wie sie sich z.B. in der Gestalt von Methoden und Theorien und insbesondere in der Terminologie darstellen, aber auch die materielle Grundlage eines Forschungsprozesses, wie sie sich z.B. in der apparativen Ausstattung (z.B. in der Testpsychologie) zeigt (22).

Eine wichtige Entwicklungsperspektive verfolgt das IZ mit dem Aufbau eines Nachweissystems für sozialwissenschaftlich relevante, quantitative Daten. Dabei werden Daten, die Forschungsprozessen zugrunde liegen oder aus ihnen hervorgehen, als (oft) wesentliche Bestandteile der Ergebnisse dieser Forschungsaktivitäten betrachtet.

Zur innovativen, problemorientierten Informationsvermittlung könnte auch eine andersartige Nutzung der Anfragen- und Auskunftsdatei (auch in Verbindung mit der Forschungsdatei) dienen. Eine derartige Verwertung könnte dabei in dem Sinne erfolgen, wie sie Rittel als Paradigma für informationswissenschaftliche Forschung und Entwicklung in bezug auf Informationssysteme zweiter Generation vorschlägt; Rittel stellt sich sogenannte PSI-Netzwerke (Problem-Solving-Information-Netzwerke) vor, mit dem Ziel der Herstellung möglichst direkter Kommunikation zwischen Personen, die sich mit verwandten Problemen beschäftigen. Dabei wird jede Person, die ein Problem hat und darüber Wissen erarbeitet hat, zu einer potentiellen Informationsquelle; derartige Systeme sind daher bei Inbetriebnahme inhaltlich nicht gefüllt, sondern wachsen mit ihrer Benutzung (Rittel 1978).

Ein derartiges Netzwerk könnte auf der Basis der Anfragen- und Auskunftsdatei aufgebaut werden, in der ja sowohl die Probleme (Anfragen) wie auch die Problempartner (Anfrager) gespeichert sind. In Verknüpfung mit der Forschungsdatei, in der ja Problemlösungen und Angaben über die damit befaßten Personen gespeichert sind, ergäbe sich ein Kommunikationssystem, das nicht nur zur problemorientierten Wissensvermittlung, sondern sogar zur Vermittlung von Problemlösungen beitragen könnte. Die Realisierung eines solchen Kommunikationssystems dürfte jedoch einen sehr hohen Entwicklungsaufwand erfordern und zwar nicht nur in bezug auf die Systemebene, sondern auch in bezug auf die praktischen dokumentarischen Tätigkeiten.

Externer Direktzugriff

Bisher erfolgt die Datenwiedergewinnung nur direkt vom bzw. über das Informationszentrum. Zur Verstärkung regionaler und fachbezogener Informationsvermittlung ist jedoch der Anschluß externer Benutzer notwendig. Da bereits mehrere Einrichtungen Interesse an einem Anschluß an die IZ-Datenbank bekundet haben, wird hier 1979/80 eine Lösung im Rahmen eines - in bezug auf die Informationsvermittlung - dezentralen Informationsverbundsystems angestrebt (23).

2. Verbesserung der internen Nutzung

Als ein computergestütztes Management-Informations-System zu dienen, ist die Datenbank noch weit entfernt. Die bisher - meistens im jährlichen Rhythmus - erstellten Betriebsstatistiken waren nicht immer geeignet, als Informationsbasis für Transaktionen zu dienen. Entscheidungen setzen meist laufende Information voraus; dies wiederum bedingt jedoch laufende Eingabe und laufende Auswertung von Daten. Hier stieß das Informationszentrum bisher an Grenzen seiner Personalkapazität.

Eine Verbesserung dieser Situation ist jedoch notwendig, um die immer komplexer werdenden Dokumentationsprozesse steuern und evaluieren zu können. Beispiele hierfür sind:

- Die laufende Erfolgskontrolle der Mitteilungsbereitschaft von an andere Erhebungseinrichtungen abgetretene Forschungsadressaten, um Entscheidungen über Modifikationen von Kooperationsvereinbarungen zu treffen.

- Die laufende Kontrolle der Effizienz von Recherchen bei Direktanfragen, z.B. in bezug auf die mengenmäßige Relation zwischen recherchierten Datensätzen und an den Benutzer weitergeleiteter Nachweise (24).

- Laufende qualitative und quantitative Erfassung von nicht durch die Datenbank beantwortbaren Fragen.

Anmerkungen

(1) Dem Schwerpunkt des Artikels und der Überschrift dieses Teilbandes entsprechend, wird der Begriff "Datenbank" verwendet; der Autor ist sich im klaren darüber, daß die Verwendung dieses Begriffes terminologisch anfechtbar ist. Sie ist dadurch begründet, daß primär nicht das Dokumentationssystem bzw. das Informationssystem des IZ dargestellt wird, sondern die diesen zugrundeliegende "Datenbasis" in ihrer Organisation als "Datenbank".

(2) Das INFORMATIONSZENTRUM SOZIALWISSENSCHAFTEN wurde 1969 als Selbsthilfeeinrichtung für die Infrastruktur der Sozialwissenschaften von der Arbeitsgemeinschaft sozialwissenschaftlicher Institute e.V. (ASI) gegründet. Die Finanzierung erfolgt seit 1971 durch institutionelle Förderung vom Bundesminister für Forschung und Technologie (BMFT). Im Rahmen des "Programmes der Bundesregierung zur Förderung der Information und Dokumentation (IuD-Programm) 1974 - 1977" bildet das IZ heute den Kern des zukünftigen Fachinformationszentrums Sozialwissenschaften.

(3) Die Dokumentation von Forschungsberichten (Reports), d.h. von "Grauer Literatur", ist im traditionellen Verständnis Literaturdokumentation.

(4) Meyer-Uhlenried (1973) vertritt dieselbe Auffassung, wenn er die Dokumentation von Forschungsvorhaben dem Typ "Vorgangsdokumentation" zurechnet. Im praktischen Verständnis von IuD-Stellen wird Forschungsdokumentation - unter Betonung ihrer Referenzfunktionen - ansonsten eher der Literaturdokumentation zugerechnet.

(5) Eine (sprachlich) spezifischere Fassung dieses Globalzieles ist die "problemorientierte Informationsvermittlung".

(6) Der Kategorisierung von Lutz und Klimesch (1971) entsprechend, wäre dieses System ein absolutes, informationelles, passives Informationssystem. Damit ist ein System gemeint, das nicht von sich aus Informationen abgibt, sondern aufgrund einer selbst formulierten Anfrage potentiell in der Lage ist, "über alles" zu informieren, was im Rahmen des Systems möglich ist, ohne daß dabei die Datenbank verändert wird.

(7) Der jährliche Zuwachs an Datensätzen der Institutionendatei dürfte in der Zukunft erheblich niedriger sein, da in bezug auf den institutionalen Aspekt sozialwissenschaftlicher Forschung eine relative Vollständigkeit dieser Datei erreicht wird. Die (verhältnismäßig hohe) Änderungsrate bezieht sich in etwa gleichen Teilen auf Zählungen (zurückgesandter Erhebungsbogen) und "echte" Adressenänderungen. Die große Anzahl von Adressenänderungen ist durch die laufenden Veränderungen der Organisationsstruktur des Hochschulbereiches begründet.

(8) Eine Übernahme dieser Datei als "GOLEM-Datei" ist geplant.

(9) Die Anzahl der Beschreibungsmerkmale war nicht immer so hoch, sondern hat sich laufend im Zuge der Entwicklung des Informationssystems erhöht. Drei der 46 Kategorien werden datenbankintern generiert.

(10) Bei Direktanfragen gehören hierzu fast alle Kategorien, die Klassifikationsmerkmale enthalten; dies trifft jedoch nicht zu für die quantitativen Analysen (siehe auch Kapitel III), wo insbesondere die Klassifikationsmerkmale Informationsträger darstellen.

(11) 1977 bestand ein Datensatz dieser Datei aus 32 Merkmalskategorien (26 Deskriptoren - 6 Textkategorien), davon waren 15 Pflichtkategorien (ohne die datenbankintern generierten Kategorien). 1978 wurde eine Strukturverbesserung der Auswertungseinheiten durch eine Differenzierung in kleinere Elemente vorgenommen; besonders daher rührt das Anwachsen auf 46 Kategorien 1978.

(12) Die Anfragen-/Auskunftsdatei wird erst seit 1976 geführt.

(13) Siehe jedoch die Entwicklungsperspektiven für diese Datei in Kapitel IV.

(14) In den Tabellen sind die drei datenbankintern generierten Kategorien nicht berücksichtigt.

(15) Die geringe Anzahl der freien Deskriptoren in dieser Datei beruht auf der Verwendung von Deskriptorenketten (zur Darstellung der thematischen Zusammenhänge einer Anfrage in KWOC-Listen).

(16) Bei Anfragen, in denen mehrere unterschiedliche Themen und/oder Sachverhalte nachgefragt wurden, wurde in bezug auf diese Zählung jeder einzelne Sachverhalt berücksichtigt.

(17) Recherchiert wurden insgesamt noch mehr Datensätze, da aufgrund einer intellektuellen Nachselektion nicht alle recherchierten Zielinformationen an den Anfrager weitergegeben werden.

(18) Aufgrund der Erschließung weiterer Informationsquellen und des dadurch erreichbaren kontinuierlicheren Inputs ist eine Umstellung auf kürzere Intervalle vorgesehen.

(19) Ein Magnetbandaustausch ist noch nicht realisiert, weil entweder keine gemeinsamen Austauschformate bestehen oder die Einrichtungen (noch) nicht mit EDV arbeiten.

(20) Diese Integrationsabsicht trägt gleichzeitig der Komplexität der Forschungsdokumentation Rechnung. Meyer-Uhlenried schreibt der Dokumentation von Vorgängen, zu der er auch die Dokumentation von Forschungsvorhaben rechnet, innerhalb von sieben Komplexitätsstufen für unterschiedliche Informationstypen den Komplexitätsgrad fünf zu.

(21) Ansätze hierzu bestehen bereits, z.B. in der Kennzeichnung des Praxisbezugs einer Forschungsarbeit durch 16 verschiedene Merkmalsausprägungen.

(22) Diese Informationskategorien sind zum Teil explizit, zum Teil implizit, bereits in der Forschungsdokumentation des INFORMATIONSZENTRUMS SOZIALWISSENSCHAFTEN angelegt. Es scheint daher möglich, diesen Dokumentationsprozeß weiter zu untergliedern und beispielsweise eine Expertendokumentation und/oder eine Institutionendokumentation aufzubauen. Diese Untergliederung wäre nach Meyer-Uhlenried (1973) auch deswegen sinnvoll und notwendig, weil das Verhältnis von fakultativen Auswertungselementen zu obligatorischen Elementen nicht ausgewogen ist; es überwiegen die fakultativen Elemente, was zu einer erhöhten Komplexität der Auswertungsregeln führt, die durch eine Untergliederung in weitere Dokumentationsarten aufgehoben werden könnte.

(23) Eine Berücksichtigung bei ODIN ist vorgesehen.

(24) Diese Kennziffer - als Maß für die "precision" des Rechercheurs/Informationsvermittlers (entspricht nicht der "precision" für den Anfrager) - konnte bisher nur im nachhinein für den Vorjahreszeitraum festgestellt werden.

Literaturhinweise

INFORMATIONSZENTRUM SOZIALWISSENSCHAFTEN, Aufgaben und Dienstleistungen. Hrsg. INFORMATIONSZENTRUM SOZIALWISSENSCHAFTEN, Bonn, November 1978

Kistermann, F.W., Dokumentation und elektronische Datenverarbeitungssysteme, in: Rul Gunzenhäuser, Nicht-numerische Informationsverarbeitung, Beiträge zur Behandlung nicht-numerischer Probleme mit Hilfe von Digitalrechenanlagen, Springer Verlag, Wien und New York, 1968, Seite 345 bis 366

Kunz, Werner, Angewandte Informationswissenschaft und prototypische Systementwicklung, in: Informationswissenschaft, Stand, Entwicklung, Perspektiven - Förderung im IuD-Programm der Bundesregierung, R. Oldenbourg Verlag München·Wien, 1978

Lutz, Theo, Planung und Überwachung von Projekten mit Hilfe von Computern, in: Rul Gunzenhäuser, Nicht-numerische Informationsverarbeitung, Beiträge zur Behandlung nicht-numerischer Probleme mit Hilfe von Digitalrechenanlagen, Springer Verlag, Wien und New York, 1968, Seite 222 bis 250

Lutz, Theo und Klimesch, Herbert, Die Datenbank im Informationssystem, Oldenbourg Verlag München Wien, 1971

Merten, Hannes, Datenbankorganisation, Arbeitsweise, Entwicklung und Einsatz von Datenbanksystemen, Verlagsgesellschaft Rudolf Müller, Köln-Braunsfeld, 2. Auflage 1974

Meyer-Uhlenried, Karl-Heinrich, Der Entwurf von Informationssystemen, Grundlagen und Hilfsmittel, DGD-Schriftenreihe Band 2, Verlag Dokumentation, Pullach bei München, 1973

Rittel, Horst W., Aufgaben und Schwerpunkte informationswissenschaftlicher Forschung, in: Informationswissenschaft, Stand, Entwicklung, Perspektiven - Förderung im IuD-Programm der Bundesregierung, R. Oldenbourg Verlag München·Wien, 1978

Siemens-System 7·000, Siemens-System 4004, Softwareprodukt GOLEM (BS 2000), Großspeicherorientierte, listenorganisierte Ermittlungsmethode, Teil 2 Datenwiedergewinnung Bedienungsanleitung, 3. Ausgabe März 1978

Steinacker, Ivo, Dokumentationssysteme, Dialogfunktionen und Systementwurf, Verlag Walter de Gruyter & Co., Berlin, New York, 1975

Wedekind, Hartmut, Datenorganisation, Walter de Gruyter & Co., Berlin 1970

Anhang 1

INFORMATIONSZENTRUM SOZIALWISSENSCHAFTEN

LENNÉSTRASSE 30 - 5300 BONN 1 - TELEFON (0 22 21) 63 10 24

ERHEBUNG

Das INFORMATIONSZENTRUM SOZIALWISSENSCHAFTEN **bittet**

um Mitteilung aller 1978 geplanten, laufenden und abgeschlossenen **Forschungs- und Entwicklungsarbeiten** (Arbeiten von Institutionen und Forschern, Auftragsforschung, Habilitationsschriften, Dissertationen, Diplom- und Magisterarbeiten):

- Arbeiten aus allen Bereichen der **Sozialwissenschaften,**
- Arbeiten mit sozialwissenschaftlichem Bezug aus anderen Fachbereichen.

Bitte berichten Sie auch über bereits im Vorjahr mitgeteilte Arbeiten, falls diese 1978 fortgesetzt wurden.

Durch Ihre Mitteilung tragen Sie zur Verbesserung der wissenschaftlichen Kommunikation im Bereich Sozialwissenschaften bei. Die Ergebnisse dieser Erhebung werden unter verschiedenen Aspekten ausgewertet. Eine Übersicht über die Dienstleistungen der beteiligten Institutionen (ADSF) enthält das beiliegende Informationsblatt.

Das INFORMATIONSZENTRUM SOZIALWISSENSCHAFTEN erhebt für und wird fachlich beraten vom

ARBEITSKREIS FÜR DIE DOKUMENTATION SOZIALWISSENSCHAFTLICHER FORSCHUNG (ADSF)

Deutsches Jugendinstitut e.V., München

Deutsches Zentrum für Altersfragen e.V., Berlin

Informationsverbundzentrum RAUM und BAU der Fraunhofer Gesellschaft e.V., Stuttgart

Institut für Arbeitsmarkt- und Berufsforschung der Bundesanstalt für Arbeit, Nürnberg

Leitstelle Politische Dokumentation an der FU Berlin, Berlin

Max-Planck-Institut für Bildungsforschung, Berlin

Pädagogisches Zentrum Berlin, Berlin

QUANTUM-Arbeitsgemeinschaft für Quantifizierung und Methoden in der historisch-sozialwissenschaftlichen Forschung e.V., Köln

Schweizerische Gesellschaft für Soziologie, Lausanne

Zentralarchiv für empirische Sozialforschung der Universität zu Köln, Köln

Zentralinstitut für sozialwissenschaftliche Forschung der FU Berlin, Berlin

Das INFORMATIONSZENTRUM SOZIALWISSENSCHAFTEN unterhält, um Mehrfacherhebungen zu vermeiden und Ergebnisse auszutauschen, Kooperationsabsprachen mit folgenden Einrichtungen:

Arbeitskreis Universitäre Erwachsenenbildung e.V., Hannover

Bundesarbeitsgemeinschaft für Rehabilitation, Frankfurt

Bundesforschungsanstalt für Landeskunde und Raumordnung, Bonn - Bad Godesberg

Bundeszentrale für politische Bildung, Bonn

Centre d Études Européennes, Université de Louvain, Louvain, Belgien

Deutsche Gesellschaft für Friedens- und Konfliktforschung e.V., Bonn - Bad Godesberg

Deutsche Gesellschaft für Publizistik und Kommunikationswissenschaft, Bonn-Lessenich

Deutsche Stiftung für Internationale Entwicklung – Zentrale Dokumentation –, Bonn

Dokumentationszentrum für Informationswissenschaften in der Deutschen Gesellschaft für Dokumentation e.V., Frankfurt

Dokumentation Rechtstatsachenforschung/Kriminologie des Bundesministeriums der Justiz, Bonn - Bad Godesberg

European Institute for Advanced Studies in Management, Brüssel

Hochschule Speyer: Rechtspolitikforschung, Speyer

Informations- und Dokumentationssystem zur Umweltplanung (UMPLIS) im Umweltbundesamt, Berlin

Institut für Dokumentation und Information über Sozialmedizin und öffentliches Gesundheitswesen, Bielefeld

Kommission Sonderpädagogigk der Deutschen Gesellschaft für Erziehungswissenschaften e.V., Saarbrücken

Zentralstelle für Agrardokumentation und -Information, Bonn - Bad Godesberg

Bitte d

1. Institution(en), in deren Rahmen die Forschungsarbeit durchgeführt wird (z. B. Institut, Referat, Fachbereich, Lehrstuhl) *
Bezeichnung/Name, Anschrift, Telefon:

Interne Angaben zur

DN

RN

2.1 Bearbeiter, Vor- und Zunamen sowie akademische Grade (Leiter bitte unterstreichen): **

2.2 Bei Arbeiten zur Erlangung eines akademischen Grades: Vor- und Zuname sowie akademische Grade des Betreuers (Doktorvater o. ä.):

3. Kontaktperson für Rückfragen (Telefon/App.-Nr.):

4. Stand der Forschungsarbeit am 31. 12. 1978:

abgeschlossen . ☐ geplant . . . ☐ unterbrochen ☐ .... seit
laufend . . . . ☐ abgebrochen . ☐ .... Wiederaufnahme geplant zum

5. Laufzeit von .... (Monat/Jahr) bis .... (Monat/Jahr) ungefährer Zeitpunkt der schriftlichen Fixierung des Ergebnisses

6. Art (Mehrfachankreuzungen möglich):

Auftragsforschung . ☐ Habilitationsschrift . ☐ Gutachten ☐
geförderte Forschung ☐ Dissertation . . . ☐ sonstiges ☐ ....
Eigenprojekt von **1.** . ☐ Diplomarbeit . . . ☐
Eigenprojekt von **2.1** . ☐ Magisterarbeit . . ☐ ....

7. Hat die Forschungsarbeit einen **Auftraggeber?** ja ☐ nein ☐
Wenn ja, bitte genaue Bezeichnung und Anschrift angeben:

8. Wer trägt die **Kosten** der Forschungsarbeit? (Mehrfachankreuzungen möglich)

Die in Frage **1** genannte Institution . . . ☐ andere Geldgeber ☐ .... Bitte Bezeichnung und Anschrift
Bearbeiter . . . . ☐
Auftraggeber . . . . ☐ ....
Deutsche Forschungsgemeinschaft . . . ☐ Stipendium . . . ☐ .... Bezeichnung und ggf. Anschrift
bzw. Sonderforschungsbereich der DFG . ☐
Stiftung Volkswagenwerk . . . . ☐ ....

*) Bei Forschungsarbeiten ohne Verbindung mit einer Institution Name des durchführenden Forschers. Bei Arbeiten zur Erlangung eines akademischen Grades außerdem Bezeichnung der Institution des Betreuers.

**) Bitte machen Sie bei interinstitutionellen Forschungsvorhaben deutlich, welcher Bearbeiter welcher Institution angehört, bzw. nennen Sie die „Heimatinstitution".

INFORMATIONSZENTRUM SOZIALWISSENSCHAFTEN
Erhebung 1978

9. (Arbeits-) **Titel** der Forschungsarbeit:

10.1 ggf. **Zeitraum** (z. B. 1933 bis 1945), auf den sich die Forschungsarbeit bezieht:

10.2 ggf. **Geographischer Raum** (z. B. Köln, Bayern, Kenia):

11.1 **Inhaltliche Ziele** (spezielle Fragestellungen, Hypothesen, Praxisbezug), **Ergebnisse**/Zwischenergebnisse:

11.2 **Schlagwörter** zum Inhalt als Suchbegriffe für Register:

---

12. Liegen aktuelle (Teil-) **Veröffentlichungen** der Arbeit vor (z. B. Buch, Aufsatz)? ☐ ja ☐ geplant ☐ nein
Wenn ja, bitte bibliographische Angaben (Verfasser, Titel, Ort, Verlag, Jahr):

---

13. Liegen nichtveröffentlichte (Zwischen-) **Berichte,** Manuskripte, Arbeitspapiere vor? ja ☐ nein ☐
Wenn ja, bitte bibliographische Angaben (Verfasser, Titel, Jahr):

Bitte geben Sie in den folgenden Fragen Auskunft über die **Vorgehensweise.** Machen Sie Angaben **auch bei theoretischen** Forschungsarbeiten.

14. Methodische Anlage (Vorgehensweise, Untersuchungsart, theoretischer Ansatz, etc.):

15. Verfahren zur Datengewinnung:

	Stichproben-größe	Beschreibung der Grundgesamtheit	Auswahl-verfahren *
1. Interview – Einzelinterview ☐			
– Gruppeninterview ☐			
– Expertengespräch ☐			
2. Schriftl. Befragung ☐			
3. Beobachtung ☐			
4. Akten-, Dokumentenanalyse ☐			
5. Inhaltsanalyse ☐			
6. Sekundäranalyse maschinenlesbarer Daten ☐			
7. Experiment ☐			
8. Test ☐			
9. Sonstige Verfahren .... ☐			

* Geben Sie bitte an: Total = 1, Random = 2, Quota = 3, Willkürlich = 4, sonstiges = 5

16. Benutzte **Unterlagen** (z. B. Statistiken, Akten, Archivmaterial), nähere Beschreibung, ggf. Datenquellen:

17. Nähere Angaben zur **Auswertung,** insbesondere zu den Fragen 15 und 16, z. B. Kartierung, Relevanzbaum. Statistische Verfahren bitte spezifizieren (z. B. Regressionsanalyse):

18. Liegen Daten aus Erhebungen in **maschinenlesbarer** Form vor? ja ☐ Übertragung geplant ☐ nein ☐
Wenn ja, welche Datenträger: Lochkarten ☐ Magnetbänder ☐ andere .... ☐
Sind Sie damit einverstanden, das maschinenlesbare Material an Quantum e.V., Köln, bzw. an das Zentralarchiv für empirische Sozialforschung Köln, abzugeben? ja sofort ☐ zu einem späteren Zeitpunkt ☐ .... (Monat/Jahr) nein ☐

Vielen Dank!

INFORMATIONSZENTRUM SOZIALWISSENSCHAFTEN
Erhebung 1978

Anhang 2: Merkmalsschema Forschungsdatei

Kategoriename	Kategorie-Inhalt
DESKRIPTORENKATEGORIEN	
KEN	von der Datenbank generierte GOLEM-interne Kennziffer einer Zielinformation
ANZ	von der Datenbank generierter (frei definierbarer) Wahldeskriptor
E-DAT	Zeitpunkt der Speicherung (datenbankintern)
SEL	Kennzeichnung von Dokumentationseinheiten für bestimmte gedruckte Dienste
JAHR	Jahr der Erhebung der Forschungsinformation
NR	6-stellige Dokumentnummer (Hauptordnungskriterium)
RNR	Rückverweisnummer zur Duplizitätskontrolle
"FREIE DESKRIPTOREN"	Sach- und topographische Schlagwörter einschl. Eigennamen. Kennzeichnung der Schlagwörter für die Register gedruckter Dienste.
BEREICH	inhaltliche Klassifikation der Forschungsarbeit und Zeitraum, auf den sie sich bezieht
LAND	Land der forschenden Institution
ORT	Sitz der forschenden Institution
INR	Kennziffer der forschenden Institution
INSTITUTION	Name und Adresse der forschenden Institution
IKLASS	Klassifikation der forschenden Institution nach ihrer Rechts- bzw. Organisationsform
IKLASS-D	Klassifikation des Forschungsbereichs der Institution
AUTOR	Name und akad. Grad des (der) Projektbearbeiter
LEITER	Name und akad. Grad des Projektleiters
BETREUER	Name und akad. Grad des Betreuers
KONTAKT	Name und Tel.-Nr. der Kontaktperson oder -stelle für Rückfragen
ART	Angaben zur Finanzierungssituation und/oder zum akademischen Status der Arbeit
START	Zeitpunkt des Beginns der Forschungsarbeit
ENDE	Zeitpunkt der Beendigung der Forschungsarbeit
ANR	Kennziffer des Auftraggebers
AUFTRAG	Name und Adresse des Auftraggebers
AKLASS	Klassifikation des Auftraggebers nach seiner Rechts- bzw. Organisationsform
FNR	Kennziffer der finanzierenden Stelle

Kategoriename	Kategorie-Inhalt
FINANZ	Name und Adresse der finanzierenden Stelle oder Hinweis auf die Finanzierungsquelle
FKLASS	Klassifikation der finanzierenden Stelle nach ihrer Rechts- bzw. Organisationsform
LITERATUR	Hinweis, ob Veröffentlichungen oder nicht veröffentlichte Arbeitspapiere vorliegen
METHODE	Charakterisierung der Vorgehensweise und/oder der Verfahren zur Datengewinnung
UNTERSU-CHUNGSEINHEIT	Verschlagwortung der Untersuchungseinheit(en) beim empirischen Arbeiten
AUSWERTUNG	Klassifikation der Verfahren zur Datenauswertung
DV-DATEN	Angaben zu maschinenlesbaren Datenträgern und zur Weitergabe des Materials
DATENNACHWEIS	Vernetzungskategorie für ein Datennachweissystem
QNR	Dokumentnummer der dokumentarischen Bezugseinheit in einer fremden Datenbasis
QUELLE	Bezeichnung der Quelle, auf der die Information über das Projekt beruht

TEXTKATEGORIEN

TITEL	Originaltitel der Forschungsarbeit
UNTERSUCHTER ZEITRAUM	Angaben des Autors zum Zeitraum, auf den sich die Forschungsarbeit bezieht
GEOGRAPHI-SCHER RAUM	Angaben des Autors zum geographischen Raum, auf den sich die Arbeit bezieht
INHALT	Angaben des Autors zu den inhaltlichen Zielen, Ergebnissen und dem Praxisbezug der Arbeit
VEROEFFENT-LICHUNG	bibliographische Angaben der Veröffentlichungen zur Forschungsarbeit
ARBEITSPAPIER	(bibliographische) Angaben zu nichtveröffentlichten Berichten o.ä.
VORGEHENSWEISE	Angaben des Autors zur methodischen Anlage
DATENGEWINNUNG	Angaben des Autors über Verfahren zur Datengewinnung (Stichprobengröße, Grundgesamtheit und Auswahlverfahren)
BENUTZTE UNTERLAGEN	Beschreibung des Autors zu den benutzten Quellen
AUSWERTUNG	Angaben des Autors zu (statistischen) Auswertungsverfahren

Anhang 3: Merkmalsschema Anfragen-/Auskunftsdatei

Kategoriename	Kategorie-Inhalt
ANFRAGENTEIL	
JAHR	Jahr, in dem die Anfrage gestellt wurde
ANR	6-stellige Anfragennummer
EIN	Eingangsdatum der Anfrage
NAME	Name, Vorname und akad. Grade des Anfragers
INSTI-TUTION	Name und Adresse der anfragenden Einrichtung
INR	Kennziffer der anfragenden Einrichtung
LAND	Land, aus dem die Anfrage kommt
PLZ	Postleitzahl des Ortes der Anfrage
ORT	Ort, aus dem die Anfrage kommt
BEREICH	organisatorisch-rechtlicher und/oder beruflicher Bereich des Anfragers oder der anfragenden Institution
GEBIET	Klassifikation des Fachgebiets der Institution
ZWECK	Klassifikation des Verwendungszweckes der angefragten Materialien
FORMIN	Angabe der Form der Anfragestellung
ART	Klassifikation der Art des gewünschten Materials
KRITIK	Angaben zu Kritik an IZ-Dienstleistungen
THEMA	Inhaltliche Klassifikation des Anfrage-Themas
"FREIE DESKRIP-TOREN"	Verschlagwortung des Themas der Anfrage durch freie Deskriptoren (Schlagwort-Ketten)
AUSKUNFTSTEIL	
AUS	Datum der Auskunftserteilung
FORMOUT	Klassifikation der Form der Informationsabgabe
CA	Anzahl der verschickten Computerausdrucke
ZIOUT	Anzahl der nachgewiesenen Zielinformationen (berechnet, kostenlos und insgesamt)
KOSTEN	Rechnungsbetrag, aufgeschlüsselt nach IuD-Produkten
BETRAG	Gesamtrechnungsbetrag mit "Bezahlt-Vermerk"
ZIGO	Anzahl der insgesamt recherchierten Zielinformationen
DOK	Jahrgangsangabe bestellter gedruckter Dienste
EB	Anzahl verschickter Fotokopien
BROSCH	Angabe über Allgemeininformationen, z.B. IZ-Broschüre
VERWEIS	Angabe der IuD-Einrichtungen, an die der Anfrager weiter verwiesen wurde bzw. auf die er zusätzlich hingewiesen wurde

Zusätzlich drei datenbankinterne Kategorien (siehe auch Anhang 2).

Anhang 4

INFORMATIONSZENTRUM SOZIALWISSENSCHAFTEN, 53 BONN SEITE: 0002

NR: 780126

Informationssystem(01*02, 03)/ EDV(02)/ Management(03*01)/ Unternehmen(04)/ Benutzerverhalten(05)/ Innovation(06)/ BRD(13)/ Grossbritannien(14)/ Daenemark(15)/ Oesterreich(16)/ USA(17)

INSTITUTION:	UNIVERSITAET KOELN WIRTSCHAFTS- UND SOZIALWI/ SSENSCHAFTLICHE FAKULTAET PROJEKTGRUPPE MANA/ CO(D-5000 KOELN 41, BERRENRATHER STRASSE 138/)
AUTOR:	Kubicek(Herbert, Prof.Dr.)/ Gruemer(Karl-W., Dipl.-Vw.)/ Mueller-Boehling(Detlef B., Dr.)/ Lippold,(Heiko, Dipl.-Kfm.)/ Reindl(Elmar, Dipl.-Kfm.)
LEITER:	Grochla(Erwin, Prof.Dr.)/ Scheuch(Erwin K., Prof.Dr.)/ Szyperski(Norbert, Prof.Dr.)
KONTAKT:	Lippold(Heiko, Dipl.-Kfm.)/ Reindl(Elmar, Dipl.-Kfm. 0221-411210)
ART:	gefoerdert
START:	7512
ENDE:	7807
AUFTRAG:	nein
LITERATUR:	Veroeffentlichung/ Arbeitspapier/ Liste
METHODE:	empirisch/ Feldforschung/ Laengsschnitt/ internationaler Vergleich

=TITEL: Computergestuetzte Informationssysteme und Management. Eine international vergleichende Analyse.
=GEOGRAPHISCHER RAUM: Bundesrepublik Deutschland (Parallelprojekte in GB, DK, A und USA).
=INHALT: Systematische Erfassung objektiver Veraenderungen in bezug auf Aufgaben, Machtverhaeltnisse und Computerfazilitaeten sowie die subjektive Einschaetzung dieser Veraenderungen durch die betroffenen Benutzer integrierter computergestuetzter Informationssysteme; Schwerpunkt: Auswirkungen auf der Managementebene. Praxisbezug: Erkenntnisse organisatorischer und verhaltensbezogener Probleme des Einsatzes von computergestuetzten Informationssystemen im Managementbereich.
=VEROEFFENTLICHUNG: geplant.
=ARBEITSPAPIER: ja.
=VORGEHENSWEISE: Feldforschung, retrospektive Laengsschnittanalyse.
=DATENGEWINNUNG: Einzelinterview (Stichprobe: 179; betroffene Manager, Mitarbeiter, Systemspezialisten; Auswahlverfahren: willkuerlich). Befragung (Stichprobe: 130; betroffene Manager; Auswahlverfahren: willkuerlich).
=AUSWERTUNG: deskriptive Statistik (SPSS).

Brigitte Endres-Niggemeyer

Aufbau einer Forschungsdokumentation für Informationswissenschaft mit FIDAS

Zusammenfassung

Im Auftrag des UNESCO-Informationssystems ISORID wird eine informationswissenschaftliche Forschungsdokumentation für die Bundesrepublik Deutschland aufgebaut. Sie wird als integrierte Datenbank mit dem Datenbanksystem FIDAS betrieben. Der Arbeitsablauf bei der Beschaffung, der Eingabe, Speicherung und Ausgabe der Daten wird beschrieben, Probleme der Indexierung und der Datenbankorganisation in der Forschungsdokumentation werden kurz erörtert.

Abstract

A research documentation for information science in the Federal Republic of Germany is being built up in connection with the UNESCO information system ISORID. It uses an integrated data bank. The data bank management system used is FIDAS. The process of providing, preparing and indexing data, as well as its storage and output, is described. Some problems of indexing and data base organization in research documentation are briefly discussed.

Die Informationswissenschaft ist eine noch junge Wissenschaft mit umstrittenem und unscharfem Profil. Die Ansätze zu einer informationswissenschaftlichen Forschungsdokumentation, die eine systematische Übersicht über die wissenschaftlichen Aktivitäten des Fachgebiets ermöglicht, reichen ein knappes halbes Jahrzehnt zurück. Was hier berichtet werden kann, betrifft daher die erste Aufbauphase der Forschungsdokumentation im früheren Dokumentationszentrum für Informationswissenschaft (ZDOK), das mit Ende des Jahres 1978 in das Informationszentrum (IZ) der Gesellschaft für Information und Dokumentation (GID) übergegangen ist. Die Lösungen, die benutzt werden und in diesem Bericht beschrieben sind, wurden in einer konkreten Ausgangssituation seit 1976 entwickelt. Sie soll zum besseren Verständnis der Gesamtbeschreibung kurz dargestellt werden.

Literaturdokumentation zur Informationswissenschaft (IuD-Wesen, Bibliotheks-, Archivwesen, Systemforschung, Kommunikationsforschung, Publizistik, Informationstechnologie, Computerlinguistik, Reprographie u.ä.) wird in der Bundesrepublik schon länger betrieben. Sie ist zentral im GID-Informationszentrum angesiedelt. Ihre Anfänge bei ZDOK reichen bis in das Jahr 1966 zurück. (Näheres findet sich bei J. Port, DFW, Sonderheft zum Deutschen Dokumentartag 1978, S. 11 ff.)

Für den Aufbau der Forschungsdokumentation waren bei ZDOK dokumentarische Arbeitsmittel und fachlich einschlägige Erfahrung aus der Literaturdokumentation vorhanden. Insbesondere gab es als Ordnungs- und Beschreibungsmittel schon eine Schlagwortliste und eine Klassifikation. Es lag nahe, sie auch für die Forschungsdokumentation des gleichen Sachgebietes zu verwenden.

Forschungsprojektdokumentation gibt es ebenfalls schon länger in der Bundesrepublik. Seit 1969 erscheinen jährliche Projektdokumentationen zuerst im sozialwissenschaftlichen Bereich. Dort liegt auch heute noch der Schwerpunkt der Aktivitäten in der Forschungsdokumentation, nur daß sich das Gebiet zugunsten von Spezialdokumentationen (Politikwissenschaft, Arbeitsmarkt- und Berufsforschung, Regionalplanung, Geriatrie usw.) stärker aufgefächert hat. Ein Abriß der Entwicklung findet sich in der Einleitung zur "Forschungsdokumentation zur Arbeitsmarkt- und Berufsforschung" des Instituts für Arbeitsmarkt- und Berufsforschung (IAB).

Solange noch keine Spezialdokumentation zur Informationswissenschaft bestand, wurden informationswissenschaftliche Projekte, soweit sie anfielen, vom jetzigen Informationszentrum Sozialwissenschaften (IZ) und dem Arbeitskreis für die Dokumentation sozialwissenschaftlicher Forschung (ADSF) mitbetreut.

Einen weiteren Beitrag zur Projektdokumentation in der Informationswissenschaft leistete die Fédération Internationale de Documentation (FID), die auch in der Bundesrepublik Projekterhebungen durchführte und die Ergebnisse regelmäßig veröffentlichte.

Seit 1972 baut die UNESCO im Rahmen ihres General Information Program unter dem Namen ISORID (International Information System on Research in Documentation) ein internationales Informationssystem für Forschungs- und Entwicklungsvorhaben im Archiv-, Bibliotheks- und Dokumentationswesen auf. 1973 übernahm ZDOK die Funktion eines nationalen Datensammelzentrums für ISORID. Mit diesem internationalen Auftrag wurde der Aufbau einer informationswissenschaftlichen Forschungsdokumentation begonnen.

Sie sollte von Anfang an erweiterungsfähig angelegt sein und mehr umfassen als eine reine Projektdokumentation. Zunächst wurde sie als integrierte Projekt-, Institutionen- und Expertendokumentation angelegt:

> Die Projektdatei enthält Daten über geplante, laufende und vor kurzem abgeschlossene Forschungs- und Entwicklungsprojekte, die Forschern, Forschungsplanern und anderen fachlich Interessierten einen Überblick über die aktuellen Forschungsarbeiten vermitteln. Diese Daten werden in Auswahl an ISORID weitergegeben.
>
> Ergänzend bietet die Expertendatei fachbezogene Daten über Fachleute auf dem Gebiet der Informationswissenschaft, die Auskünfte geben, Vorträge halten, Forschungs- und Entwicklungsprojekte übernehmen können usw. Da es sich hier um personenbezogene Daten handelt, stellt sich neben allen anderen Problemen auch die Frage nach geeigneten Datenschutzmaßnahmen.

Die Institutionendatei sammelt Daten über die organisatorischen Einheiten des Fachgebietes. Aktuellen Informationsbedürfnissen entsprechend enthält sie Daten über internationale IuD-Gremien.

Zwischen Fachleuten, Organisationen und Forschungsvorhaben des IuD-Wesens bestehen offensichtlich inhaltliche Zusammenhänge: So werden Forschungsprojekte von Institutionen getragen und von Fachleuten durchgeführt. Diese sachlichen Zusammenhänge sollen in der Dokumentation möglichst als logische Verknüpfungen in den Daten benutzbar sein. Zu ihrer Darstellung benötigt man auch bei kleineren Datenmengen ein rechnergestütztes System. Deshalb wurde die Forschungsdokumentation in Form einer Datenbank eingerichtet, die mit dem von der Gesellschaft für Mathematik und Datenverarbeitung (GMD) entwickelten Datenbanksystem FIDAS verwaltet wird.

Im folgenden soll sich die Beschreibung auf den wichtigsten Teil der Forschungsdokumentation, die Projektdatei, konzentrieren. Beim Aufbau waren im wesentlichen folgende Teilaufgaben zu lösen:

1. Die Datenbeschaffung mußte vorbereitet und in Gang gesetzt werden.
2. Ein System zur Bearbeitung, Speicherung und Ausgabe der Daten war einzurichten, das sich auf das Datenbanksystem FIDAS mit weni Anschlußprogrammierung stützt.
3. Geeignete Wege und Formen zur Verbreitung der Daten mußten gefunden werden.

Dabei war in vielen Einzelpunkten auf die Koordinierung der eigenen Arbeit mit den Tätigkeiten anderer Stellen zu achten. Auch die Integration der Forschungsdokumentation mit der schon bestehenden Literaturdokumentation muß so weit wie möglich berücksichtigt werden. Probleme macht die Koordinierung insbesondere bei der Definition der dokumentierten Datenelemente, der zeitlichen Abstimmung der Datenerhebung mit kooperierenden Stellen, der Ansetzung von Namen, der Indexierung.

1. <u>Datenbeschaffung</u>

Die Forschungsdokumentation beschäftigt sich mit Daten, die sich noch nicht in Form von Publikationen niedergeschlagen haben. Die Vertriebswege von Buchhandel und Bibliotheken kommen daher für die Datenbeschaffung nicht in Frage. Zudem sind Daten über Forschungs- und Entwicklungsprojekte im Verhältnis zu denen der Literaturdokumentation kurzlebig, so daß besonders auf einen möglichst geringen Zeitverzug bei der Beschaffung, Bearbeitung und Verbreitung der Informationen geachtet werden muß. Die Daten werden darum zum größten Teil direkt bei den Informationsproduzenten - forschenden Instituten und Firmen, seltener bei frei forschenden Wissenschaftlern - durch periodische Umfragen beschafft. Die Befragungen finden in etwa jährlichen Abständen statt. Eine ständige Fortschreibung der Daten wäre wünschenswert, läßt sich aber organisatorisch schwer realisieren.

Wesentliche Grundlagen der Datenerhebung sind ein Bestand fachlich einschlägiger Adressen und der Erhebungsbogen.

1.1 Aufbau des Adressenbestandes

Der Aufbau eines für die Datenerhebung geeigneten, möglichst vollständigen Adressenbestandes ist eine langfristige Aufgabe. Der vorhandene Bestand muß laufend gepflegt und erweitert werden. Er bildet den Kern einer Institutionendatei, die über die Adressen hinaus weitere Angaben zu fachlich einschlägigen Einrichtungen bietet.

Ein Anfangsbestand informationswissenschaftlicher Adressen wurde aus folgenden Quellen zusammengetragen:

- aus Verzeichnissen von Forschungs- und Entwicklungsprojekten wie dem Förderungskatalog des BMFT und des Instituts für Dokumentationswesen (IDW) und fachspezifischen Forschungsdokumentationen;
- aus Mitgliederverzeichnissen von Fachorganisationen wie der Deutschen Gesellschaft für Dokumentation (DGD), der Deutschen Gesellschaft für medizinische Dokumentation und Statistik (GMDS), den LDV-Fittings usw.;
- aus einschlägigen Verzeichnissen von Institutionen wie dem vom IDW herausgegebenen Verzeichnis deutscher Informations- und Dokumentationsstellen, dem Jahrbuch deutscher Bibliotheken, dem Handbuch "Archive im deutschsprachigen Raum";
- aus sonstigen Unterlagen wie Vorlesungsverzeichnissen, Verteilerlisten einschlägiger Normenausschüsse, Fachzeitschriften, eigenen Karteien, Angaben anderer Stellen, besonders der FID, deren deutsche Adressen übernommen wurden, und der Arbeitsstelle für das Bibliothekswesen.

Für die Entscheidung, welche Adressen einschlägig sind, braucht man Informationen über Forschungsaktivitäten, die man erst durch den Aufbau der Dokumentation nach und nach erwirbt. Die anfängliche Unsicherheit drückt sich in verhältnismäßig niedrigen Rücklaufquoten bei der Datenerhebung aus, die sich im Laufe der Arbeit schnell bessern: Bei der ersten Projekterhebung von ZDOK antworteten 52% der angeschriebenen Institutionen, bei der zweiten schon 68%.

Ein gepflegter Adressenbestand soll auch für den Informanten sicherstellen, daß er nicht unnötig mit zeitraubenden Fragebogen konfrontiert wird. Daher sollte der Bestand nicht nur möglichst vollständig und richtig die einschlägigen Adressen enthalten. Er muß auch mit den Beständen anderer Stellen abgestimmt sein, die auf angrenzenden Gebieten arbeiten, wenn unnötige Mehrfachbefragungen vermieden werden sollen. So wird auch bei der Adressenbearbeitung ein Koordinationsaufwand erforderlich, der bis in eine möglichst kompatible Ansetzung der Adressen hineinreicht, da nur so identische Adressen schnell und sicher erkennbar sind.

1.2 Fragebogenentwurf

Ein Erhebungsbogen soll in möglichst benutzernaher Form die Datenelemente beschreiben und aufnehmen, die für die Dokumentation eines Objektes, z.B. eines Forschungs- und Entwicklungsprojektes, für nötig gehalten werden. Er dient als Basis für die Weiterverarbeitung der Daten. Er muß die Daten deshalb schon in einer Form strukturieren, die sich leicht in die des zu speichernden Datensatzes überführen läßt.

Wird der endgültige Datenbestand von mehreren Kooperationspartnern gemeinsam benutzt, so ist bereits beim Erhebungsbogen auf Kompatibilität zu achten: Gemeinsam benutzte Datenelemente müssen gleich definiert sein, da mit verschiedenen Erhebungsbogen erfragte Angaben gemischt verwendet werden.

Welche Angaben erfragt werden, hängt von mehreren Faktoren ab: Fachgebiet, Verwendungszweck der Daten, Verarbeitungsmöglichkeiten, Auskunftswilligkeit der Informanten usw.

Für die Projektdokumentation mußte ein Erhebungsbogen entwickelt werden, der folgende Hauptbedingungen erfüllt:

1. Er muß die von der UNESCO für ISORID gewünschten Datenelemente enthalten.
2. Er muß kompatibel sein mit dem Fragebogen des wichtigsten Kooperationspartners, des Informationszentrums Sozialwissenschaften (IZ).
3. Er muß für die oft stark praxisorientierten informationswissenschaftlichen Projekte geeignet sein.

Der zur Zeit benutzte Erhebungsbogen ist im Anhang abgedruckt.

1.3 Datenerhebung

Neue Projektdaten werden durch eine jährliche Fragebogenaktion gewonnen. Sie wird koordiniert mit der Projekterhebung des ADSF und des Informationszentrums Sozialwissenschaften (IZ) durchgeführt. Die eigenen Erhebungsergebnisse werden durch Daten anderer Stellen (IZ, DAVOR u.a.) ergänzt. Bisher erbrachten die Erhebungen jeweils rund 400 Projektnachweise.

2. Bearbeitung, Speicherung und Ausgabe der Daten mit FIDAS

Die Daten der ZDOK-Forschungsdokumentation werden mit FIDAS gespeichert. Auch für die meisten Bearbeitungs- und Ausgabevorgänge wird FIDAS mit gutem Erfolg eingesetzt.

2.1 DV-Anforderungen in der Forschungsdokumentation

Für die Forschungsdokumentation ist nicht jedes Information-Retrieval-System geeignet. Die Anforderungen weichen teilweise von denen der Literaturdokumentation ab und sind eher mit denen eines betrieblichen Informationssystems zu vergleichen. Die Menge der zu speichernden Daten ist im allgemeinen kleiner als in der Literaturdokumentation. Dafür entsteht mehr Aufwand bei der Fortschreibung der Daten. Forschungs- und Entwicklungsprojekte entwickeln sich von Jahr zu Jahr weiter. Dem kann oft durch eine Veränderung bestehender Datensätze Rechnung getragen werden. Eine komplette Neuerfassung von Sätzen ist dann nicht erforderlich.

Einzelne Projektnachweise, die immer wieder im Laufe des Jahres zugehen, müssen online in die Datenbank eingetragen werden können. Schließlich fallen erfahrungsgemäß immer noch Korrekturarbeiten in der Datenbank selbst an, auch wenn man mit den Korrekturen so früh wie möglich ansetzt. Aus diesen Gründen braucht man in der Forschungsdokumentation möglichst komfortable Unterstützung bei der Datenpflege.

Während die Literaturdokumentation benutzerseitig meist mit einer Einheitsdatenstruktur auskommt, die das Kategorieschema der Dokumentationseinheit wiedergibt, besteht die Forschungsdokumentation aus mehreren inhaltlich aufeinander bezogenen Dateien mit unterschiedlicher Datenstruktur. Logische Verknüpfungen zwischen den Dateien lassen sich durch Datenelemente mit gleichem Inhalt herstellen. Diese Verknüpfungen sollte das System darstellen können. Sie werden bei der Datenauswertung benötigt, sobald man gleichzeitig Daten aus mehr als einem Datensatztyp (z.B. aus Projekt- und Institutionensätzen) sucht.

Die wichtigsten Verknüpfungen sind im Schema (Abb. 1) eingezeichnet. Braucht man für eine Auswertung beispielsweise die Information, welche Mitarbeiter von Projekten auch in DIN-Normenausschüssen mitwirken, so müssen zwei Datensatztypen logisch gekoppelt werden: In der Projektdatei werden die Namen von Projektmitarbeitern gesucht. Sie werden mit den zugehörigen Institutionendatensätzen verknüpft, die den gleichen Namen im Feld "Mitarbeiter" enthalten. Den so verbundenen Sätzen können sowohl die Informationen über die Mitarbeit bei Projekten als auch über die Mitarbeit bei Normenausschüssen entnommen werden.

Das zur Bearbeitung einer Forschungsdokumentation benutzte System muß auch komfortable Möglichkeiten zur Datenausgabe vorsehen. Forschungsdaten werden vor allem in Form von gedruckten Verzeichnissen an den Benutzer gebracht. Die Daten müssen also in die Form von Druckseiten gebracht und für den Satz vorbereitet werden. Dabei wird meist nur ein Auszug des vorhandenen Datensatzes benutzt, da sich nicht alle Daten zur Veröffentlichung eignen.

Die wichtigsten Suchhilfen in gedruckten Verzeichnissen sind Re-

Abbildung 1: Datenstruktur der Forschungsdokumentation

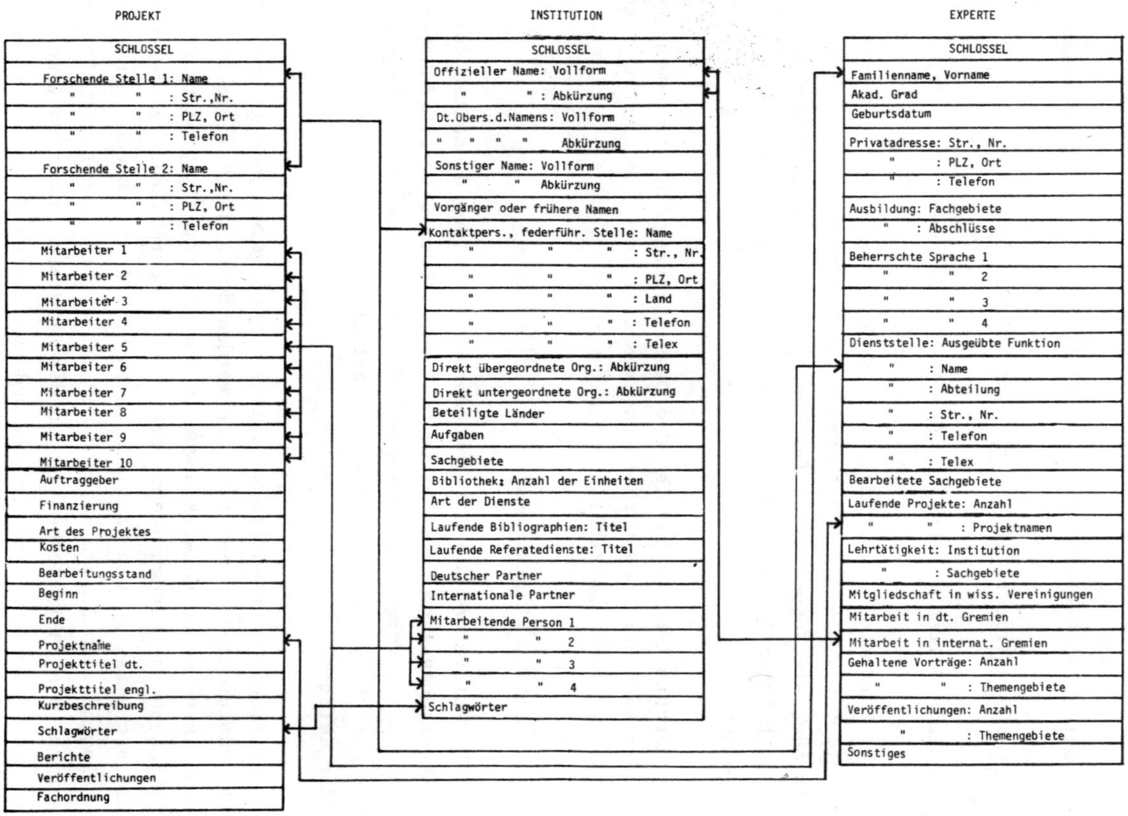

gister. Sie werden durch die Umorganisation von vorhandenen Datenelementen erzeugt. Die in der Literaturdokumentation häufigen individuellen Recherchen mit ihrem verhältnismäßig geringen Ausgabeaufwand spielen in der Forschungsdokumentation eine weniger wichtige Rolle, wohl vor allem, weil der Bestand der interessanten aktuellen Daten kleiner ist als in der Literaturdokumentation.

2.2 Dokumentarische Bearbeitung der Eingabedaten

Die ausgefüllten Erhebungsbogen müssen dokumentarisch bearbeitet werden, bevor sie maschinenlesbar erfaßt werden. Das betrifft einmal Korrekturen, Ergänzungen und Kürzungen. Sodann müssen Datenelemente, die als Registereinträge im späteren Projektverzeichnis oder als Koppelfelder für den Aufbau von Zugriffswegen zwischen Dateien in Frage kommen, auf eine einheitliche Ansetzungsform gebracht werden.

Der nächste Arbeitsgang ist die Deskribierung. Die Projektnachweise werden nach der ZDOK-Fachordnung klassifiziert und nach der ZDOK-Schlagwortliste inhaltlich erschlossen.

2.3 Probleme der inhaltlichen Erschließung

Zur Deskribierung der Forschungsprojekte werden dieselben dokumentarischen Arbeitsmittel benutzt wie in der Literaturdokumentation. Diese Vorgehensweise dient der Integration von Literatur- und Forschungsdokumentation; sie hat aber auch ihre problematische Seiten:

Klassifikation und Schlagwortliste werden vorwiegend in der Literaturdokumentation benutzt. Sie werden durch die übliche Fortschreibung neuen Entwicklungen in der Literatur angepaßt. Projektnachweise können jedoch schon neue Vorstellungen enthalten, die sich erst in ein paar Jahren in Veröffentlichungen niederschlagen, also in den Bereich der Literaturdokumentation fallen werden. Bis dahin kommen sie in der Literatur nicht vor, so daß bei stark überwiegender Literaturdokumentation kein ausreichender Anlaß besteht, eine Anpassung der Dokumentationssprache schon beim ersten Auftreten neuer Begriffe in der Forschungsdokumentation vorzunehmen. Die ZDOK-Schlagwortliste bietet keine syntaktischen Relationen, um Beschreibungen komplexer Strukturen nicht einheitlicher Objekte zu untergliedern oder die Struktur von Registereinträgen zu beeinflussen. Das liegt unter anderem daran, daß bei der bis vor kurzem benutzten Sichtlochkartei eine Darstellung solcher Relationen nicht möglich ist. Auch Projektbeschreibungen werden nur unter einem Gesichtspunkt verschlagwortet, dem Inhalt des Projekts, der dokumentarisch nicht weiter strukturiert werden kann. Die sogenannten formatierten Datenelemente (Finanzierung, Mitarbeiter u.ä.) stehen für sich selbst und brauchen keine dokumentarische Beschreibung. Kritisch wird es, wenn in einer Dokumentationseinheit zwei oder mehr Untereinheiten mit Textdaten stehen, die für die Suche unterschieden und getrennt indexiert werden müssen, wenn man sich nicht auf die Volltextsuche verlassen kann oder will. Ein einschlägiges Beispiel aus der Expertendokumentation sind Datenelemente wie "Derzeitige berufliche Tätigkeit" und "Themengebiete von Veröffentlichungen", die inhaltlich weit auseinander gehen können. Auch in der Projektdokumentation können z.B. zwischen den Inhalten der veröffentlichten Berichte und dem in der Kurzbeschreibung niedergelegten Projektinhalt große Differenzen bestehen. Sie werden bei der bisher durchgeführten inhaltlichen Erschließung nicht berücksichtigt, ebensowenig wie eine weitere Untergliederung des Inhalts vorgenommen wird. Eine unvollkommene inhaltliche Erschließung führt zu erhöhtem Suchaufwand bei schlechteren Suchergebnissen. Bei nicht zu großen Datenbeständen läßt sich ein solcher Mehraufwand sicher tolerieren.

Wo die inhaltliche Erschließung nicht ausreicht, kann man auf die Volltextsuche übergehen, die FIDAS ebenfalls ermöglicht. So wird ein Minus in der Deskribierung durch einen höheren Einsatz des Datenbanksystems, also durch längere Rechenzeiten, wieder ausgeglichen. Auch die Folgen der Indexierung mit einer syntaktisch armen Dokumentationssprache lassen sich auf der Ebene des Datenbanksystems zumindest mildern, indem man für die zu beschreibenden Einzelsachverhalte getrennte Schlagwortketten speichert. Diese Vorgehensweise wird vor allem dann interessant, wenn die Datenbasis relational organisiert wird, da dann die konventionellen, die Dokumentationseinheit repräsentierenden Sätze zugunsten kleinerer Einheiten aufgelöst werden.

2.4 Vorbereitung der Datenerfassung

Die bearbeiteten Daten werden so weit in eine datensatzgerechte Form gebracht, daß ein Programm die restlichen Schritte zur Überführung in ein Eingabeformat für FIDAS.STAPEL tun kann.

Mittel der Umformung ist das Datenerfassungsblatt in Verbindung mit der Erfassungsvorschrift. Es gibt den Aufbau des gespeicherten Datensatzes wieder. Hier bekommt jeder Datensatz einen Kopf mit den notwendigen Verwaltungsinformationen: Datenbankschlüssel, Fragebogennummer, Eingangsdatum. Das Datenerfassungsblatt nimmt alle Veränderungen und Zusätze auf, die der Bearbeiter am Inhalt des Erhebungsbogens anbringt. Ein Beispiel für einen ausgefüllten Erhebungsbogen mit Datenerfassungsblatt findet sich im Anhang.

Auf dieser Grundlage werden die Daten nach der Erfassungsvorschrift maschinenlesbar erfaßt. Es wird ein Belegleseverfahren mit OCR-B benutzt. Auf den OCR-Belegen kann die erste Korrektur gelesen werden. Die Datenerfassungsfirma liefert die Daten auf Magnetband ab.

2.5 Dateneingabe

Die weitere Verarbeitung beginnt mit dem Einlesen des Bandes. Da erfahrungsgemäß immer wieder Fehler die erste Korrektur überstehen und sich beim Korrigieren neue Fehler einschleichen, werden die Daten ausgedruckt und nochmals korrekturgelesen. Besonders Fehler in den Strukturdaten (Schlüssel, Feldnamen u.ä.) können zu schwerwiegenden Folgefehlern führen. Die Korrekturen werden interaktiv mit dem Dateiaufbereiter EDOR ausgeführt. Anschließend werden die Daten in das Eingabeformat für FIDAS.STAPEL umgesetzt. Nun können die Daten mit FIDAS.STAPEL interaktiv aus einer ISAM-Datei in die FIDAS-Datenbank eingegeben werden. Die Speicherung erfolgt gemäß dem von der Abbildung 1 gezeigten Schema.

2.6 Datenstruktur

FIDAS gehört zu den wenigen Datenbanksystemen, die die Realisierung des von E.F. Codd formulierten relationalen Datenmodells erlauben. Im Relationenmodell sind alle Datenelemente gleichgeordnet. Nach ihnen kann ohne Kenntnis vorgeschriebener Zugriffswege gesucht werden. Relationen, die als Datensätze dargestellt werden, sind kleine, logisch eng verbundene Gruppen von Datenelementen. Durch logisches Koppeln von Datensätzen, die ein bestimmtes Datenelement mit gleichem Wert haben, können je nach Bedarf benutzereigene Sätze definiert werden,die von den Sätzen der Datenbank abweichen oder über sie hinausgehen.

Die Struktur der FIDAS-Datensätze ist einfach. Sie bestehen aus Feldern, von denen eines, der Schlüssel, den Datensatz identifiziert. Die Felder haben eine feste Maximallänge, werden aber nur in der tatsächlich belegten Länge gespeichert. Sie können mit Hilfe von Trennzeichen in Unterfelder gegliedert sein, die in Anzahl und Länge von Satz zu Satz variieren. Wiederholungsgruppen von Datenfeldern sind nicht erlaubt.

Mit den von FIDAS gebotenen Möglichkeiten kam für die Forschungsdokumentation die im Schema der Abbildung 1 dargestellte Datenstruktur zustande. Reine Verwaltungsdatenfelder sind in der Zeichnung weggelassen. Die Pfeile geben die wichtigsten Wege für Koppelungen zwischen Dateien wieder.

Die Datenbasis ist, sieht man von der Ausnutzung der Koppelung ab, noch eher konventionell als relational organisiert.

2.7 Datenausgabe und Produktion des Projektverzeichnisses

Mit den FIDAS-Moduln SESOR und IREG können Recherchen durchgeführt und die Suchergebnisse in selbstdefinierten Formaten ausgedruckt werden.

Als wichtigste Ausgabe aus der Projektdatenbank wird zur Zeit das Projektverzeichnis produziert:

Mit FIDAS.SESOR werden Projektbeschreibungen aus der Projektdatenbank ausgewählt und in eine neue Datei geschrieben. Sie werden nach Fachordnung und forschender Stelle sortiert. Damit ist die richtige Reihenfolge für das zu druckende Verzeichnis hergestellt.

Die sortierte Datei ist die Grundlage für die Registererzeugung. Bei Personen-, Orts- und Institutionenregister verläuft der Arbeitsgang parallel: Die Registereinträge werden mit Verweisnummern den Sätzen der Grunddatei entnommen und umsortiert. Die Ergebnisse werden in den Registerdateien abgelegt.

Komplizierter ist die Prozedur, die das Schlagwortregister erzeugt. Sie entnimmt der Grunddatei alle Zweierpermutationen von Schlagwörtern, die sich aus der Schlagwortkette der Projekteinträge bilden lassen, und schreibt sie zusammen mit den Referenznummern in eine neue Datei. Diese Datei wird nach Schlagwörtern und Referenznummer dreistufig sortiert. Ergebnis ist die Schlagwortregister-Grunddatei. Sie wird nach intellektueller Durchsicht um die bei diesem Verfahren unvermeidlichen Fehlkombinationen und wenig relevante Einträge gekürzt.

Erst beim Erzeugen der Druckausgabe werden mehrere gleichlautende Registereinträge, die sich nur in den Referenznummern unterscheiden, zu einem Registereintrag zusammengefaßt, weil FIDAS.SESOR nur die Verarbeitung von maximal einem Eingabesatz pro Ausgabesatz zuläßt.

Das bisher benutzte Verfahren ist rechenzeit- und arbeitszeitaufwendig. Bis zur dritten Auflage des Projektverzeichnisses soll eine andere Lösung gefunden werden, die vor allem auf weniger aufwendige Art zu einem besseren Sachregister führt.

2.8 Druckaufbereitung des Projektverzeichnisses

Die erste Stufe der Druckaufbereitung wird von Programmen erledigt, die in der Benutzersprache des FIDAS-Reportgenerators IREG geschrieben sind. Sie führen den Seitenaufbau durch, erzeugen Seitenköpfe, sorgen für Zeilen- und Seitenumbruch und setzen Stellvertreter für die Lichtsatz-Steuerdaten ein. Die Ausgabe dieser Vorbereitungsstufe kann als Schnelldruckerliste einer letzten Kontrolle unterzogen werden. Anschließend setzt eine EDOR-Prozedur die endgültigen Lichtsatz-Steuerdaten ein. Ihre Ausgabe wird auf ein Band geschrieben, das von einem DIGISET direkt verarbeitet werden kann. Das Ergebnis des Satzvorganges sind fertige Seitenfilme, die als Druckvorlage dienen.

Der gesamte Arbeitsablauf ist in der Abbildung 2 noch einmal zusammengefaßt.

3. Dienstleistungen der Forschungsdokumentation

Wichtigstes Produkt der ZDOK-Forschungsdokumentation ist das alljährlich erscheinende Verzeichnis "Forschungs- und Entwicklungsarbeiten in der Informationswissenschaft". Es enthält rund 360 neu erhobene oder überprüfte Projektnachweise. Die Projekte sind nach einer Sachklassifikation angeordnet. Als Suchhilfen dienen Sach-, Personen-, Institutionen- und Ortsregister. Zur Zeit wird das Verzeichnis in einer Auflage von 400 Exemplaren gedruckt. Alle Institutionen, die im Verzeichnis mit einem Projekt vertreten sind, erhalten ein Belegexemplar. Die restlichen Exemplare sind gegen eine Schutzgebühr von DM 25,-- zu erwerben.

Thematisch ausgewählte Projektnachweise werden regelmäßig in den "Nachrichten für Dokumentation (NfD)" veröffentlicht. Alle interessanten Projekte werden so schnell wie möglich an die FID und ISORID zur Veröffentlichung in "R and D projects in documentation and librarianship" weitergegeben. Individuelle Projektrecherchen werden - auch im Zusammenhang mit Literaturrecherchen - durchgeführt.

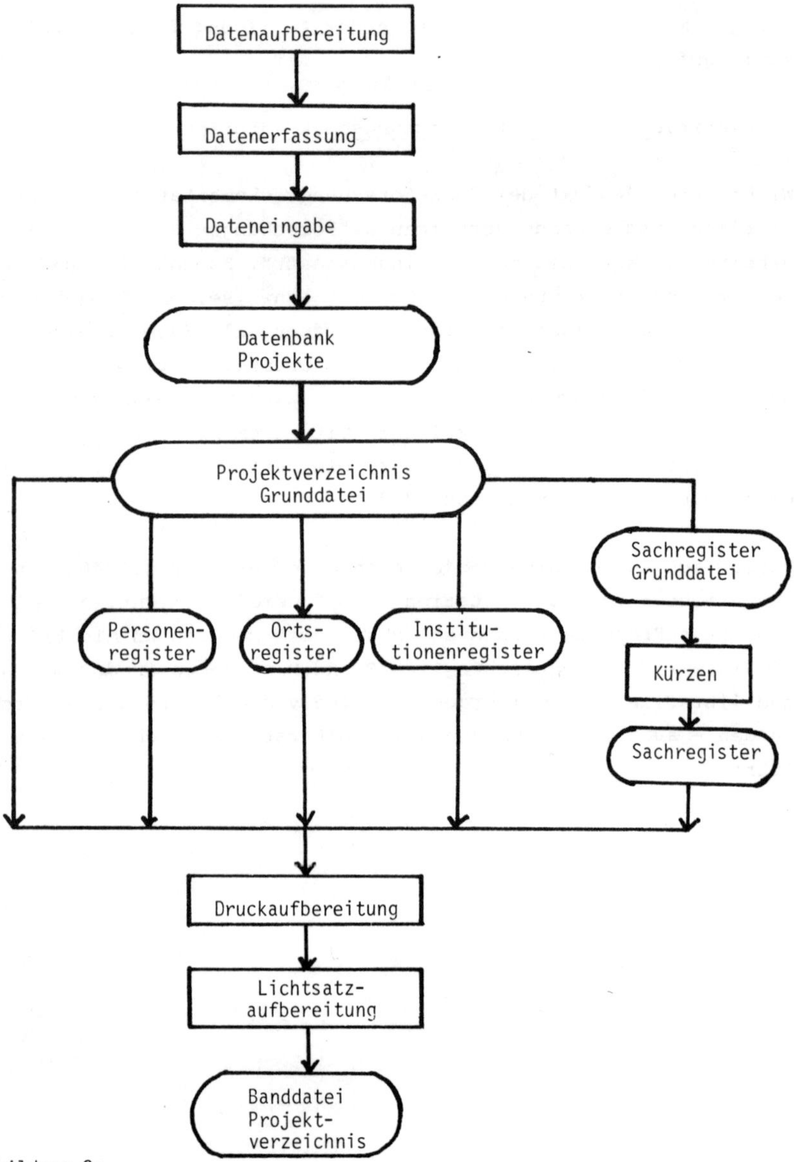

Abbildung 2:

Arbeitsablauf bei der Produktion des Projektverzeichnisses

DOKUMENTATIONSZENTRUM FÜR INFORMATIONSWISSENSCHAFTEN (ZDOK)

DER DEUTSCHEN GESELLSCHAFT FÜR DOKUMENTATION E.V.

Westendstr. 19, 6000 Frankfurt/M., Fernruf (06 11) 74 78 44 und 74 80 80

International Information System on Research in Documentation (ISORID)

– Erhebungsbogen für Forschungsprojekte –

000069

1. Forschende Stelle(n)

Name: Bundesrat

Name:

Adresse: Bundeshaus, 5300 Bonn

Adresse:

Telefon: 02221/16 5115

Telefon:

2. Projektbearbeiter (Projektleiter bitte unterstreichen)

Nachname:	Vorname:	akad. Grad.:
Droß,	Heinz	
Hermsdorf,	Fred	Dr.
Kerbusk,	Wilhelm	
Mann,	Hans-Dieter	Dr.
Weise,	Matthias	

3. Auftraggeber

- [X] forschende Stelle
- [ ] BMFT
- [ ] sonstige (bitte erläutern)

4. Finanzierung des Projektes durch:

- [X] forschende Stelle
- [ ] Auftraggeber
- [ ] beteiligte Wissenschaftler
- [ ] Stipendium
- [ ] DFG
- [ ] BMFT
- [ ] sonstige (bitte erläutern)

5. Art des Projekts

- [X] Eigenprojekt
- [ ] Auftragsforschung
- [ ] geförderte Forschung
- [ ] Habilitation
- [ ] Dissertation
- [ ] Diplom-, Magisterarbeit u.ä.
- [ ] sonstige (bitte erläutern)

6. Projektkosten

DM

7. Bearbeitungsstand am 1.4.78

- [ ] geplant
- [X] laufend
- [ ] unterbrochen

8. Dauer des Projekts (evtl. geschätzt)

von Jan. 1975 (Mon./Jahr) bis (Mon./Jahr)

9. Projektname (Akronym)

DRUSUS

10. Titel des Projekts

Drucksachenverzeichnis und Statistik

11. Titel des Projekts (engl.)

Parliamentary documents and statistics

12. Kurzbeschreibung: theoret. Grundlagen, Methoden, benutzte Daten, Ziel des Projekts, Anwendungsbezug (mögl. engl.)

Zwecks absoluter Aktualität in Teilbereichen (BR-Drucksachen und statistische Angaben), optimaler Entlastung der manuellen Bearbeitung und vielseitiger Anschlußmöglichkeiten verwandter Systeme wird die EDV-unterstützte Bearbeitung der Dokumente in jeweils mehrere Schritte zerlegt. Die später zu bearbeitenden Daten werden in Abhängigkeit von den früheren Daten teilweise oder mit Vorschlagscharakter automatisch generiert. Vorzüge beschränkter Systeme einerseits und eines umfassenden "Dokumentations- und Informationssystems für Parlamentsmaterialien" (DIP) von Bundestag und Bundesrat andrerseits sollen so miteinander verbunden werden.

13. Schlagwörter zur inhaltlichen Kennzeichnung des Projekts

DIP, Parlamentsinformationssystem, Bundesrat, Statistik

14. Unveröffentlichte, aber zugängliche Berichte über das Projekt:[1] Autor, Titel, Jahr

15. Veröffentlichungen über das Projekt:[1] Autor, Titel, Verlag, Ort, Jahr

[1]bei Bedarf bitte eine Liste beilegen

V I E L E N   D A N K   F Ü R   I H R E   M I T A R B E I T !

ZDOK-PROJEKTE

Kat.		Eintrag
Key		PØ78ØØ9Ø
Lfd. Nr.		ØØØØ69
Datum		01.06.78
01	11	Bundesrat
	12	Bundeshaus
	13	5300 Bonn
	14	(02221) 16 5115
	21	
	22	
	23	
	24	
02	11	Hemsdorf, Fred, Dr., Projektleiter
	12	Mann, Hans-Dieter, Dr.
	13	Droß, Heinz
	14	Kerbusk, Wilhelm
	15	Weise, Matthias
	16	
	17	
	18	
	19	
	20	
03	00	V
04	00	V
05	00	V
06	00	
07	00	✓
08	11	01/75
	12	
09	00	V
10	00	V
11	00	V
12	00	✓
13	00	Öffentliche Verwaltung * DIF * EDV * Schriftgutverwaltung * Parlament * Informationssystem * Vorgangsdokumentation * Rechnergestützt * Statistik
14	00	
15	00	
16	00	[illegible]

Hans Eberhard Seelbach, Willy Siegler

Die Möglichkeiten von Mini-Computern im Informationsbereich

Zusammenfassung

Der Mini-Computer wird im Vergleich mit den Leistungsmerkmalen eines Groß-Computers begrifflich bestimmt. Die Möglichkeiten von Mini-Computern beim Information Retrieval werden diskutiert. Die bisherigen Systeme in der Praxis, Forschung und Entwicklung, z.B. DOMESTIC, haben gezeigt, daß die Retrievalsysteme in vollem Umfang auf Mini-Computern realisiert werden können. Probleme ergeben sich bislang durch die hohen Kosten bei der dezentralen Speicherung von großen Datenmengen bzw. bei der Datenübertragung von Datenmengen aus Zentralen in den Mini-Computer. Großrechner- und Mini-Computer-gestützte Systeme sollten sich je nach Anwendungsproblem ergänzen. Mögliche Weiterentwicklungen der soft- und hardwaremäßigen Ausstattung von Retrievalsystemen werden diskutiert. Dabei ergibt sich, daß die Grundstruktur der invertierten Dateien auch bei anderen Speichermedien kaum aufgegeben werden kann.

Abstract

The concept of the mini-computer is defined by comparing its performance with that of large-scale computers. The possibility of using mini-computers in information retrieval is discussed. Systems used so far in practice as well as in research and development, e.g. DOMESTIC, have demonstrated that retrieval systems can be fully realized on mini-computers. Problems have been encountered so far in the high costs which arise in the decentral storing of large quantities of data and/or in the transfer of data from computer centers to mini-computers. Systems based on large-scale computers and on mini-computers should complement each other, depending on the problem to be solved. Possible future developments in the software and hardware equipment of retrieval systems are discussed. One conclusion is that the basic structure of inverted data files cannot be abandoned even with alternative storage media.

Einleitung

Prognosen über die Entwicklung im DV-Bereich zu versuchen, ist immer ein Wagnis. Wahrscheinlich kann man aber davon ausgehen - und dies wird im folgenden zu begründen sein -, daß die Mini-Computer, wie sie heute auf dem Markt angeboten werden, wohl auch in Zukunft in der Form erhalten bleiben werden. Es ist deshalb für den Informationsbereich, der sich bislang stärker an den Möglichkeiten von Großrechnern oder der Mittleren Datentechnik orientierte, wichtig, herauszufinden, für welche Art von Aufgaben Mini-Computer eingesetzt werden können. Im Zusammenhang dieses Artikels interessiert vor allem die Frage, inwieweit Mini-Computer für die Zwecke des Information Retrieval eingesetzt werden können. Weitere Anwendungsmöglichkeiten im IuD-Bereich werden damit selbstverständlich nicht ausgeschlossen (vgl.Lit.4,S.381).

Versuch einer Definition

Mini-Computer sind vollwertige Datenverarbeitungsanlagen mit Betriebssystemen, die neben der bekannten Hardware(Terminals, Magnetplatten- und Magnetbandeinheiten, Drucker, Kartenleser) auch die erforderliche Software unterstützen (Assembler, COBOL, FORTRAN, ...). Mini-Computer sind, um Beispiele zu nennen, Rechner wie PDP-11/34 (Digital Equipment), P-857 (Philips) oder 640 (Siemens). Diese genannten Produkte liegen ungefähr im mittleren Bereich dessen, was heute als Mini-Computer auf dem Markt angeboten wird. Zur Oberklasse dieser Rechnergattung zählen zum Beispiel DEC PDP-11/70, Eclipse von Data General oder HP3000 von Hewlett-Packard. Diese Maschinen werden als "Super-Minis" bezeichnet. Nach unten wird diese Rechnergattung durch kleinere Mini-Computer (z.B. PDP 11/03) abgerundet. Weitere Verkleinerungen führen dann zu Computern auf einer Platine oder zum Computer in einem Chip (Mikro-Computer).

Der oft zitierte Mikroprozessor ist in diesem Zusammenhang nicht relevant, da er nur Baustein eines Computers ist. Erst die Kombination aus Mikroprozessor, Speicher und Ein-/Ausgabeeinheiten ergibt einen programmierbaren Computer. Andererseits war es gerade der Mikroprozessor, realisiert auf einem bzw. einigen

Chips, der die heutige Entwicklung der Mini-Computer und ihren hohen technologischen Standard ermöglichte.

Eine gute Übersicht über die zur Zeit verfügbaren Mini-Computer wird im COMTEST 78 gegeben(1). Die dort angeführten Leistungsdaten und Preise werden in jährlichem Rhythmus fortgeschrieben. Die bisherige Preisentwicklung bei Mini-Computern läßt eine jährliche Preisreduktion von 10 bis 20 Prozent erkennen. Das Preis/Leistungsverhältnis wurde immer günstiger. Der Preis selbst wird beeinflußt von solch wichtigen Parametern wie Rechengeschwindigkeit und Fehleranfälligkeit.

Neben dem reinen Kaufpreis sind bei der Beschaffung eines Rechnersystems die Kontinuität der Produktion (Modellkonstanz) und die Lieferung von Ersatzteilen bzw. die Wartung wesentliche Gesichtspunkte. Diese Aspekte und die angebotene Betriebssoftware, die oft nicht im Rechnerpreis eingeschlossen ist, führen zur eigentlichen Kaufentscheidung und erklären auch die am Markt erkennbaren Preisunterschiede.

Zum Zweck der Orientierung sind im folgenden einige zur Zeit gültige Preisbeispiele genannt.

Rechner auf einer Platine mit 8 kiloWorten(kW) oder 16 kW Speicherkapazität und einem seriellen Interface kosten 2000-5000 DM, ein kleines System mit Floppy-Disk und Bildschirm etwa 20.000-30.000 DM. Ein amerikanisches Billigstangebot mit Kassette, 8 kW Speicher und Bildschirm (jedoch in keine Rechnerfamilie passend und auch nicht erweiterbar) kostet etwa 600 Dollar. Systeme mit Großplatten kosten zur Zeit nicht unter 100.000 DM und steigen je nach Ausbau der Peripherie und dem Ausbau des Speichers auf 200.000 bis 300.000 DM. Die Untergrenze eines "Super-Mini" liegt zur Zeit bei etwa 500.000 DM.

Mini-Computer wurden anfangs für die Bedürfnisse der Prozeß-Steuerung entwickelt und sind erst später für kommerzielle Anwendungen eingesetzt worden. Ihnen stehen die Geräte der "Mittleren Daten-Technik"(MDT) gegenüber. MDT-Geräte sind Geräte, die für den Anschluß von Druckern und Tastaturen entwickelt wurden und die oft mit dem Begriff "Büro-Computer" belegt werden. Drucker und Tastaturen benötigen nur sehr langsame Elektronik. Die meisten MDT-Geräte sind daher aufgrund ihrer internen geringen Geschwindigkeit nicht in der Lage, große Magnetplattenspeicher zu bedienen.

Der folgende Vergleich des Mini-Computers mit dem Groß-Computer soll die wesentlichen Leistungsunterschiede aufzeigen:

Rechner brauchen zwischen dem Prozessor, dem Arbeitsspeicher und der Ein-/Ausgabeeinheit eine interne Verbindung ("Bus"). Dieser interne Bus besteht bei heutigen Mini-Computern aus 16 Leitungen. Man sagt, der Computer sei "16 Bit breit". Es gibt auch Mini-Computer, die 8, 12 oder 22 Bit und in Zukunft - glaubt man dem sich abzeichnenden Trend - wohl auch 32 Bit breit sind.

Bei Großrechnern ist dieser Bus wesentlich breiter und in vielen Fällen auch mehrfach vorhanden. Eine große CDC-Maschine hat zum Beispiel einen 64 Bit breiten Bus. Der schmalere Bus charakterisiert im wesentlichen einen Mini-Computer. Dadurch ist er billiger als ein Groß-Computer, aber auch langsamer. Mit einem Zugriff auf den Speicher können jeweils nur 16 Bit in den Prozessor(CPU) gelesen werden. Ist ein Befehl oder ein Datenfeld länger, so braucht der Mini-Computer hier entsprechend mehrere Zyklen. Durch die Bus-Breite ist auch der maximale Adressierungsbereich des Speichers gegeben, denn der Prozessor muß über den Adressbus die Speicherzelle vorgeben, von der gelesen bzw. geschrieben werden soll. Ist dieser Bus nur 16 Bit breit, sind damit $(2)^{16}$ Adressierungsmöglichkeiten gegeben, d.h. es können vom Prozessor maximal 32.000 Wörter bzw. 64.000 Bytes adressiert werden. Letzteres bedeutet: Es kann innerhalb eines Programmes die Distanz von 32 kW nicht überwunden werden. Programme können daher nicht größer als 32 kW sein. Mit Hilfe einer Memory-Management-Unit ist jedoch auch diese Grenze in heutigen Mini-Computern umgangen worden. Zumindest in dem Sinn, daß mehrere Programme, jeweils 32 kW groß, in einem Rechner nebeneinander resident sind und untereinander kommunizieren können.

Der anfängliche Nachteil der Mini-Computer, keine komplizierte Peripherie, z.B. große Magnet-Plattenspeicher, bedienen zu können, ist mittlerweile aufgeholt. Der Nachteil hatte nie technische Gründe, sondern war dadurch bedingt, daß in der Prozeßsteuerung kein großer Plattenspeicher benötigt wurde. Mini-Computer können heute die gleiche Peripherie wie Groß-Rechner bedienen. So bleibt als Nachteil des Mini-Computers, im Vergleich zu Groß-Computern, nur bestehen, daß er, abgesehen von Spezialentwicklungen, im allgemeinen langsamer ist.

Die Schnelligkeit von Großrechnern wird dadurch noch erhöht, daß bestimmte Aufgaben, z.B. Ein- und Ausgabefunktionen an ganz bestimmte Prozessoren übertragen werden. Dadurch wird der Zentralprozessor entlastet. Ähnliche Entlastung kann man auch durch eine Konfiguration von mehreren Mini-Computern erreichen. Aber allein dieses Beispiel zeigt, wie schwierig es ist, Unterschiede zwischen Mini-Computer und Groß-Computer herauszuarbeiten, wenn man die heute verfügbaren technischen Hilfsmittel berücksichtigt.Auch Unterschiede in den Betriebssystemen, die vor einigen Jahren noch allzu offenkundig waren, sind heute fast nicht mehr zu erkennen.

Die Frage nach dem Unterschied zwischen Groß- und Klein-Rechnersystem ist daher eher eine Frage nach dem Anforderungen, die an das System gestellt werden, und eine Frage, welchen Preis man dafür zu zahlen bereit ist.

Dezentralisierung mit Hilfe von Mini-Computern

Das von der Bundesregierung verfolgte Ziel der Errichtung unabhängiger, fachlich abgegrenzter Informationszentren ist bis heute unumstritten, selbst wenn Modifikationen an der Realisierung mittlerweile erkennbar werden. Dieses Konzept sieht vor, an einer zentralen Stelle mit Hilfe eines Computers Dokumente zu einem Fachgebiet zu speichern bzw. die Referenzen zu diesen Dokumenten. Der Informationssuchende hat dann u.a. die Möglichkeit, über Terminal und Datenfernübertragung in diesem Speicher (des Fachinformationszentrums) im Dialog zu recherchieren. Der Nachteil dieses Konzepts ist, daß die Datenübertragung zur Zeit mit hohen Kosten zu Buche schlägt.

Die Frage ist nun, ob durch die Verlagerung von mehr Rechnerintelligenz in das Terminal des Benutzers eine Reduzierung der Übertragungskosten erreicht werden kann. Dazu müßten zwei Vorausssetzungen gegeben sein:

1. Die Gebühren für die Datenübertragung werden nicht mehr ausschließlich nach der Zeit, sondern nach den effektiv übertragenen Daten errechnet. Dies wird mit dem kommenden DATEX-P-Netz der Bundespost (Mitte 1980) gewährleistet.

2. Die an dem Terminal vorhandene Intelligenz ermöglicht es, die zu übertragenden Daten zu reduzieren.

Betrachten wir zur näheren Erläuterung eine klassische Recherche im Rahmen des Referenz-Retrieval: Sie besteht zunächst aus dem Blättern in dem vorhandenen Schlüsselwortverzeichnis bzw. Thesaurus, aus dem der Suchende bestimmte Begriffe entnehmen und vielleicht dabei vorhandene Thesaurusrelationen mitberücksichtigen möchte.Es folgt die sukzessive Formulierung der Suchfrage, die Durchführung der Suche und die Ausgabe der Dokumente.

Beim Durchblättern des Schlagwortverzeichnisses sind Zugriffe auf die Schlagwortdatei nötig, bei der Durchführung der Suche Zugriffe auf die invertierten Dateien und bei der Ausgabe der Dokumente Zugriffe auf die Dokumentendatei. Alle diese Dateien befinden sich auf den angeschlossenen Massenspeichern in der Zentrale. Allein die Formulierung und Umgestaltung der Suchfrage benötigt keinen Zugriff auf den Massenspeicher und könnte dezentral im Terminal gespeichert und bearbeitet werden. Gerade aber das Durchblättern des Schlagwortverzeichnisses oder eventuell eines Thesaurus und die Ausgabe der Dokumente beanspruchen am meisten die Datenübertragung. Um eine Seite eines Thesaurus auszugeben, sind fast 2000 Zeichen zu übertragen oder, um ein oder mehrere Dokumente auszugeben, muß auch ein ganzer Bildschirminhalt übertragen werden. Dagegen ist die Suchfrage, von Ausnahmefällen abgesehen, von ihrem Umfang her nicht groß.

Der Mini-Computer, neben dem Terminal des Benutzers oder in das Terminal eingebaut, kann die notwendige Datenmenge, die zwischen Benutzerterminal und zentralem Massenspeicher für eine Recherche zu übertragen ist, nicht reduzieren und den Zentralrechner nicht wesentlich entlasten. Es werden daher auch Konzepte diskutiert, die eine teilweise Dezentralisierung der Daten mitbeinhalten. Leider ist jedoch fast jeder Thesaurus so umfangreich, daß dazu mindestens ein Magnet-Plattenspeicher mit einigen Megabyte Speicherkapazität notwendig wäre. Ein solcher Speicher, der nun neben jedem Terminal stehen müßte, ist noch so teuer, daß dadurch keine Kostenreduktion zu erreichen ist. Ein "Floppy Disk" wird für diese Zwecke kaum ausreichen. Abgesehen von den Kosten wäre für ein solches Konzept ein sehr viel größerer organisatorischer Aufwand nötig, um jeden Benutzer auch immer mit der neuesten Version des Thesaurus zu versorgen.

Verschiedentlich werden Systemkonzepte diskutiert, die sich zur Aktualisierung von Datenbasen der Datenfernübertragung bedienen. Diese Vorstellung, sowie der Wunsch, die aufgrund einer Suchfrage durch eine Vorauswahl in einer Zentrale gefundenen Dokumente per Datenfernübertragung einem Mini-Computer zur Weiterverarbeitung zuzuführen, muß vor dem Hintergrund der Leistungsfähigkeit der verfügbaren Übertragungswege beurteilt werden. Die gegenwärtige Leistungsfähigkeit der Übertragungswege und Kosten macht solche Vorstellungen illusorisch.

Ein Stichwortverzeichnis kann einige 100.000 Eintragungen haben. Nehmen wir nur einmal an, es habe 100.000 zu je 10 Zeichen im Durchschnitt. Dies wären eine Million Zeichen. Ein Thesaurus mag weniger Eintragungen haben, aber im Durchschnitt erhöht sich (durch Relationen z.B.) die Anzahl der Zeichen pro Eintrag, so daß sich auch die Anzahl von einer Million Zeichen ergibt. Eine Untermenge von nur 1000 Dokumenten einer Datenbasis mit 1000 Zeichen pro Dokument ergibt ebenfalls eine Million Zeichen. Um bei einer Übertragungsgeschwindigkeit von 2400 Baud eine Million Zeichen zu übertragen, ist mehr als eine Stunde Zeit nötig, bei 9600 Baud 17 Minuten. Abgesehen von den Kosten zeigt dieses Beispiel wohl, daß solche Verfahren bislang unpraktikabel sind. Mini-Computer werden vorläufig nicht dazu beitragen, das jetzige Konzept der zentralen Datenbanksysteme zu ändern.

Diese Aussage gilt nur für die Dokumentation als Literaturdokumentation. Es gibt andere Branchen, in denen dezentralisierte Datenbanken durchaus ein günstigeres Konzept sind als eine zentrale

Datenbank. Denkbar ist zum Beispiel ein Konzept von dezentralen Datenbanken im Bankgewerbe. Das Problem des Datentransfers wird dort dadurch erleichtert, daß im Normalfall für eine Anfrage nur eine relativ kleine Datenmenge übertragen werden muß. So zieht die Abfrage des Kontostandes nur die Übertragung der Kontonummern und des Kontostandes nach sich. Außerdem kann ein Großteil der Anfragen auch lokal befriedigt werden.

In der Dokumentation dagegen ist jede Anfrage mit dem Zugriff auf den Gesamtdatenbestand und mit der Ausgabe eines ganzen Bildschirminhalts von bis zu 2000 Zeichen gekoppelt. Von der Menge der zu übertragenden Daten gewinnt dieses Problem eine ganz andere Bedeutung.

Lösbar erscheint das Problem der Datenübertragung einerseits durch die Verwendung eines auf dem Postwege versendbaren, billigen Massenspeichers, wodurch die in den Fachinformationszentren erfaßten und aufbereiteten Dokumente an beliebig viele Stellen verteilt werden könnten. Diese Stellen ihrerseits könnten - mit Hilfe von Mini-Computern - aus einem fachlich oder zeitlich begrenzten Bestand Anfragen beantworten. Neben dem billigen Massenspeicher erscheint in der Zukunft auch eine "billige" Art der Datenübertragung durch neue Dienste der Post möglich, die ihrerseits durch fortgeschrittene Technologien und Erweiterungen der Netzkapazität der Post herbeigeführt werden. Ob dieses künftige Angebot angenommen wird, bleibt angesichts der damit verbundenen Fragen technischer, wirtschaftlicher, konzeptioneller und preispolitischer Art offen.

Sowohl der billige Massenspeicher als auch die billige Datenfernübertragung werden auf der Empfängerseite keine partiellen Lösungen, sondern vollwertige Retrieval-Systeme voraussetzen.

Sind Mini-Computer für die Dokumentation geeignet?

Einzelaufgaben lassen sich sicherlich für ein Mini-Computer-System in der Dokumentation finden, wie zum Beispiel die Erstellung von SDI-Diensten. Dies scheint jedoch nicht die umfassende, mögliche Lösung zu sein. Wir wollen daher fragen, ob es sich lohnt, ein Informationsspeicher- und Retrieval-System mit genügender Response-

Zeit auf einem Mini-Computer zu implementieren.

Benutzern von Information-Retrieval-Systemen auf Groß-Computern ist bekannt, daß das Retrieval-System zur Bearbeitung von Suchfragen erstaunlich wenig CPU-Zeit benötigt. Analysiert man einmal die Aufgaben, die von einem Information-Retrieval-Programm während der Dialog-Anfrage zu lösen sind, so stellt man fest, daß ein Information-Retrieval-System im wesentlichen ein intelligentes und komfortables Plattenzugriffssystem ist. Selbst bei einer umfangreichen Suchfrage, die erfahrungsgemäß die meiste Zeit braucht, ist der CPU-Anteil gegenüber der Zeit, die für Plattenzugriffe aufgewendet werden muß,gering.

Gehen wir davon aus, daß die invertierte Datei auf Blöcken mit jeweils 500 Dokumentdadressen abgespeichert ist. Zur Durchführung einer Suche müssen zwei solcher Blöcke in den Arbeitsspeicher eingelesen werden. Anschließend muß für ein UND oder ODER ein Adressenvergleich gemacht und das Ergebnis in einem dritten Speicherbereich abgespeichert werden. Für einen solchen Vergleich von 500 Adressen à zwei Byte braucht ein Großrechner ca. eine Millisekunde. Danach müssen neue Blöcke eingelesen werden. Allein um einen Block von der Platte in den Arbeitsspeicher zu transferieren, werden ca. 30 msec gebraucht. Ein Mini-Computer braucht 5-20 msec für den angeführten Adressenvergleich. Da der Mini-Computer die gleichen Platten verwendet wie ein Groß-Computer, ergibt sich kein Unterschied hinsichtlich der Plattenzugriffe. Da für die Suche zwei Plattenzugriffe nötig sind, würde sowohl der Groß-Computer wie der Mini-Computer hierfür 60 msec brauchen. Bei dem internen Adressenvergleich ist der Groß-Computer überlegen. Der Anteil der Rechenzeit, 1 oder 5 msec, ist jedoch so gering, daß er bezüglich der Response-Zeit des Dialogs nur wenig ins Gewicht fallen wird. Die langsamere Rechengeschwindigkeit eines Mini-Computers wird also kaum eine Auswirkung auf ein Information-Retrieval-System haben.

Als weiteres ist zu untersuchen, inwieweit die auf 32 kW beschränkte Programmgröße im Mini-Computer nachteilig für ein Information-Retrieval-System sein kann. Nachteilig ist sie dort, wo eine Dialogrecherche nicht durch ein Programm bearbeitet werden kann, sondern laufend Programmteile in Form der Overlay-Technik nachgeladen werden müssen. Dadurch würden sich zusätzliche Plattenzugriffe ergeben, die das System wesentlich verlangsamen. Der mit Mini-Computer arbeitende Systemanalytiker hat gegenüber dem Systemanalytiker für Großrechner jedoch einen Vorteil: Großrechner müssen aus wirtschaftlichen Gründen für verschiedene Programme gleichzeitig laufen. Hierzu ist ein kompliziertes Betriebssystem, z.B. ein Timesharing-System, notwendig. Dadurch kommt neben der eigentlichen Bearbeitungszeit ein Overhead an Verwaltungsarbeit hinzu. Bei einem Mini-Computer, bei dem man sich von seinem Preis her erlauben kann, daß er nur für eine Aufgabe, eben für die Dokumentation, zur Verfügung steht, fällt dies weg. Der Systemanalytiker hat den Rechner uneingeschränkt zur Verfügung und kann zusätzlich das Betriebssystem ausschließlich den Erfordernissen der Aufgabenstellung entsprechend anpassen.

Da Mini-Computer, wie bereits oben erwähnt, heute Magnetplatten bis zu 300 MByte,und demnächst möglicherweise noch größere, bedienen können, da ferner die Anforderungen der Datenübertragung durch Mini-Computer erfüllt werden können, steht der Realisierung eines Information-Retrieval-Systems auf einem Mini-Computer nichts im Wege. Nach unserer Einschätzung ist dazu nicht einmal ein Mini-Computer besonders hoher Leistung erforderlich.

Mini-Computer-gestützte Information-Retrieval-Systeme

Bei der Realisierung von Information-Retrieval-Systemen, die auf Mini-Computer ablauffähig sind, gingen verschiedene Institutionen verschiedene Wege. Der am häufigsten beschrittene Weg ist der, daß zu einem bestimmten Rechner ein System geplant und programmiert wurde. Dies gilt für das seit geraumer Zeit im Schweizerischen Militärdepartement eingesetzte System MIDONAS. Es läuft auf einem DEC-Rechner PDP 11/70 unter dem Programmier-, Betriebs- und Datenbanksystem MUMPS, wobei MUMPS selbst als Interpretor arbeitet.

In der Entwicklung befindet sich ein Mini-Computer-Retrieval-System des International Development Research Centers (Ottawa), das für eine Hewlett-Packard-Maschine(HP 3000, Serie II) programmiert wird und weitgehend die von Hewlett-Packard angebotene

Software benutzt (z.B. Datenbankverwaltungssystem, Text-Editor, SORT/MERGE-Software). Das System ist in (3) kurz beschrieben.

Erwähnt werden sollte noch das System CAIRS der Leatherhood Food Research Association, England. Es verwendet einen Mini-Computer von Texas Instruments und ist in einer maschinenabhängigen Programmiersprache geschrieben.

Ein ganz anderer Weg wurde mit dem Projekt DOMESTIC+ (6) beschritten. Dieses in deutsch-israelischer Zusammenarbeit zwischen der Firma Kayser-Threde,München, und COSTI++,Tel Aviv, durchgeführte Vorhaben ist rechnerunabhängig konzipiert. Die Programmierung erfolgt zu überwiegendem Teil in einer Computerhochsprache. Der notwendige Assembler-Anteil des Programmsystems liegt unter zwanzig Prozent. Ein Test der Rechnerunabhängigkeit ist durch die Verwendung unterschiedlicher Hardware bei den beiden entwickelnden Stellen als bestanden anzusehen.

DOMESTIC bietet alle für die Informationsspeicherung und -wiedergewinnung erforderlichen Funktionen im Dialog an und wird zusätzlich Online-Input- und Online-Thesauruspflege-Routinen sowie einen Druckgenerator und diverse Bibliotheksfunktionen dem Benutzer zur Verfügung stellen können. Die Dialogsprache richtet sich weitgehend nach dem für EURONET verabredeten Common Command Set (vgl. den Artikel von Barth in diesem Band).

Eine Beschreibung der Anforderungen, die heute an ein Informationssystem gestellt werden, ist von Seydel und Steidle im ersten Band dieses Sammelwerks gegeben worden. Auch der von Brühl und Meder erarbeitete umfangreiche Funktionenkatalog "Benutzerseitige Anforderungen an Information-Retrieval-Systeme" trägt wesentlich zu dieser Spezifizierung bei (7).

+ = Das Vorhaben wird über die Gesellschaft für Information und Dokumentation vom Bundesminister für Forschung und Technologie gefördert.

++= National Center of Scientific and Technological Information, Tel Aviv

Einsatzgebiete Mini-Computer-gestützter Information-Retrieval-Systeme

Das Einsatzgebiet Mini-Computer-gestützter Information-Retrieval-Systeme liegt bei Dokumentationsstellen, die sich keinen Großrechner leisten können, bei solchen Stellen, die den Fernzugriff zum Rechenzentrum per Datensichtstation aus den verschiedensten Gründen ausschließen, oder bei Institutionen, die bereits über Mini-Computer verfügen. Diese Stellen können einerseits eine Untermenge (zeitliche bzw. fachliche Begrenzung der Dokumente) einer Datenbasis für den Online-Zugriff bereithalten, andererseits aber bei Bedarf angebotene Online-Eingabemöglichkeiten des eigenen Systems nutzen, um eine eigene Dokumentation aufzubauen.

Mit zunehmender Zentralisierung der großen Datenbasen an wenigen Rechenzentren (Hosts) wird der Bedarf an dezentralen Systemen zunehmen. Kleinere Datenbasen von lokalem oder regionalem Interesse können mit geeigneten Retrieval-Systemen auf Mini-Computern "gefahren" werden. Sie entlasten damit Großrechner, da eine größere Anzahl gleichzeitig zugreifender Terminals sehr schnell zu sehr ungünstigem Antwortzeitverhalten, auch bei Großrechnern, führen kann. Großrechner-gestützte Systeme und Mini-Computer-gestützte Systeme schließen sich damit nicht gegenseitig aus, sondern ergänzen einander.

Leistungsfähigkeit eines Mini-Computer-Retrieval-Systems

In vorangegangenen Abschnitten wurde erläutert, daß bei der Durchführung einer Recherche ein Mini-Computer ungefähr die gleiche Zeit braucht wie ein Groß-Computer. Dabei wurde unberücksichtigt gelassen, daß sich Groß-Computer für periphere Aufgaben der Zuarbeit weiterer Computer bedienen. So werden z.B. die Ein- und Ausgabeoperationen durch eine eigene Einheit, den Ein-/Ausgabe-Prozessor, gesteuert und durchgeführt. Dieser überwacht den Bytemultiplexkanal und die Plattenspeicheranschlüsse. Steht beim Mini-Computer kein Ein-/Ausgabe-Prozessor zur Verfügung, muß die Zentraleinheit diese Aufgaben ebenfalls übernehmen, was natürlich die Leistungsfähigkeit des Mini-Computers beeinflußt. Entsprechende Benchmarktests zeigen dies. Diese Leistungsfähigkeit wird ganz wesentlich durch die Anzahl der zur gleichen Zeit aktiven Terminals mitbestimmt. Das hat zur Folge, daß die Leistungsfähigkeit von Mini-Computer-gestützten Systemen mit einer bescheidenen Anzahl von gleichzeitig operierenden Terminals in die Nähe von Groß-Computer-Systemen mit einer großen Anzahl gleichzeitig aktiver Terminals rückt.

Frühe Information-Retrieval-Systeme verlangten von ihren Benutzern, daß die Suchfragen mit all ihren Begriffen in der Art eines Langtextes eingegeben werden mußten. Seit 1970 jedoch hat hier die Benutzerfreundlichkeit Fortschritte gemacht. Der Benutzer hat heute die Möglichkeit,durch wenige Buchstaben einen Teil des Thesaurus oder der Schlüsselwortliste auf dem Bildschirm präsentiert zu bekommen. Aus diesem Teil können nun durch Markieren die Begriffe häufig in die Suchfrage übernommen werden. Allerdings wird bei diesem Vorgehen das System mehr belastet und kann z.B. weniger Terminals gleichzeitig mit genügender Response-Zeit bedienen. Solche Unterschiede müssen bei einem Leistungsvergleich unbedingt berücksichtigt werden. Die Leistungsfähigkeit kann sowohl an der Systemleistung als auch an der Benutzerfreundlichkeit gemessen werden.

Die Abschätzung der Anzahl der Plattenzugriffe bietet schon eher eine verläßlichere Basis für Aussagen zur Leistungsfähigkeit. Ein Dialogsystem verlangsamt seine Response-Zeit wesentlich, wenn die Plattenzugriffe pro Stunde die Zahl 50.000 überschreitet. Diese Zahl ist nur eine ungefähre Richtgröße, da je nach Ausstattung des Systems die Platten über einen oder mehrere Controller angeschlossen sein können und somit simultane oder nicht-simultane Plattenzugriffe ausgeführt werden können. Diese Grenze ist unabhängig davon, ob ein Mini- oder Groß-Computer benutzt wird.

Der Vorteil, der durch eine gute Programmstruktur erreicht werden kann, die im Durchschnitt pro Dialog ein oder zwei Plattenzugriffe weniger braucht, läßt sich bei prinzipiell gleichen Geräten nicht durch aufwendigere und teure Hardware erreichen.

Des weiteren spielt es für die momentane Response-Zeit eines Systems eine große Rolle, welche Aufgaben dem System gleichzeitig gestellt werden. So bietet das System DOMESTIC sowohl die Möglichkeit der Dialogrecherche, der Online-Dokumenteingabe, der Indexierung eventuell im Dialog, der Volltextinvertierung und der Online-Thesauruspflege. Es ist mit Sicherheit damit zu rechnen, daß die Response-Zeit erhöht wird, wenn von mehreren Terminals gleichzeitig mehrere plattenzugriffsintensive Aufgaben, wie z.B. Thesaurusänderung und Volltextinvertierung, veranlaßt werden.

Ein"benutzernahes" Mini-Computer-System ermöglicht aber eine größere Flexibilität als ein zentrales Groß-Computer-System, dessen Aufgabe es ist, möglichst vielen Benutzern zu vereinbarten Zeiten bestimmte Leistungen anzubieten. Da das Mini-Computer-System in der überwiegenden Zahl der Fälle ausschließlich e i n e r Institution bzw. einer kleinen Anzahl von Benutzern zur Verfügung steht, können leichter durch geschickte Organisation die anfallenden Aufgaben zeitlich so verteilt werden, daß plattenzugriffsintensive Prozesse zu nachfrageschwachen Zeiten abgewickelt werden und damit eine bessere Response-Zeit gewährleistet ist.

Eine legitime Frage ist immer die Frage der Leistungssteigerung von Systemen. Sie zielt gleichermaßen auf Hard- und Software. Wie mehrfach dargelegt, sind die neuralgischen Punkte eines Dialogs die Plattenzugriffe. Zur Zeit werden die ersten Massenspeicher angeboten, durch die die Plattenspeicher entweder durch MOS-Speicher, Kernspeicher oder Magnetblasenspeicher ersetzt werden. Solche Systeme haben z.B. eine Kapazität von einigen Mega-Bytes. Die Zugriffsgeschwindigkeit gegenüber Magnetplatten ist bei den oben genannten Speichermedien (MOS- und Kernspeicher) aber um einen Faktor 1000 schneller und liegt bei einigen Mikrosekunden. Der Preis dieser Systeme ist zur Zeit höher als der Preis für entsprechenden Speicherplatz auf Magnetplatten. Es kommt daher bei dem gegenwärtigen Preisniveau nicht in Frage, die gesamten Magnetplatten durch solche neueren Systeme zu ersetzen.

Innerhalb der Organisation einer Datenbank gibt es jedoch Datensätze, auf die sehr oft zugegriffen werden muß. Dies sind Programme, die nicht im Speicher resident zu halten sind, oder Indexlisten für die notwendigen ISAM-Dateien,oder Zwischenspeicher, die für die Durchführung der Suche oder auch andere Aufgaben notwendig sind.

Bei jedem Dialogschritt muß auf einen Teil dieser Datensätze zurückgegriffen werden. Es würde zur wesentlichen Verbesserung der Response-Zeiten führen, wenn man für diesen Datenbereich die oben erwähnten schnelleren Speicher verwenden könnte.

Zur Leistungssteigerung nicht nur von Mini-Computer-gestützten Information-Retrieval-Systemen sei als Ausblick in die Zukunft die Anregung erlaubt, für einzelne Funktionen jeweils eigene Mini- bzw. Mikro-Computer vorzusehen. Daß ein solcher Weg mit Erfolg beschritten werden kann, zeigen Erfahrungen mit auf Mini-Computer basierenden Mehr-Rechner-Systemen ganz anderer Anwendungsgebiete. Solche Systeme übertreffen dort selbst die leistungsfähigsten Großrechner.

Mini-Computer und zukünftige Entwicklungen

Wie die Vergangenheit gezeigt hat, schreiten technische Entwicklungen in Ebenen und in Sprüngen bzw. Stufen fort. Mit einiger Sicherheit kann man sich, will man Aussagen über zukünftige Entwicklungen machen, nur in der Ebene bewegen. Sprünge und Stufen kommen unerwartet und bringen neue Dimensionen, die nicht voraussehbar sind und waren. Als Beispiele, die bereits DV-Geschichte sind, lassen sich Magnetblasenspeicher, Holographiespeicher und Laserdrucker anführen. So können sich die folgenden Betrachtungen nur auf die Extrapolation des jetzt Möglichen und Denkbaren beziehen.

Information-Retrieval-Systeme beruhen auf dem Prinzip der invertierten Dateien. Mit der Invertierung wird bei einer Aufnahme der Dokumente eine Vorleistung für die zukünftig zu beantwortende Suchfrage erbracht. Durch diese Vorleistung ist es möglich, eine komplizierte Suchfrage innerhalb kürzester Zeit zu beantworten. Nun stellt sich die Frage:Werden künftige technische Mittel in der Lage sein, eine Suche zufriedenstellend schnell durchzuführen, ohne auf die Invertierung zurückzugreifen? Oder anders gefragt:Wird es Speicher geben, die ein so schnelles sequentielles Durchsuchen aller Dokumente erlauben, daß eine Invertierung nicht nötig ist?

Heutige Speicher erlauben Zugriffszeiten von etwa 500 nsec(10^{-9}sec.). Mit der Technik des Parallelzugriffs läßt sich die Zugriffszeit vielleicht um eine Zehnerpotenz weiter verkürzen. Eine Verkürzung der Zugriffszeiten der Speicher über die Nanosekundengrenze hinaus ist nicht zu erwarten, da hier physikalische Effekte dem Fortschritt eine Grenze setzen. In einer Nanosekunde durcheilt Strom nur noch eine Strecke von ca. 20 cm. Allein unterschiedliche räumliche Anordnungen in den Dimensionen eines Rechners führen dann schon zu erheblichen Laufzeitunterschieden, die nur sehr schwer und aufwendig zu beherrschen sind.

Aufgrund der oben genannten Zahl der Zugriffszeit läßt sich nun ausrechnen, wielange eine sequentielle Suche in einem Datenbestand von1 Million Dokumente à 1000 Zeichen dauern würde. Für einen einzigen Vergleich wird günstigenfalls 1 Minute Lesezeit benötigt (ohne die Befehlsausführung für den Vergleich und die Adressrechnung in der CPU zu berücksichtigen, da hier eventuell auch parallel gearbeitet werden kann). Da aber eine Suchfrage mit einigen ODER-Verknüpfungen aus mehreren Vergleichen besteht, zeigt diese einfache Rechnung, daß auch in Zukunft von dem Prinzip der invertierten Dateien (zumindest in Fachinformationszentren oder im kommerziellen Bereich) nicht abgegangen werden kann. Dabei haben wir nicht berücksichtigt, daß allein eine 64 Bit breite Adresse nötig ist, um überhaupt einen solchen Speicher zu adressieren. Solange dies nicht realisiert ist, muß der Datenvorrat in Blöcken erst in einen adressierbaren Bereich des Rechners eingelesen werden, um dann dort verglichen zu werden.

Bei dem Einsatz von Assoziativspeichern, die in einem Zugriff simultan die gespeicherten Informationen vergleichen, tritt dieser Nachteil nicht auf. Diese Speicher sind jedoch vom Prinzip an ein festes Format gebunden. Sich in der Länge ändernde Stichwörter zu behandeln, würde bedeuten, sie auf das Wort mit der größten Länge auszurichten. Aber es ist überaus fraglich, ob es sich wirtschaftlich vertreten läßt, Assoziativ-Speicher zur Speicherung ganzer Dokumente einzusetzen. Eher wäre es möglich, daß man das Prinzip der invertierten Dateien beibehält und für die Indexlisten der ISAM-Dateien Assoziativ-Speicher einsetzt. Damit würde im Prinzip die heutige Organisationsform der Dateien aber nicht aufgegeben.

Es bleibt weiterhin zu fragen, was sich durch die künftige Entwicklung an der heute vorhandenen Hardware ändern könnte. Es ist kaum vorstellbar, daß das Prinzip, nach dem die Rechner aufgebaut sind, d.h. Befehle und Daten in einem gemeinsamen Speicher zu haben, aufgegeben wird. Dazu sind die Rechner mittlerweile zu weit verbreitet. Ferner sind sie auch in den meisten Fällen ein ausreichendes Mittel für die anstehenden Aufgaben. Änderungen sind daher nur an peripheren Geräten zu erwarten. Die Magnetplatten können, wie bereits erwähnt, durch MOS- oder andere Speicher ersetzt werden (Holographische Speicher, Laser-Platte). Daß ein Bedarf nach einem möglichst billigen Massenspeichermedium besteht, ist unumstritten.

Abschließend kann man feststellen, daß Mini-Computer für viele Aufgaben in der Dokumentation einsetzbar sind. Die kommende technologische Weiterentwicklung der peripheren Geräte und die Konzeption von Mini-Computer auf der Basis mehrerer Prozessoren wird den Einsatzbereich erweitern.

Literatur

(1) COMTEST 78 — COMTEST 78, Informationsdienst Minicomputer
Gesellschaft für Prozeßsteuerungs- und Informationssysteme

(2) Lancaster, W. — Proceedings of the 1974 Clinic on Library Applications of Data Processing

Application of Minicomputer to Library and Related Problems
Paper presented at the 1974 Clinic of Library Applications of Data Processing
University of Illinois

(3) Lancaster, W. — The Application of Inexpensive Minicomputers to Information Work
AGARD Lecture Series No. 92, 1978

(4) Hyman, M. — The Role of Minicomputers in Libraries and Information Units
Aslib Proceedings, October/November 1978, Vol. 30. No.10-11

(5) Hyman, M.; Wallis, E. — Minicomputers and Bibliographic Information Retrieval
British Library Research and Development, Department Report No.5305 HC, 1976

(6) Keren, C.; Seelbach, H.E.; Wollmann, P. — Using Minicomputers in Information Work
Project DOMESTIC
Nachrichten für Dokumentation 29(1978),Nr.4/5

(7) Brühl, G.; Meder,W. — Funktionenkatalog. Benutzerseitige Anforderungen an Information-Retrieval-Systeme.
Beuth-Verlag GmbH, Oktober 1977

Peter Bollmann, Erhard Konrad

Mathematische Modelle von Information Retrieval Systemen

Zusammenfassung

In der vorliegenden Arbeit werden die wichtigsten mathematischen Modelle von Information Retrieval Systemen vorgestellt, nämlich Modelle für das Boolesche Retrieval und das Retrieval mit Ähnlichkeitsmaßen. Einige Eigenschaften dieser Modelle werden diskutiert. Als Weiterentwicklung wird ein Retrievalmodell eingeführt, das auf der Theorie der Fuzzymengen beruht.

Abstract

In this paper the most important mathematical models of information retrieval systems are described, namely models of Boolean retrieval and retrieval with similarity measures. Some properties of these models are discussed. An extension is introduced which is based on the theory of fuzzy sets.

1 Einleitung

Seit computergestützte Information Retrieval Systeme entwickelt werden, beschreibt man ihre Wirkungsweise durch mathematische Modelle. Beispiele dafür finden sich in fast jeder Arbeit über Information Retrieval. Andererseits wird der Nutzen mathematischer Modelle oft angezweifelt. Es wird weiterhin behauptet, daß im Gegensatz zu anderen Computersystemen in Information Retrieval Systemen nicht formalisierbare Datenstrukturen vorkommen (1). Das widerspricht aber der These von Church (2).

Die unseres Erachtens ausführlichste Diskussion und Darstellung mathematischer Modelle beim Information Retrieval findet man bei Edmundson (3). Dort wird auch ausführlich das Für und Wider bei mathematischen Modellen diskutiert. Als Vorteile und Nutzen mathematischer Modelle sehen wir hauptsächlich die folgenden Punkte:

Ein mathematisches Modell gestattet

- die Anwendbarkeit mathematischer Definitionen und Theoreme;
- die bessere Mitteilbarkeit der Ergebnisse;
- die bessere geschichtliche Überlieferbarkeit der Forschungsergebnisse.

Folgende mögliche Fehlerquellen sind bei der Benutzung mathematischer Modelle zu berücksichtigen: Ein mathematisches Modell

- stellt eine Vereinfachung dar;
- enthält keine interne Bewertung;
- kann irrelevante Variablen enthalten;
- kann kritische Variablen vernachlässigen;
- kann so definiert sein, daß es sich nicht testen läßt;
- kann die Wirklichkeit inadäquat widerspiegeln.

Daraus folgen für uns als wichtigste Punkte, daß Sätze und Schlußfolgerungen aus mathematischen Modellen in die Wirklichkeit rückübersetzbar sein sollten und daß mathematische Modelle immer an der Realität auf ihre Sinnvollheit überprüft werden müssen.

In der vorliegenden Arbeit behandeln wir nicht alle in der Literatur erwähnten Retrievalmodelle, sondern wir stellen nur die gebräuchlichsten vor. Verbandstheoretische und topologische Modelle diskutieren wir nicht, sondern verweisen auf die Arbeit von Edmundson.

Im folgenden zweiten Kapitel wird ein allgemeines mathematisches Modell für Information Retrieval Systeme dargestellt. Dieses Modell wird in verschiedene Richtungen spezialisiert. Im dritten Kapitel wird das Boolesche Retrieval behandelt, im vierten Kapitel das Retrieval mit Ähnlichkeitsmaßen und im fünften Kapitel ein Retrievalmodell, das auf dem Gebrauch von Fuzzymengen beruht und im Rahmen des FAKYR-Projekts (4) implementiert und bewertet wurde.

2 Ein allgemeines Modell eines Information Retrieval Systems

Wir wollen hier ein allgemeines Modell eines Information Retrieval Systems angeben. Dabei folgen wir einem Vorschlag von Bookstein und Cooper (5), den man ähnlich schon bei Cherniavsky und Lakhuty (6) und auch bei Bollmann und Konrad (7) findet.

Ein Information Retrieval System ist für uns ein System, das als Antwort auf eine Suchfrage jedem Dokument eine Zahl oder ein anderes formales Objekt zuordnet. Dabei müssen Dokumente und Suchfragen in geeigneter Form dargestellt werden, die eine automatische Verarbeitung gestattet. Die Zuordnung der reellen Zahlen (oder anderer Objekte) liefert eine Einteilung der Dokumente in Ränge, indem man die Ordnung der Zahlen auf die Dokumente überträgt. Diese Einteilung in Ränge wird von dem Benutzer ausgewertet, indem er die Dokumente in der Reihenfolge inspiziert, die durch die Ordnung auf ihnen gegeben ist. Die Zuordnung der formalen Objekte zu den Dokumenten betrachten wir als die Tätigkeit eines Information Retrieval Systems. Das wollen wir im folgenden durch ein allgemeines mathematisches Modell beschreiben.

Ein Information Retrieval System S ist ein Quadrupel S = (I,R,V,T). Dabei ist I die Menge aller möglichen Dokumentenbeschreibungen des Systems. R ist die Menge aller möglichen Suchfragenbeschreibungen. Die Elemente aus I bzw. R sind also nicht Dokumente bzw. Suchfragen in natürlicher Sprache, sondern ihre Darstellung in einer Dokumentationssprache nach dem Indexieren. Wir wollen aber trotzdem der Kürze wegen im folgenden nicht von Dokumentenbeschreibungen bzw. Suchfragenbeschreibungen, sondern von Dokumenten und Suchfragen sprechen.

V ist eine Menge formaler Objekte (z.B. Zahlen), die geordnet sind. T ist die Retrievalfunktion, die jedem Paar, das aus einer Suchfrage und einem Dokument besteht, ein Objekt aus V zuordnet, d.h. T ist eine Funktion

$$T : R \times I \longrightarrow V ,$$

wobei R x I das cartesische Produkt aus R und I ist. (Da Computer stets mit endlich vielen Dezimalstellen arbeiten, kann man für jedes praktisch arbeitende System annehmen, daß V endlich ist (6).)

Dieses allgemeine Modell wollen wir im folgenden spezialisieren, indem wir verschiedene bereits implementierte Systeme beschreiben.

3 Boolesches Retrieval

Hier wollen wir das am meisten implementierte, das sogenannte Boolesche Retrieval, betrachten. Dazu müssen wir S = (I,R,T,V) geeignet definieren.

Sei R_o eine Menge von Termen (Deskriptoren). Ein Dokument i wird beschrieben durch eine Menge von Termen, d.h. I ist die Menge aller Teilmengen von R_o, d.h. $I = 2^{R_o}$. Die Menge R aller Suchfragen wird rekursiv definiert.

i) $a \in R_o$ dann $a \in R$

ii) $r_1, r_2 \in R$ dann $(r_1 \wedge r_e) \in R$

iii) $r_1, r_2 \in R$ dann $(r_1 \vee r_2) \in R$

iv) $r \in R$ dann $(\neg r) \in R$

v) Das sind alle Suchfragen.

Falls aus dem Zusammenhang Mißverständnisse ausgeschlossen sind, lassen wir Klammern weg.

Die Menge V besteht aus den Elementen o und 1, d.h. $V = \{o, 1\}$.

Als letztes wird die Retrievalfunktion T definiert. Dazu benutzen wir den rekursiven Aufbau von R. Sei $i \in I$.

i) Für $a \in R_o$ ist $T(i,a) = \begin{cases} 1 & a \in i \\ o & a \notin i \end{cases}$

ii) $T(i, r_1 \wedge r_2) = \min (T(i,r_1), T(i,r_2))$

iii) $T(i, r_1 \vee r_2) = \max (T(i,r_1), T(i,r_2))$

iv) $T(i, \neg r) = 1 - T(i,r)$

Durch den Gebrauch von min und max weichen wir von der Definition bei Bookstein und Cooper (5) ab, die die Retrievalfunktion mit Hilfe von Wahrheitswerten definieren und anschließend den Wahrheitswerten die Werte o und 1 zuordnen. Uns scheint der Gebrauch von min und max vorteilhafter, da die Definition dadurch kürzer und direkter wird, und weil es beim Information Retrieval in diesem Zusammenhang nicht um die Wahrheit von Aussagen im Sinne der Aussagenlogik geht. Des weiteren erschwert der Gebrauch von Wahrheitswerten die Verallgemeinerung der Retrievalfunktion für das Fuzzy Retrieval, da dort V nicht nur aus den Elementen o und 1 besteht.

Wir wollen das Retrievalmodell an einem Beispiel illustrieren.

Beispiel:

Sei $R_o = \{a,b,c,d,e\}$. Sei weiter $i = \{a,b,e\}$ eine Dokumentenbeschreibung und $r = (a \wedge b) \vee ((\neg c) \wedge d)$ eine Suchfragenbeschreibung. Die Anwendung der Retrievalfunktion T ergibt

$$\begin{aligned} T(i,r) &= T(i,(a \wedge b) \vee ((\neg c) \wedge d)) \\ &= \max(T(i,a \wedge b),\ T(i,(\neg c) \wedge d)) \\ &= \max(\min(T(i,a),\ T(i,b)),\ \min(T(i,\neg c),\ T(i,d))) \\ &= \max(\min(1,1),\ \min(1-T(i,c),o) \\ &= \max(1,o) \\ &= 1 \end{aligned}$$

Beim Booleschen Retrieval wird als Antwort auf eine Suchfrage der Dokumentenbestand in zwei disjunkte Teile geteilt, in die Menge der gefundenen und die Menge der nichtgefundenen Dokumente. Die Funktion μ_r mit $\mu_r(i) = T(i,r)$ kann man auffassen als charakteristische Funktion der Menge der gefundenen Dokumente, denn genau dort nimmt sie den Wert 1 an und auf dem Rest den Wert o.

Beim Booleschen Retrieval ist jede Teilmenge $I' \subseteq I$ durch eine Suchfrage definierbar, d.h. für jedes $I' \subseteq I$ existiert ein $r' \in R$, so daß gilt

$$T(i,r') = \begin{cases} 1 & i \in I' \\ o & i \notin I' \end{cases}$$

Die Existenz von r' weist man leicht mit Hilfe Boolescher Funktionen nach. Daraus folgt, daß es für jeden Informationsbedarf eine Beschreibung der Suchfrage gibt, mit der man alle relevanten Dokumente findet und alle nichtrelevanten Dokumente nicht findet (wenn jede Dokumentenbeschreibung auf höchstens ein Dokument im Bestand zutrifft). Wir werden sehen, daß nicht alle Retrievalmodelle diese Eigenschaft besitzen. Diese Eigenschaft des Modells kann leider nicht ausgenutzt werden, da zur Konstruktion von r' die Kenntnis von I' erforderlich ist, was bei den relevanten Dokumenten sicher nicht der Fall ist. Tatsächlich ist das Boolesche Retrieval starker Kritik ausgesetzt; einige der Kritikpunkte findet man bei Salton (8):

- Für den ungeübten Benutzer ist es schwierig, die gewünschte Suchtiefe zu erzielen.
- Es gibt nur ein "gefunden" oder "nichtgefunden", aber keine Zwischenstufen wie beim Gebrauch von Ähnlichkeitsmaßen.
- Es gibt keine Reihenfolge auf der Menge der gefundenen Dokumente.

Darüber hinaus ist beim Booleschen Retrieval gewichtete Indexierung nicht vorgesehen. Wir werden sehen, daß das sogenannte Fuzzy Retrieval die von Salton angegebenen Nachteile vermeidet.

4 Retrieval mit Ähnlichkeitsmaßen

Hier wollen wir das Retrieval mit Ähnlichkeitsmaßen definieren, wie es hauptsächlich von Salton (8) im SMART-System eingeführt und benutzt wird.

Sei R_o eine Menge von Termen; n sei die Anzahl der Terme in R_o. Die Menge der Dokumentenbeschreibungen ist die Menge der n-Tupel $(\alpha_1,\dots,\alpha_n)$ mit $o \leq \alpha_j$, wobei nicht alle α_j gleich Null sind, d.h. es gilt $\alpha_1 + \dots + \alpha_n > o$. Dabei gibt α_j an, welches Gewicht der j-te Term von R_o in der Dokumentenbeschreibung erhält.

Die Suchfragen werden ebenfalls wie die Dokumente definiert, d.h. es gilt I = R.

V ist die Menge aller nichtnegativen reellen Zahlen, d.h.
$V = \{ x \in \mathbb{R} \mid x \geq 0 \}$.

Die Retrievalfunktion T wird mit Hilfe von Ähnlichkeitsmaßen definiert. Sei $i = (\alpha_1, \ldots, \alpha_n)$ eine Dokumentenbeschreibung und $r = (\rho_1, \ldots, \rho_n)$ eine Suchfragenbeschreibung. Die gebräuchlichsten Ähnlichkeitsmaße sind das Innere Produktmaß $T_{\mathfrak{J}}$, das Tanimotomaß T_{τ} und das Cosinusmaß T_c. Sie sind folgendermaßen definiert

$$T_{\mathfrak{J}}(i,r) = \sum_{j=1}^{n} \alpha_j \rho_j$$

$$T_{\tau}(i,r) = \frac{\sum_{j=1}^{n} \alpha_j \rho_j}{\sum_{j=1}^{n} \alpha_j^2 + \sum_{j=1}^{n} \rho_j^2 - \sum_{j=1}^{n} \alpha_j \rho_j}$$

$$T_c(i,r) = \frac{\sum_{j=1}^{n} \alpha_j \rho_j}{\sqrt{\sum_{j=1}^{n} \alpha_j^2 \quad \sum_{j=1}^{n} \rho_j^2}}$$

Weitere manchmal benutzte Ähnlichkeitsmaße findet man in (9) und (1o).

Beispiel:

Sei $R_o = \{a,b,c,d,e\}$, $r = (\frac{1}{2},o,1,\frac{1}{3},o)$ und $i = (o,o,\frac{1}{2},1,o)$. Dann ist

$$T_{\mathfrak{J}}(i,r) = \frac{5}{6}$$

$$T_{\tau}(i,r) = \frac{15}{36}$$

$$T_c(i,r) = \frac{2\sqrt{5}}{7}$$

Das Retrieval mit Ähnlichkeitsmaßen erlaubt eine geometrische Interpretation des Retrievalvorgangs. Die Dokumentenbeschreibungen lassen sich auffassen als Punkte bzw. Ortsvektoren eines n-dimensionalen euklidischen Raums. Das gleiche gilt für die Suchfragenbeschreibungen. Dabei entspricht jedem Term genau eine Koordinatenachse. Im folgenden wollen wir den Bereich der gefundenen Dokumente bei der Benutzung eines Schnittes $t > o$ beschreiben. Dabei werden auf eine Suchfrage r alle Dokumente i gefunden, für die gilt

$$T(i,r) \geq t \, .$$

Dies wollen wir für die drei Retrievalfunktionen T_J, T_τ und T_C betrachten.

$$T(i,r) \geq t \quad \Longleftrightarrow$$

$$\sum_{j=1}^{n} \rho_i \, \alpha_i \geq t$$

Die Gleichung

$$\sum_{j=1}^{n} \rho_j \, \alpha_j = t$$

ist die Gleichung einer Hyperebene, die den Raum der Dokumentenbeschreibungen in zwei Teile trennt, die Menge der gefundenen Dokumente liegt genau auf einer Seite der Hyperebene. Wir wollen uns das in Abbildung 1 veranschaulichen, wobei wir den Raum auf zwei Dimensionen projizieren, dabei entspricht der Hyperebene eine Gerade.

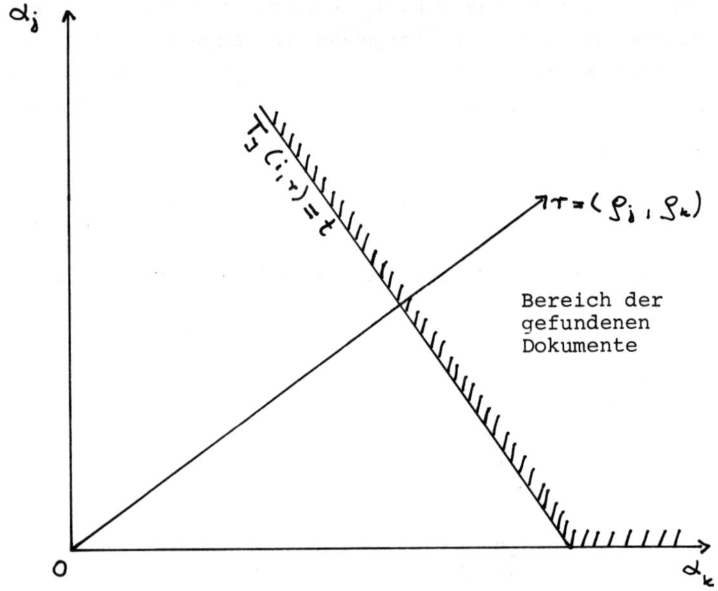

Abb. 1: Teilung der Menge der Dokumentenbeschreibungen durch eine Hyperebene.

Beim Retrieval mit dem Ähnlichkeitsmaß von Tanimoto gilt

$$T_\tau (i,r) \geq t \qquad \Longleftrightarrow$$

$$\frac{\sum_{j=1}^{n} \alpha_j \rho_j}{\sum_{j=1}^{n} \alpha_j^2 + \sum_{j=1}^{n} \rho_j^2 - \sum_{j=1}^{n} \alpha_j \rho_j} \geq t \quad \Longleftrightarrow$$

$$\sum_{j=1}^{n} \left(\alpha_j - \frac{1+t}{2t} \rho_j\right)^2 \leq \frac{(1+\frac{1}{t})^2 - 4}{4} \sum_{j=1}^{n} \rho_j^2 \, .$$

Die Dokumentenbeschreibungen der gefundenen Dokumente liegen also alle innerhalb einer Kugel mit dem Radius R

$$R = \sqrt{\frac{(1+\frac{1}{t}) - 4}{4} \sum_{j=1}^{n} \rho_j^2}$$

und dem Mittelpunkt $M = (m_1, \ldots m_n)$ mit

$$m_j = \frac{1 + t}{2t} \rho_j \, .$$

Man sieht, daß man mit der euklidischen Distanz dieselbe Dokumentenmenge finden kann wie mit dem Ähnlichkeitsmaß von Tanimoto. Man kann zeigen, daß auch die Umkehrung gilt. Den Bereich der gefundenen Dokumente wollen wir in Abbildung 2 darstellen.

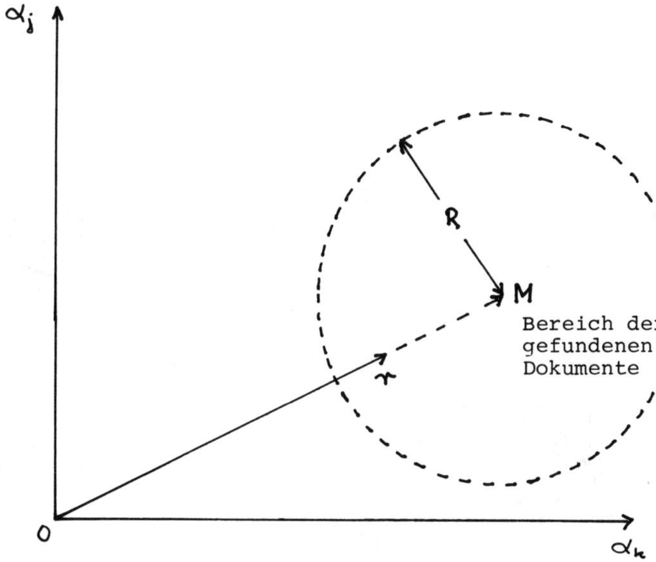

Abb. 2: Teilung der Menge der Dokumentenbeschreibungen durch eine Kugeloberfläche.

Beim Gebrauch des Maßes T_c erhalten wir

$$T_c(i,r) \geq t$$

$$\frac{\sum_{j=1}^{n} \alpha_j \, \rho_j}{\sqrt{\left(\sum_{j=1}^{n} \alpha_j^2\right)\left(\sum_{j=1}^{n} \rho_j^2\right)}} \geq t$$

Dadurch wird gerade das Innere eines Kegelmantels dargestellt (siehe Abbildung 3)

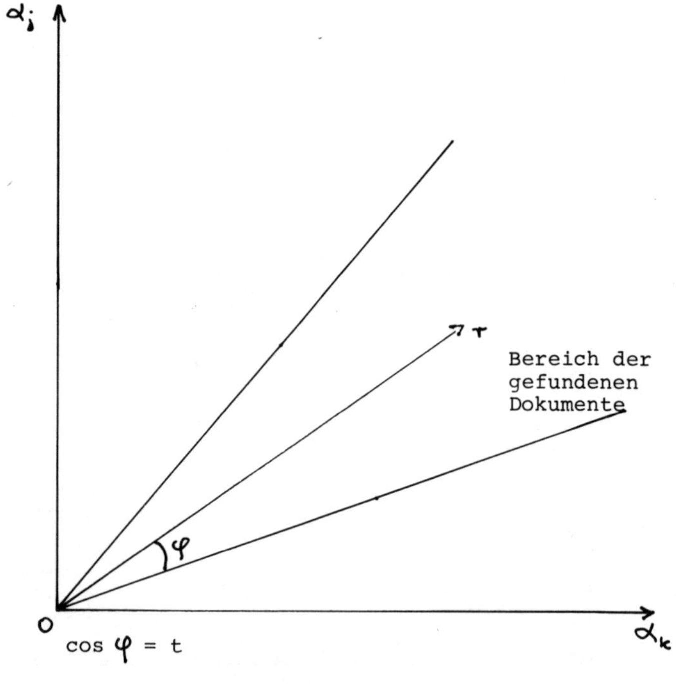

Abb. 3: Teilung der Menge der Dokumentenbeschreibungen durch einen Kegelmantel.

Durch diese geometrischen Betrachtungen sieht man sofort, daß im Gegensatz zum Booleschen Retrieval nicht jede Teilmenge des Dokumentenbestands durch Angabe einer Suchfrage und eines Schnitts gefunden werden kann. Dieser Sachverhalt weist z.B. auf die Begrenztheit des Suchfragenfeedbacks (9) hin, da sich das Retrievalergebnis durch Verschieben der Suchfrage nicht beliebig verbessern läßt. Eine ausführliche Diskussion des Konzepts des Dokumentenraums findet man in (11) und (12).

5 Fuzzy Information Retrieval

Das Retrieval-Modell, das in diesem Abschnitt vorgestellt wird, ist äquivalent dem Retrieval-Modell, das in (7) vorgeschlagen wurde. In (7) wurde zur Beschreibung explizit das Konzept der Fuzzy-Menge (13) benutzt, wobei man analog zum Booleschen Retrieval $\mu_r(i) = T(i,r)$ als verallgemeinerte charakteristische Funktion, als charakteristische Funktion einer Fuzzy-Menge, auffaßt. Wir wollen hier das Konzept der Fuzzy-Menge nicht einführen.

Es gibt bereits einige frühere Ansätze im Information Retrieval, bei denen Fuzzy-Mengen explizit benutzt wurden. Maron und Kuhns (14) haben das Konzept des probabilistischen Indexierens eingeführt und benutzen dabei Operationen, die für Fuzzy-Mengen charakteristisch sind. Zunde und Dexter (15) haben die Indexer-Konsistenz betrachtet und dabei Fuzzy-Mengen benutzt. Negoita (16) beansprucht, der erste zu sein, der Fuzzy-Information Retrieval Systeme modelliert hat. Bei dem in (7) dargestellten Modell wird implizit Zadehs Konzept der linguistischen Variablen benutzt (17).

Wir definieren jetzt wieder die Bestandteile des Information Retrieval Systems $S = (I,R,V,T)$.

R_o sei eine Menge von n Termen. I wird genauso definiert wie beim Retrieval mit Ähnlichkeitsmaßen. R wird folgendermaßen definiert:

i) Wenn $a \in R_o$, dann $a \in R$.

ii) Wenn $r_1, r_2 \in R$, dann $r_1 \wedge r_2 \in R$.

iii) Wenn $r_1, r_2 \in R$, dann $r_1 \vee r_2 \in R$.

iv) Wenn $r \in R$, dann $\neg r \in R$.

Diese Suchfragenmenge hatten wir bereits beim Booleschen Retrieval. Zusätzlich definieren wir noch Operatoren (18), um Teile von Suchfragen zu gewichten.

v) Wenn $o \leq \alpha$, $r \in R$, dann $r^{\alpha} \in R$.

vi) Wenn $o \leq \alpha \leq 1$, $r \in R$, dann $\alpha \cdot r \in R$.

vii) Das sind alle Suchfragen.

V ist die Menge aller reellen Zahlen zwischen Null und Eins, d.h.

$$V = \{ x \in \mathbb{R} \mid o \leq x \leq 1 \}$$

Als nächstes definieren wir die Retrievalfunktion T.
Sei $i = (\beta_1, \ldots, \beta_m)$ eine Dokumentenbeschreibung.

i) Wenn $a_j \in R_o$, dann $T(i,a_j) = \beta_j$.

ii) $T(i,r_1 \wedge r_2) = \min (T(i,r_1), T(i,r_2))$.

iii) $T(i,r_1 \vee r_2) = \max (T(i,r_1), T(i,r_2))$.

iv) $T(i,\neg r) = 1 - T(i,r)$.

v) $T(i,r^{\alpha}) = T^{\alpha}(i,r)$.

vi) $T(i,\alpha r) = \alpha T(i,r)$.

Beispiel:

Sei $R_o = \{ a,b,c,d,e \}$. Sei weiter $i = (1,\frac{1}{2},o,o,\frac{1}{3})$ eine Dokumentenbeschreibung und $r = (a \wedge \frac{1}{2}b) \vee ((\neg c) \wedge d)$ eine Suchfragenbeschreibung. Die Anwendung der Retrievalfunktion T ergibt

$$
\begin{aligned}
T(i,r) &= T(i,(a \ \tfrac{1}{2}b) \quad (\ c) \ d)) \\
&= \max(T(i,a \ \tfrac{1}{2}b), \ T(i,(\ c) \ d)) \\
&= \max(\min(T(i,a), \ T(i,\tfrac{1}{2}b)), \ \min(T(i,(\ c)), \ T(i,d))) \\
&= \max(\min(1,\tfrac{1}{2}T(i,b)), \ \min(1-T(i,c), \ o)) \\
&= \max(\min(1,\tfrac{1}{4}), \ o) \\
&= \max(\tfrac{1}{2},o) \\
&= \tfrac{1}{4} \ .
\end{aligned}
$$

Eine andere Möglichkeit der Definition der Retrievalfunktion findet man bei Maron und Kuhns (14). Dabei werden die Gewichte als Wahrscheinlichkeiten betrachtet. Statt ii) und iii) bildet man ii') und iii'):

ii') $T(i,r_1 \quad r_2) = T(i,r_1) \cdot T(i,r_2)$

iii') $T(i,r_1 \quad r_2) = T(i,r_1) + T(i,r_2) - T(i,r_1) \cdot T(i,r_2)$

Beispiel:

r und i seien wie im vorigen Beispiel. Dann ist

$$
\begin{aligned}
T(i,r) = {} & T(i,a \ \tfrac{1}{2}b) + T(i,(\ c) \ d) \\
& - T(i,a \ \tfrac{1}{2}b) \cdot (T(i,(\ c) \ d)
\end{aligned}
$$

$$T(i,a \ \tfrac{1}{2}b) = T(i,a) \cdot T(i,\tfrac{1}{2}b) = 1 \cdot \tfrac{1}{4} = \tfrac{1}{4}$$

$$T(i,(\ c)\ d) = T(i,(\ c)) \cdot T(i,d)$$

$$= (1-T(i,c))\ T(i,d)$$

$$= (1-o) \cdot o = o\ .$$

Also ist

$$T(i,r) = \frac{1}{4}\ .$$

Die beiden in diesem Abschnitt dargestellten Modelle sind im System FAKYR (19) implementiert und mit den ADI- und TRE-Beständen bewertet worden. Dabei hat sich bei diesen Testbeständen das Fuzzy Retrieval als leistungsfähiger als das Boolesche Retrieval und das Retrieval mit Ähnlichkeitsmaßen erwiesen. Die beiden Modelle des Fuzzy Retrieval haben sich als untereinander gleichwertig gezeigt.

6 Schlußbemerkungen

In dieser Arbeit haben wir mehrere mathematische Modelle für Information Retrieval Systeme dargestellt. Es ist klar, daß das Aufstellen und Untersuchen mathematischer Modelle allein nicht ausreicht. Mathematische Modelle sind aber im Forschungsprozeß wichtige Hilfsmittel, denn sie liefern z.B. eine eindeutige Beschreibung der implementierten Verfahren und erleichtern so das Aufstellen von Hypothesen. Sie sind damit ein unentbehrliches Hilfsmittel zum Entwurf und zur Analyse von Information Retrieval Systemen.

Literatur

(1) Steinacker, I.: Dokumentationssysteme, Berlin, 1975.

(2) Hermes, H.: Aufzählbarkeit, Entscheidbarkeit, Berechenbarkeit, Berlin, 1961.

(3) Edmundson, H.P.: Mathematical Models in Linguistics and Language Processing, in: Borko, H. (Ed.) Automatic Language Processing, Wiley, 1968.

(4) Bollmann, P.; Konrad, E.; Schneider, H.-J.; Zuse, H.: Das FAKYR-Projekt 1972 - 1978, Fachbereich Informatik der TU Berlin, Berlin, 1978.

(5) Bookstein, A.; Cooper, W.: A General Mathematical Model for Information Retrieval Systems, Library Quarterly, 46(1976), S. 153 - 167.

(6) Cherniavsky, V.S.; Lakhuty, D.G.: Problem of evaluating retrieval systems I, Naucno Techniceskaja Informasia, ser. 2, 197o, S. 24 - 3o (AJ. 7o8.141) (russisch). Englische Übersetzung in: Automatic Documentation and Mathematical Linguistics, Vol. 4, S. 9 - 26.

(7) Bollmann, P.; Konrad, E.: Fuzzy Document Retrieval, Proceedings of the Third European Meeting on Cybernetics and Systems Research, 1976 (im Druck).

(8) Salton, G.: Dynamic Information and Library Processing, Englewood Cliffs, 1975.

(9) Salton, G.: Automatic Information Organization and Retrieval, New York, 1968.

(1o) Bock, M.; Hausen, H.L.; Konrad, E.; Zuse, H.: FAKYR - An On-Line Information Retrieval System, Proceesings of the 1975 Conference on Information Sciences and Systems, S. 364 - 369, Baltimore, 1975.

(11) Meineke, P.; Atherton, P.: Knowledge Space - A Conceptual Basis for the Organization of Knowledge, Journal of the American Society for Information Science, 1976, S. 18 - 24.

(12) McGill, M.J.: Knowledge and Information Spaces: Implications for Retrieval Systems, Journal of the American Society for Information Science, 1976, S. 2o5 - 21o.

(13) Zadeh, L.A.: Quantitative Fuzzy Semantics, Information Science, 3(1971), S. 159 - 176.

(14) Maron, M.E.; Kuhns, J.L.: On Relevance, Probabilistic Indexing and Information Retrieval, Journal of the Association for Computing Machinery, 7(196o), S. 216 - 244.

(15) Zunde, P.; Dexter, M.E.: Indexing Consistency and Quality, American Documentation, 2o(1969), S. 259 - 267.

(16) Negoita, C.V.; Flondor, P.: On Fuzzyness in Information Retrieval, Int.J. for Man-Machine Studies, 8(1976), S. 711 - 716.

(17) Zadeh, L.A.: The Concept of a Linguistic Variable and its Application to Approximate Reasoning II, Information Sciences, 8(1975), S. 3o1 - 357.

(18) Zadeh, L.A.: A Fuzzy-Set-Theoretic Interpretation of Linguistic Hedges, Journal of Cybernetics, 1972, S. 4 - 34.

(19) Apitzsch, J.; Bollmann, P.; Heinrich, A.; Konrad, E.; Schneider, H.-J.; Zuse, H.: FUZZY FAKYR - Design, Implementation and Evaluation of a Fuzzy Document Retrieval System, Bericht Nr. 78/2 des Fachbereichs Informatik der TU Berlin, Berlin, 1978.

Georg Barth

DIRS – STAIRS – TELDOK.
Ein Vergleich dieser Systeme anhand eines Retrievalbeispiels

Zusammenfassung

Im IuD-Bereich wird eine Vielzahl von verschiedenen Retrievalsystemen angewendet. Die Funktionsweise ist bei allen Systemen prinzipiell gleich; sie unterscheiden sich aber in einigen wichtigen Funktionen. Das durchgeführte Beispiel mit den Systemen DIRS, STAIRS und TELDOK zeigt diese Unterschiede auf.

Abstract

In the field of information and documentation, a number of different retrieval systems are used. All systems function in approximately the same way; they differ, however, in a few important retrieval functions. A retrieval example carried out with the systems DIRS, STAIRS and TELDOK demonstrates their differences.

1. Einleitung

Für den Benutzer eines maschinellen Information-Retrieval-Systems (IRS) sind die Funktionen der Retrievalsysteme besonders wichtig, entscheiden diese doch über die Qualität der Frageformulierung, der Suche und der Ausgabe. Da der Benutzer in der Regel von dem vollständigen System kaum mehr erfährt als er braucht, um die Funktionen zu beherrschen, sollen die zu behandelnden Retrievalsysteme vorwiegend unter diesem Aspekt gesehen werden.

1.1 Ziel des Vergleichs

Die Untersuchung beschränkt sich dabei auf die drei Retrievalsysteme DIRS, STAIRS und TELDOK (1), da gerade diese im öffentlichen IuD-Bereich der Bundesrepublik Deutschland hauptsächlich zur Anwendung kommen. Die Nutzung der amerikanischen Systeme geschieht bislang mehr in der Privatindustrie (vgl. Artikel Jabben in diesem Band).

Zu untersuchen ist folgende Aufgabe: Wie löst man ein gestelltes Retrievalproblem mit diesen Systemen, und welche Möglichkeiten gibt es zur formalen Darstellung der Information sowohl auf dem Bildschirm (Terminal) als auch in der gedruckten Ausgabe? Welche Hilfestellungen bieten die einzelnen Systeme bei der Suche an?

Eine bewertende Beurteilung der Systeme ist nicht beabsichtigt. Berücksichtigt man für die Bewertung der drei Systeme die Struktur des Ausgangsmaterials, d.h. der zugrundeliegenden Datenbasis, so wird man sicherlich erkennen können, daß ein gestelltes Problem mit dem einen oder anderen System günstiger oder einfacher zu lösen ist.

1.2 Benutzte Rechner und Datenbasen

Die Retrievalbeispiele mit DIRS2 wurden auf den Siemens-Rechnern 7760 des Deutschen Instituts für medizinische Dokumentation und Information (DIMDI) in Köln und der Gesellschaft für Information und Dokumentation (GID) in Frankfurt/Main an mehreren Informationsbanken medizinischen und biologischen Inhalts (z.B. MEDLARS

(2)) durchgeführt.

Die Beispiele für STAIRS, in einzelnen Fällen mit STAIRS-TLS (3), sind auf dem IBM-Rechner 370/148 der GID in Frankfurt/Main an mehreren Informationsbanken naturwissenschaftlichen und geisteswissenschaftlichen Inhalts (z.B. FSTA (4)) durchgeführt worden.

Für die Anwendung von TELODK stand der Telefunken-Rechner TR 440 der Universität Trier zur Verfügung; die benutzten Informationsbanken enthielten Literatur zu betriebswirtschaftlichen und psychologischen Themen (z.B. PABS (5)).

Die Anwendungen der drei Systeme waren die Grundlage für die Durchführung des Vergleichs. Die hierbei gewonnenen Erfahrungen sollen anhand eines simulierten Beispiels dargestellt werden, in dem die gleiche Fragestellung in allen drei Systemen behandelt wird, um so einen direkten Vergleich der Systeme zu veranschaulichen.

1.3 Darstellung der Systeme

Allen drei Systemen liegt die Aufgabe zugrunde, einem Benutzer Dokumente nachzuweisen, die für die Lösung seines Problems wichtig sind, die ihm aber nach Möglichkeit noch nicht bekannt sind.

DIRS2 (A) ist die dialogfähige Retrieval-Komponente des Software-Pakets GRIPS (General Relation Based Information Processing System). Dabei bedient sich DIRS2 weiter der Systeme DLPG (DIMDI's List Program Generator), ein System zur Erstellung von Listen, Tabellen und Diagrammen, und DIAS (DIMDI's Administration System), ein System zur Durchführung von Auftragsabwicklung, Abrechnungen und Datenschutz (6).

STAIRS/VS (B) ist ein Online-Dialogsystem, das unter der Kontrolle von CICS (Customer Information Control System) läuft; dabei ist CICS ein interaktives, auf die Benutzung von Terminals ausgerichtetes System (7). STAIRS/VS-TLS (Thesaurus and Linguistic Integrated System) ist eine Retrievalerweiterung, wobei als Basis-Retrievalsystem STAIRS/VS verwendet wird. Die Möglichkeit des Einsatzes von Thesauri gestattet deskriptororientiertes Suchen. Weiterhin versucht ein Wortformengenerator (auf der Basis tatsächlich flektierter Wortformen des STAIRS-Wörterbuchs) dem Problem der morphologischen Abweichungen von Wörtern besser Rechnung zu tragen, als es mit den herkömmlichen Truncation-Verfahren möglich ist (8).

TELDOK (C) ist ein allgemeines Informationsbereitstellungssystem. Der angewendete Retrievalalgorithmus stützt sich primär nicht auf eindeutig identifizierbare Ordnungsmerkmale, sondern benutzt Schlagwörter, sogenannte Deskriptoren, wobei ein Dokument mehrere Deskriptoren haben und ein Deskriptor mehreren Dokumenten zugeordnet werden kann (9).

Die Systeme (A) und (B) erlauben zusätzlich eine Freitextsuche in den Titeln und Referatetexten auf der Basis von Kontextoperatoren, d.h. über die in der Boole'schen Algebra vorkommenden Operatoren 'Und', 'Oder', 'Und Nicht' hinaus sind weitere Verknüpfungen möglich (vgl. Abschnitt 4.2.2).

2. Terminalsitzung

2.1 Terminal-Hardware

Die Recherchen wurden an Bildschirmgeräten verschiedener Größe und unterschiedlichen Komforts (10) mit angeschlossenem Protokolldrucker (DIRS2, STAIRS) durchgeführt; es ist auch möglich, den Dialog mit DIRS2 und STAIRS auf schreibenden Terminals durchzuführen, wenn auch dabei einige wesentliche Vorteile der Retrievalsysteme verlorengehen (z.B. Ankreuzen von vorgegebenem Text oder Korrekturmöglichkeiten bei der Eingabe).

2.2 Eröffnung des Dialogs

Im Gegensatz zu STAIRS, bei dem der Eröffnungsdialog am einfachsten ist und am schnellsten vollzogen werden kann, hat man bei den beiden anderen Retrievalsystemen sehr viele Kommandos einzugeben. Diese Tatsache wirkt sich vor allem dann sehr negativ aus, wenn man den Dialog öfters unterbricht und jedesmal die gesamte

Prozedur neu ausführen muß. Bei allen Systemen wird dabei eine Überprüfung der Zugriffsberechtigung vorgenommen. Dies geschieht über ein dem jeweiligen Benutzer zugeteiltes Passwort.

Bei DIRS2 und TELDOK muß der Benutzer zunächst den Eingangsdialog auf Betriebssystemebene vollziehen. Die jeweiligen Kommandos lauten, verbunden mit einem Benutzernamen und Passwort (bei TELDOK zusätzlich mit der Angabe der Verrechnungsstelle)

(A) /LOGON ...
(C) #XBG ...

Für die Benutzung von TELDOK ist es weiter notwendig, Speicherplatz, Rechenzeit und den zu erwartenden Druckumfang vorzumerken. Obwohl i.a. die Dateien der Informationsbanken, auf die man zugreifen will, schon online zur Verfügung stehen, muß der TELDOK-Benutzer diese mit dem Kommando

EINSCHL ... (Einschleusen einer Externendatei)

aufrufen. Anschließend erfolgt der Aufruf des Retrievalsystems.

Um mit STAIRS arbeiten zu können, genügt die Eingabe eines einzigen Kommandos für den Eingangsdialog, über das auch die Abrechnung gesteuert wird.

(B) AQUA pppp kkkkk (11)
(pppp Passwort
kkkkk Benutzername)

DIRS2 fordert außerdem noch das Ausfüllen eines Formulars am Bildschirm mit Namen, Passwort, Such- und Rechennummer. Diese sehr aufwendige Form war offenbar u.a. deshalb nötig, damit zusätzlich eine Profilverarbeitung und die Abarbeitung von retrospektiven Recherchen auf die nicht online zur Verfügung stehenden Datensegmente im Stapelbetrieb sowie Druckaufträge gesteuert werden können.

2.3 Aufruf der Informationsbank

Nachdem der Rechercheur diese Prozeduren durchgeführt hat, muß er die Informationsbank auswählen, auf die er zugreifen will. DIRS2 bietet ihm in Form einer Tabelle alle zur Verfügung stehenden Banken an, wobei er die betreffende ankreuzen und das online verfügbare Segment noch einschränken kann (z.B. die letzten zwei Jahre aus insgesamt fünf Jahren).

Bei STAIRS und TELDOK gibt man einen dem Benutzer bekannten Namen ein; STARS-TLS bietet ebenfalls eine Tabelle an. Auch hier wird eine Zulassungsprüfung vom System vorgenommen, sei es in Form einer reduzierten Tabelle oder der Annahme bzw. Ablehnung des eingegebenen Banknamens.

Bei allen drei Systemen kann man jetzt das eigentliche Retrieval mit der Suche oder dem Blättern im Wortbestand oder in den Dokumenten unter Benutzung der anderen Hilfskommandos beginnen.

2.4 Wechsel der Informationsbank

Vor der Gegenüberstellung der eigentlichen Retrievalfunktionen der einzelnen Systeme soll - entsprechend den Möglichkeiten zur Eröffnung des Dialogs - kurz auf die Möglichkeiten der Systeme nach Beendigung eines Retrievalvorgangs eingegangen werden.

Bei DIRS2 und STAIRS gibt es ein Kommando, die Informationsbank zu wechseln, ohne ganz abschließen zu müssen. Hierbei verlangt DIRS2 zusätzlich noch einmal ein Passwort.

(A) @ END BUT
(B) ..CHANGE

Im Gegensatz dazu muß man TELDOK mit

(C) *ENDE

beenden und danach neu starten.

2.5 Beenden des Dialogs

Das Ende des gesamten Dialogs mit dem Betriebssystem wird durch

(A) @ END (LOGOFF erfolgt automatisch durch das System)

(B) ..OFF

(C) #XEN

herbeigeführt. Dies hat zusätzlich zur Folge, daß alle bis dahin gestellten Fragen, die zwischengespeichert worden sind, gelöscht sind.

(Weitere Möglichkeiten der Fragespeicherung (Profilverarbeitung, Dialogunterbrechung) s. Abschnitt 6.)

3. Mögliche Kommandos

Jeder Vorgang während des Dialogs erfolgt unter einem bestimmten "Modus", für den ein entsprechendes Kommando vorher eingegeben werden muß. Bleibt man innerhalb des gleichen Modus, so braucht das Kommando nicht bei jeder Wiederholung neu eingegeben zu werden.

Die Kommandowörter beginnen bei den einzelnen Systemen mit verschiedenen Steuerzeichen: DIRS2 @ , STAIRS .., TELDOK *.

In den verschiedenen Systemen werden aber im allgemeinen unterschiedliche Kommandonamen für gleiche Prozeduren benutzt. Die Kommission der Europäischen Gemeinschaft hat deshalb einen Studienauftrag gegeben: Die Entwicklung einer standardisierten Abfragesprache für Retrievalsysteme (Common Command Language). Dieser Bericht (A.E. Negus, INSPEC) enthält einen Vorschlag für eine gemeinsame Kommandosprache, die für EURONET zunächst in die Systeme RECON und STAIRS sowie DIRS implementiert werden soll. In Abbildung 1 sind die für DIRS3 (Erweiterung von DIRS2) vorgesehenen Kommandos der Common Command Language mitaufgeführt.

Aus der Tatsache, daß TELDOK mehr Kommandos hat, kann nicht auf eine höhere Anzahl an Funktionen geschlossen werden. Bei den anderen Systemen (A,B) können die Kommandos zusätzlich stark spezifiziert werden, während TELDOK für jeden Unterbefehl ein eigenes Kommando vorgesehen hat.

Bedeutung	DIRS2	STAIRS	TELDOK	DIRS3
Suche	SEARCH	SEARCH	(Default) (2); DEUTSCH, FORMAL	FIND
sequentielle Suche	(ST) (1)	SELECT	GENAU, NACH, VOR, ZWISCHEN	(ST) (1)
Erweiterung einer Suchanfrage			LOEHID, SAMHID; ERWEITERN, GIBSEM; KUERZEN	
Blättern im Wortmaterial	BROWSE	ROOT (1)	GIBTHE; GIBHID, GIBVER; MITANZ, OHNANZ	DISPLAY
Ausgabe der Tabelle (Frageformulierungen und/oder aus einem Wörterbuch übernommene Eintragungen) + Informationen zum Ergebnis	TAB	DISPLAY	GIBANZ, WIELAUT GIBMAT, GIBMAX, GIBTAB	TAB
Löschen von Frageformulierungen	CLEAR	PURGE	LOESCHE	DELETE
Anzeige von Dokumenten	DISPLAY	BROWSE	GIBDOK, TEILDOK; MITDOK, OHNDOK, MITGEB, OHNGEB	SHOW
Drucken von Dokumenten	LIST	MAIL, PRINT; COPY	UEBERGIB	PRINT
Sortieren von Dokumenten	(LIST) (3)	SORT	UM	(PRINT) (3)
Profilverarbeitung	(LIST) (3); RESTART	SAVE; EXEC	SAMMLE; DEFINIERE, PROZEDUR	SAVE; (FIND) (3)
Hilfen	EXPLAIN	HELP	ERKLAERE, GIBKAT, HILFE, INFORM; ANZAHL	HELP; NEWS INFO

Abbildung 1 Gegenüberstellung der wichtigsten Kommandos

(1) Unterkommandos von SEARCH; ST ≙ String Search
(2) Ohne speziellen Kommandoruf kann eine Suche gestartet werden.
(3) Da es für diesen Vorgang kein separates Kommando gibt, muß man sich dieser allgemeinen Kommandos bedienen.

4. Suche

Der Retrievalvorgang mit den einzelnen Systemen DIRS2, STAIRS (-TLS) und TELDOK soll anhand einer simulierten Anfrage gezeigt werden.

Gesucht wird nach Literatur - eigentlich nur nach den gespeicherten Referenzen der dokumentarischen Bezugseinheiten - über die Möglichkeiten der Ausfuhr von alkoholischen Getränken (z.B. Wein) aus Italien, die nach 1976 erschienen ist.

4.1 Wörterbucheinblick

Liegt der Datenbasis ein Thesaurus zugrunde, kann also mit Deskriptoren gesucht werden, so ist das Vorgehen im allgemeinen anders als bei der Suche mit Stichwörtern in Titeln und Referaten.

Für den Fall, daß ein Thesaurus mit seinen relationalen Strukturen gespeichert ist, fängt die Suche mit einem bestimmten Deskriptor des Thesaurus an. Dabei kann man sich bei DIRS2 mit Hilfe des Kommandos BROWSE und der Angabe, ob man Unter- oder Oberbegriffe oder Synonyme sehen will, einen Überblick über das Vorkommen von zutreffenden Begriffen verschaffen.

(A) BROWSE CT D=ALCOHOLIC BEVERAGES

Zwei Beispiele (Abbildung 2) sollen diese Möglichkeiten verdeutlichen.

Bei STAIRS kann ein solcher Einstieg nur erfolgen, wenn man mit STAIRS-TLS arbeitet. In beiden Fällen kreuzt man dann die zutreffenden Deskriptoren an, die in eine Tabelle übernommen werden; mit den Tabellennummern formuliert man anschließend eine Frage.

Einen Einblick ins Wörterbuch lassen auch STAIRS und TELDOK zu, jedoch können dabei gespeicherte Strukturen nicht abgefragt werden.

Abbildung 2 Anzeige einer Thesaurusstruktur durch das Kommando BROWSE bei DIRS2

```
*B CT T=PERICARDIUM
------------------------------------------------------------------------------
 A7 .................. CARDIOVASCULAR SYSTEM .......................... (418)727
 A7.541 ................ HEART ................................... (2884)4693
 A7.541.795 .............. PERICARDIUM ............................. (197)364
 A10 .................. TISSUE TYPES (NON MESH) ..........................
 A10.615 ................ MEMBRANES ............................... (264)1559
 A10.615.789 .............. SEROUS MEMBRANE ........................... (16)55
 A10.615.789.470 ............ PERICARDIUM ........................... (197)364
-- ALL BUT ------ END OF BROWSE ----------------------------------------------

*B CT=INFORMATION RETRIEV#;ALL
------------------------------------------------------------------------------
 INFORMATION RETRIEVAL SYSTEMS ...................................... (335)553
     MAJOR
     XRF=SEE              INFORMATION RETRIEVAL SYSTEMS
     XRF=SEE        FROM  INFORMATION STORAGE AND RETRIEVAL
     MAE=660100
     CA =L1.382.119.490
     CA =L1.382.497.572
     CA =L1.453.490
     ANN=ONLY /HIST /STAND; FOR AUTOMATED SYSTEMS DO NOT COORD WITH AUTOMATIC
    DATA PROCESSING
-- ALL BUT ------ END OF BROWSE ----------------------------------------------
```

Bei TELDOK kann man zusätzlich das Kommando GIBSEM verwenden (Ausgabe von semantischen Verknüpfungen, die in der Informationsbank gespeichert sind).

Bei STAIRS erhält man mit dem Unterkommando ROOT, ausgeführt im SEARCH-Modus, eine alphabetische Liste der in der Informationsbank vorkommenden Begriffe. Man gibt dazu das Wort oder einen Wortbeginn ein. Hierbei steht ein mehrgliedriger Begriff wie ALCOHOLIC BEVERAGES aber an zwei Stellen im Alphabet, da das Wörterbuch wortweise aufgebaut ist und solche zusammengesetzten Ausdrücke trennt. Das folgende Beispiel zeigt eine solche Ausgabe.

Wegen dieser Form der Abspeicherung hat man keine Möglichkeit des Ankreuzens und erhält erst bei der Frageformulierung die Fundstellenliste für solche Ausdrücke mit der Angabe der Häufigkeit.

(B) SEARCH ALCOHOLIC ADJ BEVERAGES

STAIRS kennt nur ein Wörterbuch, in dem alle Begriffe ohne Angabe der Herkunft, aber mit der Angabe der Häufigkeit, alphabetisch gespeichert sind; die Angabe der Fundstelle (Dokumentnr., Kategorieabschnitt, Wortnummer) steht in der invertierten Liste. Bei DIRS2 und TELDOK kann es zwei Arten von Wörterbüchern zu einer Informationsbank geben: Wörter aus Freitextkategorien stehen in einem Wörterbuch (mit der Information der Herkunft in der Fundstellenliste), die Inhalte der anderen Kategorien werden in kategoriebezogene Wörterbücher (z.B. Autoren) übernommen, wobei der Kategoriename als sogenannte Identifikation bei dem Wort mitabgespeichert wird. Die folgende Liste verdeutlicht diese Form.

Bei TELDOK würde eine solche Liste mit folgendem Kommando

(C) GIBTHE AU: MILLER A

aufgerufen.

INFORMAT	3294	OCCURRENCES		
INFORMATIK	1	OCCURRENCE	1	DOCUMENT
INFORMATION	3178	OCCURRENCES	2654	DOCUMENTS
INFORMATION/DOCUMENTATION	1	OCCURRENCE	1	DOCUMENT
INFORMATIONAL	4	OCCURRENCES	4	DOCUMENTS
INFORMATIONEN	52	OCCURRENCES	52	DOCUMENTS
INFORMATIONS	1	OCCURRENCE	1	DOCUMENT
INFORMATIONS-SEMINAR	1	OCCURRENCE	1	DOCUMENT
INFORMATIONS-ZENTRUM	2	OCCURRENCES	2	DOCUMENTS
INFORMATIONSAUSTAUSCH	1	OCCURRENCE	1	DOCUMENT
INFORMATIONSBLATT	1	OCCURRENCE	1	DOCUMENT
INFORMATIONSREISE	1	OCCURRENCE	1	DOCUMENT
INFORMATIONSSYSTEM	2	OCCURRENCES	2	DOCUMENTS
INFORMATIONSSYSTEME	1	OCCURRENCE	1	DOCUMENT
INFORMATIONSTAGUNG	2	OCCURRENCES	2	DOCUMENTS
INFORMATIONSVERBESSERUNG	1	OCCURRENCE	1	DOCUMENT
INFORMATIONSZENTRUM	1	OCCURRENCE	1	DOCUMENT
INFORMATIVE	32	OCCURRENCES	30	DOCUMENTS
INFORMATIVELY	1	OCCURRENCE	1	DOCUMENT
INFORMATIVES	1	OCCURRENCE	1	DOCUMENT
INFORMATN	1	OCCURRENCE	1	DOCUMENT
INFORMATORY	1	OCCURRENCE	1	DOCUMENT
INFORMATSII	5	OCCURRENCES	5	DOCUMENTS
INFORMATSIONNO-VYCHISLITEL'	1	OCCURRENCE	1	DOCUMENT
INFORMATSIYA	1	OCCURRENCE	1	DOCUMENT
INFORMATYKI	1	OCCURRENCE	1	DOCUMENT

<u>Abbildung 3</u> Auszug aus dem Wörterbuch einer STAIRS-Informationsbank

```
*B AU=MILLER#
--------------------------------------------------------------------------------
MILLER CL ............................................................ 17
MILLER CR .............................................................. 1
MILLER CS .............................................................. 1
MILLER CT .............................................................. 3
MILLER CW ............................................................ 17
MILLER D ............................................................. 33
MILLER DA ............................................................ 23
MILLER DB .............................................................. 9
MILLER DC ............................................................ 13
MILLER DD ............................................................ 12
MILLER DE .............................................................. 1
MILLER DF .............................................................. 1
MILLER DG .............................................................. 8
MILLER DH .............................................................. 2
MILLER DI .............................................................. 1
MILLER DJ ............................................................ 10
MILLER DK .............................................................. 3
MILLER DL ............................................................ 34
MILLER DM ............................................................ 10
MILLER DM JR ........................................................... 2
MILLER DR ............................................................ 19
--- ALL BUT ------ PAGE +0 -----------------------------------------------------
```

Abbildung 4 Auszug aus einem kategoriebezogenen Wörterbuch einer DIRS2-Informationsbank

Diese Speicherform ist vorteilhaft, wenn man Begriffe ausschließlich in einer bestimmten Kategorie sucht. Bei STAIRS qualifiziert man hingegen den Suchbegriff in der Frageformulierung auf eine bestimmte Kategorie (analog den Freitextwörtern bei DIRS2).

(B) SEARCH MILLER. AUTHOR.

4.2 Frageformulierung

Hat man zutreffende Begriffe auf die oben beschriebene Weise gefunden, beginnt die Suchformulierung.

4.2.1 Logische Verknüpfungen

Für den Fall, daß ein fester Wortbestand (Thesaurus bzw. Schlagwortliste) abgespeichert ist, genügt es, mit Hilfe der logischen Operatoren 'Und', 'Oder', 'Und Nicht' eine Frage zu formulieren.

(A) (ALCOHOLIC BEVERAGES OR WINE OR BEER) AND EXPORT
(B) (ALCOHOLIC ADJ BEVERAGES OR WINE OR BEER) AND EXPORT
(C) ALCOHOLIC BEVERAGES/WINE/BEER+EXPORT

Stellvertretend kann man natürlich auch die Tabellennummern der durch Ankreuzen im Wörterbuch in die Tabelle übernommenen Suchbegriffe in die Frageformulierung einbeziehen.

(A) OR(1;2;3) AND EXPORT

Während DIRS2 und STAIRS geschachtelte Frageformulierungen (durch die Verwendung von Klammern) zulassen, arbeitet TELDOK die Operatoren der Reihe nach ab, so daß in manchen Fällen mehrere Frageformulierungen hintereinander notwendig sind.

Zusätzlich hat TELDOK eine Funktion, gewichtetes Retrieval durchzuführen. Man gibt den einzelnen Suchbegriffen numerische Gewichte, um so Dokumenten, die sich durch weniger wichtige Suchbegriffe qualifizieren, einen niedrigeren Rang zuzuweisen. Außerdem erhält man eine Matrix, in der die Kombinationen der vorkommenden Begriffe aufgeführt sind.

(C) 32EXPORT, 8WINE, 4ALCOHILIC BEVERAGES, 1BEER

Abbildung 5 zeigt eine solche gewichtete Suche.

Das System verknüpft die Begriffe aus der Frageformulierung mit einem logischen 'Oder' und bildet entsprechend dem Vorkommen der Begriffe in den Dokumenten Klassen von Dokumenten. In diesem Beispiel repräsentiert z.B. Klasse 1 die Dokumente, in denen alle Suchbegriffe vorkommen und dementsprechend die Bewertung dieser Klasse der Gesamtsummen aller Gewichte entspricht. Interessiert man sich für alle Dokumente, in denen mindestens der Begriff TIER (mit dem Gewicht 8) vorkommt, so sind die Dokumente bis einschließlich Klasse 6 relevant.

In einer Matrix wird die Verteilung der Begriffe auf die einzelnen Dokumente angezeigt. Im abgebildeten Auszug enthalten z.B. die Dokumente Nr. 13-21 (mit der Bewertung 10) die Begriffe LEBENSMITTEL und TIER.

TELDOK erlaubt das Einbeziehen von sogenannten Hintergrunddeskriptoren durch die Kommandos GIBHID (Ausgabe von Hintergrunddeskriptoren), LOEHID (Löschen gewisser Begriffe aus dieser Liste), SAMHID (Einbeziehung dieser Begriffe in die Frageformulierung). Es werden aus qualifizierten Dokumenten zusätzlich vorkommende Deskriptoren herausgezogen und der Häufigkeit nach geordnet als Hintergrunddeskriptoren angeboten.

4.2.2 Kontextoperatoren

Bei vielen Datenbasen, die heute angeboten werden, enthalten die Dokumentationseinheiten noch zusätzlich Referate.

Die in diesen Referaten und Titeln vorkommenden Stichwörter werden häufig - nach Unterdrücken von Stoppwörtern (vgl. Artikel Bernhardt in diesem Band) - invertiert und stehen so als potentielle Suchargumente für das Retrieval zur Verfügung. Gibt es zu einer Datenbasis kein kontrolliertes Vokabular, so können Frageformulierungen lediglich mit diesen Stichwörtern (meistens als Einzelwörter) gebildet werden. In jedem Fall können diese Frei-

Abbildung 5 Tabellarische Übersicht einer gewichteten Suche bei TELDOK

```
*** KDO/SUCH A = FLEISCH,2LEBENSMITTEL,4VORBEUGEN,8TIER

DESKRIPTOR - DOKUMENT - ZUORDNUNG

FLEISCH (10)
LEBENSMITTEL (34)
VORBEUGEN (35)
TIER (57)


FOLGENDE DOKUMENTENTREFFER WURDEN ERZIELT
KLASSENANZAHL      = 13
MAXIMALE BEWERTUNG = 15

KLASSE  BEWERTUNG  ANZAHL DOK.

     1         15          1 VOLLTREFFER
     2         14          1
     3         12         10
     4         10          9
     5          9          4
     6          8         32
     7          7          1
     8          6          4
     9          5          1
    10          4         17
    11          3          1
    12          2         17
    13          1          2

DIE ANZAHL DER GEFUNDENEN DOKUMENTE IST : 100
```

Abbildung 5 (Fortsetzung)

LNR	BEW	1	2	3	4	5	6	7	8	9	10	11	12	13	14	15	16
		VERTEILUNG DER SUCHZEILENELEMENTE															
1	15	*	*	*	*												
2	14		*	*	*												
3	12			*	*												
4	12			*	*												
5	12			*	*												
6	12			*	*												
7	12			*	*												
8	12			*	*												
9	12			*	*												
10	12			*	*												
11	12			*	*												
12	12			*	*												
13	10		*		*												
14	10		*		*												
15	10		*		*												
16	10		*		*												
17	10		*		*												
18	10		*		*												
19	10		*		*												
20	10		*		*												
21	10		*		*												
22	9	*			*												
23	9	*			*												
24	9	*			*												
25	9	*			*												

SUCHZEILENELEMENTE

1 FLEISCH
2 LEBENSMITTEL
3 VORBEUGEN
4 TIER

Auszug aus der vollständigen Matrix (Zeilen 1 - 25 von 100 Zeilen ≙ Anzahl Dokumente) textwörter eine wichtige Hilfe bei der Spezifizierung der Frageformulierung darstellen. Vor allem der ungeübte Benutzer wird den Einstieg in ein Retrievalsystem zunächst eher über Freitextausdrücke als über ein kontrolliertes Vokabular finden.

Um aber auch mit einem Freitextvokabular zu befriedigenden Retrievalergebnissen zu kommen, muß das Angebot an Operatoren, durch die die Suchargumente verknüpft werden, erweitert werden. Damit sich ein Dokument auf eine Suchfrage als zutreffend qualifiziert,ist nicht allein das Vorkommen von Suchwörtern (Identität mit Stichwörtern) entscheidend, sondern auch der Kontext, in dem diese stehen. Man benötigt also sogenannte Kontextoperatoren, durch die der Abstand oder die Umgebung von Suchargumenten in Texten oder kategorieabhängigen Textabschnitten definiert werden können.

Während STAIRS zunächst nur ein Freitextretrievalsystem war, dem erst später die TLS-Komponente hinzugefügt wurde, war DIRS2 anfänglich ein deskriptororientiertes System, das später um Freitextmöglichkeiten erweitert wurde.

TELDOK hat keine Freitextmöglichkeiten. Man muß es als reines Deskriptorretrievalsystem ansehen. Das heißt nicht, daß man nicht auch freie Texte invertieren und absuchen könnte. Ohne zusätzliche Kontextoperatoren wird man damit aber kaum gute Ergebnisse erzielen.

Die zusätzlichen Operatoren beziehen sich bei DIRS2 und STAIRS auf die logische 'Und'-Verknüpfung. - Deren Funktionsweise wird nun an dem gegebenen Beispiel erläutert.

Voraussetzung für die Anwendung von Kontextoperatoren ist die Unterteilung (und damit Ansprechbarkeit) der Dokumente z.B. in Kategorien (Dokumentabschnitte), grammatikalische Sätze und Wortfelder. Jetzt kann entsprechend dem angegebenen Suchbeispiel nach alkoholischen Getränken sowohl im Titel als auch im Referat gesucht werden. Dabei sollen die Begriffe ALCOHOLIC und BEVERAGES zusammen in einem definierten Abschnitt vorkommen; aber sie brauchen nicht direkt benachbart zu sein, sondern es soll auch erlaubt sein, daß ein weiteres Wort dazwischen steht, z.B.

beverages with alcoholic admixtures

(Auf die Möglichkeit der Erweiterung der Suche durch Truncation wird anschließend eingegangen.)

STAIRS verwendet für die Operatoren mnemotechnische Wörter, DIRS2 begnügt sich mit Sonderzeichen (Ausnahme: AND). Die folgende Übersicht gibt Aufschluß über die verschiedenen Möglichkeiten.

Abbildung 6 Kontextoperatoren

Bedeutung	STAIRS	DIRS2
gemeinsames Vorkommen in einem Dokument	AND	AND
gemeinsames Vorkommen in einem Dokumentabschnitt	SAME (1)	ƀ...ƀ (2)
gemeinsames Vorkommen in einem grammatikalischen Satz	WITH (1)	ƀ...ƀ . (2)
Vorkommen von höchstens n Wörtern dazwischen		{ƀ....ƀ} (2) (3) (4) n Punkte, n ≠ 3
Vorkommen von genau n Wörtern dazwischen		{ƀ#ƀ#ƀ#ƀ} (2) (3) (4) n-mal #
direkte Nachbarschaft	ADJ	ƀ (2)

(1) Es gilt eine beliebige Reihenfolge der Wörter.

(2) Es gilt die eingegebene Reihenfolge der Wörter; andernfalls ist dem Operator ein Komma hinzuzufügen.

(3) Die Suche geht über den Satz hinaus; andernfalls ist ein Punkt nach dem letzten Fragewort zu setzen.

(4) Punkte und Nummernzeichen sind kombinierbar.

ƀ ≙ Leerstelle, # ≙ Nummernzeichen.

Beispiele hierzu können lauten

(A) ALCOHOLIC., BEVERAGES./TI/AB

(B) ALCOHOLIC WITH BEVERAGES. TI,AB.

Mit DIRS2 kann man hier etwas genauer fragen als mit STAIRS, da die Abstandsoperatoren exakter spezifiziert sind.

Die Qualifizierung von Freitextwörtern auf bestimmte Kategorien erfolgt in beiden Systemen durch Anhängen der Kategorienamen (vgl. Abschnitt 4.1).

Die oben schon erwähnte Truncation (Wortfragmentierung) gibt dem Benutzer Hilfestellung, wenn er sich nicht über die exakte Schreibweise des Suchwortes im klaren ist (z.B. Abweichungen Singular-Plural). Die verschiedenen graphematischen Abweichungen brauchen so nicht alle gesondert bei der Frageformulierung berücksichtigt zu werden. STAIRS kennt nur eine rechtsseitige Truncation, die man aber limitieren kann.

(B) BEVERAGE¬1

bedeutet, daß das System alle Wörter suchen soll, die mit dem eingegebenen Wortstamm bzw. Wortfragment identisch sind und ein Zeichen länger sein dürfen. Mögliche Flexionsendungen (Plural-s) können so rein formal bei dieser Form der Suche mit eingeschlossen werden.

STAIRS-TLS hat zusätzlich einen auf linguistischen Grundlagen arbeitenden Flexionsformengenerator eingebaut, der im Wörterbuch zu einem Suchwort, z.B. GEHEN, die flektierten Wörter GEHT, GING, GINGEN, GEGANGEN sucht. Der Generator bezieht sich bislang auf die englische, deutsche und französische Sprache. Dessen Leistungsstärke kann noch nicht repräsentativ eingeschätzt werden.

DIRS2 läßt neben der rechtsseitigen Truncation eine Mitte- und Links-Truncation zu. Dafür werden die einzelnen Wörter in kürzere Zeichenketten (z.B. drei Zeichen) zerhackt und in permutierter Form ins Wörterbuch übernommen. Dadurch wird eine sequentielle Suche über das gesamte Wörterbuch erspart.

Beispiele für solche Frageformulierungen mit Mitte- und Links-Truncation:

(A) AU=ME#ER (es wird ein Autor gesucht, der z.B. Meier oder auch Meyer geschrieben werden kann)

(A) ##KRAFTWAGEN (es werden Wörter wie Lastkraftwagen und Personenkraftwagen gesucht)

4.2.3 Sequentielle Suche

Das bisher geschilderte Vorgehen beruht auf der Suche in invertierten Dateien. Zusätzlich gibt es bei den Systemen eine sequentielle Suche.

DIRS2 hat zwei Möglichkeiten, die Menge der durch einen Suchvorgang qualifizierten Dokumente einzuschränken. Entweder können zusätzlich in der Fundstellenliste abgespeicherte "selektierende Bytes" (z.B. für Sprachangaben) abgefragt werden, oder es kann eine String Search (sequentielle Absuche des fortlaufenden Textes nach einer beliebigen Zeichenkette) durchgeführt werden.

STAIRS und TELDOK haben dafür eigene Kommandos, bei denen es möglich ist, eine Präzisierung des Suchergebnisses durch Vergleichsoperatoren (größer als, innerhalb von Grenzen, ungleich) zu erreichen. Bei STAIRS wird die der Testdatei vorgeschaltete Textindexdatei sequentiell durchsucht. Ähnlich wird die sequentielle Suche bei TELDOK durchgeführt.

Abschließend sollen Beispiele für Frageformulierungen zur Lösung des gestellten Problems in den drei Systemen gegenübergestellt werden (siehe Abbildung 7).

4.3 Tabelle

Zu jedem Zeitpunkt des Retrievals ist es möglich, sich den bisherigen Ablauf des Suchvorgangs am Bildschirm ausgeben zu lassen, z.B. in Form einer Tabelle aller bisher gestellten Fragen oder der aus dem Wörterbuch übernommenen Suchbegriffe (vgl. Abschnitt 4.2.3). Damit kann man sich vergewissern, wie weit der Suchvorgang schon fortgeschritten ist und für den Rückgriff auf bereits gestellte Fragen die Tabellennummern entnehmen. Dazu verwendet man die Kommandos (A) TAB, (B) DISPLAY, (C) WIELAUT und

Abbildung 7 Gegenüberstellung der verschiedenen Suchvorgänge

DIRS2	STAIRS	TELDOK (1)
1 CT = ALCOHOLIC BEVERAGES	1 ALCOHOLIC ADJ BEVERAGES.DESC.	A ALCOHOLIC BEVERAGES
2 CT = WINE	2 (WINE OR BEER).DESC.	B ALCOHOLIC BEVERAGE
3 CT = BEER	3 ALCOHOLIC WITH BEVERAGE¬1.TI,AB.	C 8WINE, 1BEER
4 ALCOHOLIC., BEVERAGE#/AB/TI	4 (1 2 3) AND EXPORT	D 4A,4B,1C,16EXPORT
5 OR(1;2;3;4) AND EXPORT	5 ITALY.CY.	E A/B/C+EXPORT
6 CY=ITALY	6 4 AND 5	F CY:ITALY
7 5 AND 6	7 6 YEAR GT 1976	G E+F
8 7 AND PY 1976		NACH(*JAHR,*1976)

(1) + ≙ Und / ≙ Oder - ≙ Und Nicht

GIBANZ. Bei DIRS2 kann man zusätzlich das Kommando TAB spezifizieren: die Frageformulierungen und die aus dem Wörterbuch übernommenen Begriffe können getrennt angezeigt werden.

Bei STAIRS z.B. erhält man dann folgendes Ergebnis angezeigt. (Siehe Abbildung 8)

5. Anzeige und Ausdruck

Die zu einer Suchformulierung gefundenen Dokumente oder Teile davon (z.B. nur das 5. bis 7. Dokument; nur bestimmte Kategorien) können am Bildschirm angezeigt und über einen Drucker (offline) ausgedruckt werden. Zusätzlich steht im allgemeinen noch ein Protokolldrucker zur Verfügung, der dem schnellen Festhalten von kurzen Informationen, die auf dem Bildschirm erscheinen, dient.

Generell können alle drei Systeme diese Funktion ausführen. Für die Ausgabe am Bildschirm ruft man die Kommandos

(A) DISPLAY, (B) BROWSE, (C) GIBDOK

auf. Ohne weitere Spezifizierung wird dann das erste Dokument zur laufenden abgeschlossenen Frage angezeigt. Dabei kann man sich auch nur Teile von Dokumenten (Kategorien) ausgeben lassen (Festlegung der "print specifications"). Dies ist wichtig, wenn man sich z.B. nur für eine Verfasserliste (aller gefundenen Dokumente) interessiert)

Auch der Zugriff auf Dokumente zu früheren Fragen ist dabei möglich; denn innerhalb einer Terminalsitzung werden alle Frageformulierungen und qualifizierten Dokumente gespeichert.

STAIRS bietet durch das sogenannte "Highlighting" einen zusätzlichen Komfort an: bei der Anzeige leuchten die Suchbegriffe doppelt hell auf, so daß ein schnelles Erkennen des Kontextes der Suchbegriffe möglich ist. In dem unten aufgeführten Beispiel (Abbildung 9) sind die Begriffe, die am Bildschirm heller leuchten, unterstrichen.

Abbildung 8 Frageübersicht durch das Kommando DISPLAY bei STAIRS

```
SEARCH - QUERY
00001 ALCOHOLIC ADJ BEVERAGES.PHRA.
    NUMBER OF OCCURRENCES = 000694         NUMBER OF DOCUMENTS = 000388
SEARCH - QUERY
00002 (WINE OR BEER).PHRA.
    NUMBER OF OCCURRENCES = 014293         NUMBER OF DOCUMENTS = 005042
SEARCH - QUERY
00003 ALCOHOLIC WITH BEVERAGE¬1.TITLE2,ABSTR.
    NUMBER OF OCCURRENCES = 000806         NUMBER OF DOCUMENTS = 000672
SEARCH - QUERY
00004 (1 2 3) AND EXPORT
    NUMBER OF OCCURRENCES = 000079         NUMBER OF DOCUMENTS = 000079
SEARCH - QUERY
00005 ITALY.HEAD.
    NUMBER OF OCCURRENCES = 000577         NUMBER OF DOCUMENTS = 000532
SEARCH - QUERY
00006 4 AND 5
    NUMBER OF OCCURRENCES = 000004         NUMBER OF DOCUMENTS = 000004
SELECT - QUERY
00007 6 SYEAR GT 71
    NUMBER OF OCCURRENCES = 000002         NUMBER OF DOCUMENTS = 000002
               ****    END OF DISPLAY, RETURN TO CONTINUE    ****
```

Abbildung 9 Dokument aus einer STAIRS-INFORMATIONSBANK

```
SELECT - QUERY
00007 6 SYEAR GT 71

FSTA73001499 DOCUMENT=        2 OF        2

      SYEAR    = 72
DOC-NO    FSTA 1973,02,D0070
CORP      Australia, Bureau of Agricultural Economics
SOURCE    Canberra, Australia, Government Publishing Service Documents and
          Discussion pp. J1-J139; 1972; En
TITLE1    (In 'National Agricultural Outlook Conference. Vol. III. Crop
          products'.)
TITLE2    The outlook for fruit.
ABSTR     A background paper (pp. J1-J79) reviews production, domestic and
          export markets in Australia, and developments in world production and
          trade for apples, fresh pears, citrus, dried vine fruit, wine grapes,
          canned deciduous fruit (peaches, pears and apricots), bananas, and
          canned pineapples. The following tables for the years 1960-1970 are
          presented: Production of selected fruits (apples, canning and
          non-canning pears, citrus, bananas, pineapples, dried vine fruit and
          canned fruit); Apparent per caput consumption of selected fruits;
          Apparent per caput consumption of major categories of fruit; Average
          annual wholesale prices for selected fresh fruit - Sydney; and
          Consumption of fruit per person in Australia, USA, UK, Canada,
          France, Italy, Federal Republic of Germany and Israel (1967-1969).
          (See FSTA (1972) 5 D248 for a previous report.) (See also following
          abstr.)
INDEX     *apples: apples in Australia.
          *apricots: apricots in Australia.
          *Australia: fruit in Australia.
```

<u>Abbildung 9</u> (Fortsetzung)

```
*bananas: bananas in Australia.
*Canada: fruit consumption in Canada.
*canned foods: canned fruit in Australia.
*citrus: citrus fruit in Australia.
*consumption: fruit consumption in Australia.
*dried foods: cried grapes in Australia.
*exports: fruit exports by australia.
*France: fruit consumption in France.
*fruit: fruit in Australia.
*Germany, Federal Republic of: fruit consumption in Federal Republic
of Germany.
*grapes: grapes in Australia.
*Italy: fruit consumption in Italy.
*Japan: fruit consumption in Japan.
*market: fruit market in australia.
*peaches: peaches in Australia.
*pears: pears in Australia.
*pineapples: pineapples in Australia.
*UK: fruit consumption in UK.
*USA: fruit consumption in USA.
*wines: wine grapes in Australia.

R0601 * END OF DOCUMENTS IN LIST - ENTER RETURN OR ANOTHER COMMAND.
```

Innerhalb der angezeigten Dokumente kann man mühelos (bei STAIRS) bzw. etwas aufwendiger (bei DIRS2) vor- und zurückblättern und springen. Dabei wird dem Benutzer in einer Titelzeile jeweils angezeigt, um welches Dokument der bei der Suche gefundenen Dokumente es sich handelt, bzw. bei längeren, über mehrere Bildschirmseiten gehenden Dokumenten, um welche Seite (vgl. Abbildung 9). Durch einen rollenden Bildschirm (der angezeigte Text wird jeweils um 10 Zeilen nach oben geschoben) ist bei TELDOK nur eine fortlaufende, nicht gekennzeichnete Anzeige möglich.

Für die gedruckte Ausgabe, d.h. für die Festlegung des Formats, wird bei STAIRS die Ausgabeform des Bildschirms zugrundegelegt, ohne daß man dabei alle Dokumente am Bildschirm gesehen haben muß. Die Kommandos fürs Drucken lauten PRINT und MAIL.

Bei TELDOK geschieht dies mit Hilfe des Kommandos UEBERGIB (Übergabe von Dokumentadressen in eine Datei).

DIRS2 verwendet für den Ausdruck den LIST-Generator DLPG (vgl. Abschnitt 1.3); dieser wird durch das Kommando LIST initiiert. Man kann ebenfalls Ausgabespezifikationen und Sortierkriterien angeben und zusätzliche Bemerkungen (Überschriften, Adressen) als Information für die Ausgabe eintippen. Hierfür muß ein sehr umfangreiches Formular ausgefüllt werden. Abbildung 10 zeigt dieses Formular, wie es dem Benutzer zum Ausfüllen am Bildschirm angeboten wird.

DIRS2 verwendet den LIST-Generator noch zusätzlich zur Profilverarbeitung und Verarbeitung von retrospektiven Recherchen von nicht online zur Verfügung stehenden Segmenten (vgl. Abschnitt 6).

6. Hilfsfunktionen

Dem Benutzer eines Retrievalsystems genügt im allgemeinen nicht nur eine rasche und möglichst vielseitige Fragebearbeitung (Suchvorgang) und Ausgabe der gefundenen Dokumente am Bildschirm bzw. durch den Offline-Drucker, sondern er will weitere Hilfsfunktionen angeboten bekommen, die ihm das Retrieval vereinfachen können.

Abbildung 10 LIST-Formular bei DIRS2

```
*L
--------------------------------------------------------------------------
OUTPUT ON CARDS( ),ON PAPER(+),"IMMEDIATE"( ) ?
OUTPUT BACK TO SEARCHER ? ( )
PRINT SEARCH FORMULATION ?( )
OUTPUT-LANG.   :ENGLI
ENTRY DATE     :01.77-05.79
PARAMETER      :ALL
SORTARGUMENTS :
REMARKS:
       :
       :
       :
MAIN SEARCH I-NO.:    2    MAX.NUM.OF CITATIONS:
TITLE:

ALTERNATIVE ADDRESS OF REQUESTOR (X)?
SUBSEARCHES  ( ), DLPG-OUTPUT     ( )?
```

```
*L
--------------------------------------------------------------------------
ADDRESS      :              (MR/MRS/MISS ETC.)
TITLE        :              INITIALS :
NAME OR      :
INSTITUTION:
             :
COUNTRY      :      (INTERNATL.CAR.-IDENTIFICATION)
STREET       :
ZIP/TOWN     :       /
```

Hierzu gehört ein Kommando für Sortiermöglichkeiten von gefundenen Dokumenten, d.h. Dokumente werden nach einem bestimmten Kategorieinhalt (z.B. Jahresangabe, absteigend) sortiert. (12)
DIRS2 läßt dabei eine mehrdimensionale Umsortierung zu, d.h. die Dokumente können in einem Sortiervorgang nach mehreren Kriterien geordnet werden.

Während DIRS2 nur eine Umsortierung bei der gedruckten Ausgabe (mit Hilfe des Kommandos LIST) kennt, können STAIRS und TELDOK zusätzlich auch Sortierungen für die Bildschirmausgabe ausführen.

Die Möglichkeit der Profilverarbeitung (für SDI) ist ebenfalls bei allen drei Systemen realisiert. Hat man ein Frageprofil für die retrospektive Recherche erstellt, so werden die Frageformulierungen (ohne die Fundstellen) durch die Kommandos (B) SAVE, (C) SAMMLE in eine eigene Datei weggespeichert. Der Benutzer vergibt jeweils einen Namen, unter dem das Profil gespeichert ist. Zum Wiederauffinden bzw. Verarbeiten eines solchen Profils werden die entsprechenden Kommandos (z.B. EXEC) aufgerufen.

DIRS2 benutzt den LIST-Generator für die Profilverarbeitung. Die Segmente, die online zur Verfügung stehen, kann man sofort durchsuchen (wie bei STAIRS und TELDOK). Die Frageformulierungen, die später regelmäßig abgearbeitet werden sollen, speichert man "als Druckauftrag" für zukünftige Segmente mit dem LIST-Kommando. Dazu wird im entsprechenden Formular im Feld ENTRY DATE (vgl. Abbildung 10) das Datum eingetragen (z.B. 12.80), bis zu dem das Profil verarbeitet werden soll.

Alle Systeme erlauben es, gespeicherte Frageformulierungen oder die aus dem Wörterbuch übernommenen Eintragungen in der Tabelle zu löschen, womit gleichzeitig die zugehörigen Fundstellenlisten gelöscht werden. Die entsprechenden Kommandos lauten

(A) CLEAR, (B) PURGE, (C) LOESCHE.

Ferner gibt es bei den drei Systemen Kommandos, durch die Erläuterungen zu Retrievalprozeduren und Fehlermeldungen vom System abgerufen werden können. Diese Erläuterungen sind aber so abgefaßt, daß sie mehr allgemeinen Charakter haben (wie bei einem Benutzerhandbuch) und nur in wenigen Fällen dem Benutzer eine direkte Hilfe bieten.

7. Schlußbemerkung

Wie schon eingangs erwähnt, ist es sehr schwierig, eine zusammenfassende Bewertung der vorgestellten Retrievalsysteme DIRS2, STAIRS und TELDOK vorzunehmen.

Außer der Retrievalseite spielen weitere Komponenten wie z.B. Antwortverhalten (CPU-Zeit), Dateiabspeicherung und vorhandene Hardware eine wesentliche Rolle. Diese müssen in eine Gesamtbewertung einbezogen werden (vgl. Artikel Bollmann/Cherniavsky sowie Möhr in Band 3).

Man kann jedoch behaupten, daß im Rahmen des Referenzretrieval alle anstehenden Retrievalprobleme von allen drei Systemen prinzipiell gelöst werden können. Dies ist für Benutzer insofern beruhigend, als im allgemeinen keine freien Wahlmöglichkeiten zugunsten eines bestimmten Systems gegeben sind.

Ist die Wahlmöglichkeit jedoch gegeben - wie es sich durch die Netzwerke abzeichnet -,sollten die jeweiligen Vorteile der Systeme Berücksichtigung finden. Darüber hinaus sollten die Herstellerfirmen versuchen, eine Vereinheitlichung sowohl auf der Seite der Möglichkeiten als vor allem bei der Kommandosprache (bisher gleiche Funktionen mit verschiedenen Kommandonamen) zu erreichen (vgl. Abschnitt 3). Dem Benutzer, der mit verschiedenen Systemen gleichzeitig arbeiten muß, würde mit einer solchen Common Command Language entscheidend geholfen.

Anmerkungen

(1) Die Reihenfolge der aufgeführten Systeme ist rein alphabetisch und stellt keine Qualitätsabfolge dar.

DIRS: DIMDI's Information Retrieval System (auf Siemens-Maschinen)

STAIRS: Storage and Information Retrieval System (IBM)

TELDOK: Telefunken Dokumentationssystem (Telefunken)

(2) MEDLARS: Medical Literature Analysis and Retrieval System. Zum Begriff "Informationsbank" vgl. Artikel Bernhardt in diesem Band.

(3) STAIRS und STAIRS-TLS: diese Unterscheidung wird hier nur gemacht, wenn die Funktionsweise differiert.

(4) FSTA: Food Science und Technology Abstracts (vgl. Artikel Schützsack in diesem Band)

(5) PABS: Psychological Abstracts

(6) Vgl. DIMDI, DIRS2-Benutzerhandbuch April 1978; s. auch Artikel Jabben in diesem Band.

(7) Vgl. IBM System/370 (OS/VS) Storage and Information Retrieval System/Virtual Storage (STAIRS/VS). Program Reference Manual. IBM World Trade Corp. IBM Form SH 12-5500-4 (Jan. 1978); s. auch Artikel Labouvie im 3. Band.

(8) Vgl. IBM System/370 Storage and Information System/Virtual Storage - Thesaurus and Linguistic Integrated System. Program Description and Operations Manual. IBM World Trade Corp. IBM Form SH 12-5318-0 (Nov. 1976).

(9) Vgl. Telefunken Computer: System TR 440. TELDOK Benutzerbeschreibung. Bestell-Nr. 440.GO.O2. Juni 1978; s. auch Artikel Langendörffer in diesem Band.

(10)

Siemens 8150	20 Zeilen,	54	Spalten	(*)
" 8151	20 "	54	"	(**)
" 8161	24 "	80	"	(**)
IBM 3276/3278	24 "	80	"	(**)
Telefunken SIG 50	20 "	48	"	(*)
" SIG 51	20 "	80	"	(**)

(*) nur Großbuchstaben, Ziffern und Sonderzeichen
(**) Groß- und Kleinbuchstaben, Ziffern und Sonderzeichen

(11) Aufruf von STAIRS-TLS durch AQTL

(12) Wenn nichts anderes bestimmt wird, kann man voraussetzen, daß die Reihenfolge der Dokumente in der Ausgabe (aufsteigend oder absteigend) der in der Textdatei festgelegten Folge entspricht.

Literaturverzeichnis (Auswahl neuerer Literatur)

Brühl, G.; Meder, W.: Funktionenkatalog. Benutzungsseitige Anforderungen an Information-Retrieval-Systeme. Berlin, Köln: Beuth, 1977. 227 S. (= ZMD-A-30)

Craemer, A.; Domke, M.; Durchholz, R.; Gesellschaft für Mathematik und Datenverarbeitung mbH, Bonn (GMD), Abt. für Behördliche DV-Systeme: Kurzbeschreibung von Information-Storage-and-Retrieval-Systemen. Heft 1-5. St. Augustin: GMD, 1972-1976

Davies, G.W.P.: Data base sharing in the EURONET environment. In: Advisory Group for Aerospace Research and Development (AGARD): The impact of future developments in communications, information technology and national policies on the work of the aerospace information specialist. Meeting, Oslo, 22.-23.06.1977. Neuilly-sur-Seine: AGARD, 1977, S. 11.1-11.5

Dragulev, V.; Schmid, H.; Gove, N.; Priemer, H.: Das Textinformationssystem STAIRS/VS in der Praxis. T.I.G.: STAIRS/VS im Rahmen der Informationssysteme INIS und AGRIS. In: IBM-Nachrichten 1977, Bd. 27 (h. 237), S. 281-288, 1 Abb., 10 Tab., 5 Lit.

Hall, J.L. (Bearb.): On-line information retrieval 1965-1976. London: Aslib, 1977. 132 S., 720 Lit.

Hall, J.L.: On-line information retrieval sourcebook. London: Aslib, 1977. 279 S., 34 Abb., 23 Tab., 425 Lit.

Hermann, W. (Hrsg.); IBM Deutschland, Stuttgart: STAIRS in der Praxis. Anwender berichten über ihre Erfahrungen. Stuttgart: IBM, 1977. 43 S., 18 Abb., 17 Tab., 38 Lit. (= IBM-Beiträge zur Datenverarbeitung. Anwendungen 6.)

Houghton, B.; Convey, J.: On-line information retrieval systems. London: Bingley, 1977. 160 S., 5 Abb.

1st international on-line information meeting. In: Online review 1978 Bd. 2 (H. 4), S. 329-236

König, E.: Kontrolliertes Vokabular - freie Textsuche. Ist das ein Widerspruch? In: Europäischer Regionalkongress des Bibliothekswesens und der Dokumentation der Agrarwissenschaften. München: Verlag Dok., 1978. S. 197-206, 4 Lit.

Krawulsky, R.; Supper, K.: Gesellschaft für Mathematik und Datenverarbeitung mbH Bonn (GMD), Abt. für Behördliche DV-Systeme: Datenbanksysteme. Erfahrungsberichte. H. 1: STAIRS. St. Augustin: GMD, 1974. Teil 1: Text; 2: Abb.

Negus, A.E.: EURONET guidelines. Standard commands for retrieval systems. Final report. London: INSPEC, 1977. 69 S.

Pulew, W.M.; Chlebarow, J.A.; Boitschew, B.; Kurtew, I.D.: STAIRS/VS in einem Zentralinstitut für wissenschaftliche und technische Information. In: IBM Nachrichten 1978 Bd. 28 (H. 241), S. 219-226, 8 Abb.

Sager, W.K.H.; Lockermann, P.C.: Classification of ranking algorithmen. In: International forum on information and documentation 1976 Bd. 1 (H. 4), S. 12-25, 5 Tab., 15 Lit.

Stellmacher, I.: Gestaltung benutzerfreundlicher Abfragesprachen. Entwicklungsunterlage MAJUS 2. In: Gesellschaft für Mathematik und Datenverarbeitung mbH Bonn (GMD), Institut für DV im Rechtswesen: Entwicklungsunterlagen MAJUS 1-4, 6, 8-20. St. Augustin: GMD, 1977. 25 S., 2 Abb., 10 Lit.

Supper, K.: Probleme bei der Auswahl von Datenbanksystemen. St. Augustin: GMD, 1976. 5 S. (Vortragsmanuskript)

Wessel, A.E.: Information im Dienste der Gesellschaft. Besitz und Zugriff bei automatisierten Informationssystemen. Neuwied: Luchterhand, 1976. 231 S., Lit.

Young, M.E.: On-line information retrieval systems. A bibliography with abstracts 1964-Sept. 1976. Springfiled, Va. US: NTIS, 1976. 172 S., 168 Lit. (= NTIS/PS 76/0755)

Zentralstelle für maschinelle Dokumentation (ZMD), Frankfurt: Zusatzprogramme für den Einsatz von STAIRS im IuD-Bereich. Berlin, Köln, Frankfurt: Beuth 1974. 47 S. (= ZMD-A-27)

Reinhard Jabben

Ein Vergleich der Dialogfunktionen von DIRS2 mit ORBIT (SDC) und DIALOG (Lockheed)

Zusammenfassung

Angesichts der Marktkonkurrenz der Informationssysteme und -netze spielen auch die angebotenen Dialogfunktionen eine wichtige Rolle. Hier wird das von den deutschen Datenbankbetreibern (Hosts), die in der DIANE/EURONET-Anfangsphase mit dabei sind, eingesetzte Retrievalsystem DIRS2 mit den weltweit bekanntesten Systemen ORBIT und DIALOG verglichen. Die allgemeinen Dialogfunktionen hinsichtlich der Organisation der Suche, des Retrieval und der Ausgabe werden erläutert, um dann die Lösungsweise bei den 3 Systemen gegenüberzustellen.

Abstract

Given the market competition among information systems and networks, the functions which their retrieval languages offer have an important role to play. This paper compares the retrieval system DIRS2, which is used by the German data bank suppliers (hosts) who are involved in the first stages of DIANE/EURONET, with the American systems ORBIT and DIALOG. General retrieval languages features concerning search organization, retrieval and output are outlined and the solutions offered by each of the three systems then compared.

1. Einleitung

Die meisten wichtigen Datenbasen werden von mehreren Datenbankbetreibern (Hosts) zum Online-Retrieval angeboten. Es ist also eine Konkurrenzsituation gegeben. Bei der Entscheidung, welche Zugriffsmöglichkeit zu wählen ist, wird der Benutzer (meist der Fachdokumentar) mehrere Faktoren berücksichtigen. Dazu gehören z.B.

- Kosten für die Nutzung der Datenbasis
- Anzahl der Datenbasen
- Komfort der Datenübertragung (z.B. Geschwindigkeit)
- Hardware-Ausstattung (Terminal, Drucker)
- Strukturierung der Datenbank (welche Felder sind suchbar?)
- Zeitlicher Umfang der online abfragbaren Dokumentationseinheiten der Datenbasis (seit wann recherchierbar?)
- Zeitliche Zugriffsbeschränkungen

Darüberhinaus wird die Retrieval-Software eine entscheidende Rolle bei der Auswahl des Systems spielen. Unterschiede im Funktionsangebot, in der Dialogführung und -unterstützung, in der Schnelligkeit und Sicherheit und andere Bewertungskriterien sollten dem Dokumentar bekannt sein, damit er entsprechend seinen Möglichkeiten und Bedürfnissen Vergleichs- und Auswahlkriterien gewinnen kann.

In diesem Beitrag soll nun versucht werden, die angebotenen *Dialogfunktionen* von drei Retrievalsystemen zu vergleichen. Obwohl die Systeme von den Herstellern laufend weiterentwickelt werden und sich die Funktionen und Befehle annähern, unterscheiden sich die meisten Systeme doch noch in vielen Punkten, da hardwaremäßige Rücksichten zu nehmen sind (z.B. Datenübertragung). Außerdem haben auch Änderungen in den Kommandofunktionen Konsequenzen für die Dateistruktur der aufgebauten Datenbanken, die aus Kosten- und Zeitgründen möglichst vermieden werden. Einer allgemeinen Anpassung von Retrievalsprachen an einen "common command set" stehen die meisten großen Datenbankanbieter skeptisch gegenüber (1).

Der Vergleich der Dialogsprachen soll einen Beitrag zur Einschätzung konkurrierender Informationsnetze leisten. Es werden dabei die zur Zeit den Markt dominierenden Systeme untersucht. Die etablierten amerikanischen Systeme ORBIT der System Development Corporation (SDC) und DIALOG der Lookheed Information Service (LIS) erlauben über die Datenübertragungsnetze TYMNET und TELENET den Zugriff auf über 100 verschiedene Datenbasen. Diese Möglichkeit wird in der Bundesrepublik Deutschland verstärkt genutzt, seit ab dem 1.8.1977 von der Bundespost ein Knoten in Frankfurt eingerichtet wurde. Deutsche und europäische Systeme konnten meist nur in eigenen Netzen (DIMDINET, ESANET) auf jeweils wenige Datenbasen zugreifen. Mit der Errichtung des europäischen Verbundsystems DIANE über das Kommunikationsnetz EURONET können deutsche Benutzer ab Mitte 1979 zwischen den Datenbasen von ca. 20 Hosts und dabei zwischen über 10 verschiedenen Retrievalsystemen wählen.

Die deutschen Hosts haben sich auf ein Datenbanksystem geeinigt. Das vom Deutschen Institut für Medizinische Dokumentation und Information (DIMDI) entwickelte Softwarepaket GRIPS mit seiner Retrievalkomponente DIRS2 (bzw. DIRS3) wird vom Fachinformationszentrum 4 in Karlsruhe, der Gesellschaft für Information und Dokumentation (GID) in Frankfurt und DIMDI in Köln eingesetzt.

Daher sollte es für den Dokumentar interessant sein, das von den deutschen Datenbankbetreibern favorisierte DIRS2 mit den weltweit meistbenutzten Systemen ORBIT und DIALOG zu vergleichen. Besonders neue Benutzer könnten so vielleicht einige Anhaltspunkte für ihre eigenen Systemvergleiche angeboten werden. ORBIT und Dialog können auch als stellvertretend für Systemfamilien angesehen werden, die in DIANE/EURONET vertreten sind: ORBIT ist mit ELHILL (eingesetzt in BLAISE) und DIALOG mit RECON (eingesetzt von IRS in Frascati) von der Systemgeschichte verwandt und in großen Teilen ähnlich.

Ausgehend von einem Funktionenkatalog (2) sollen allgemeine Dialogfunktionen kurz erläutert werden, um dann die jeweiligen Lösungen bei den drei Systemen gegenüberzustellen.

Die Dialogfunktionen werden auch an Forderungen für die Gestaltung von Abfragesprachen wie

- einfach beschreibbare Syntax und Wirkung der Befehle
- einheitlicher Aufbau der Befehle
- sinnvolle Abgrenzung der Befehle
- kurzer, nicht zu umständlicher Dialog
- Eindeutigkeit der Befehle und Parameter
- Fehlerunanfälligkeit des Systems
- Transparenz des Systems

gemessen (3,4).

2. Grundzüge der Dialogsprachen

Erste wesentliche Unterschiede der 3 Systeme zeigen sich in der Zahl der Kommandos sowie in den Möglichkeiten, durch Abkürzungen oder Sammeln mehrerer Kommandos zu einer Ausführungsphase (Kellerung, stacking) Zeit und Geld einzusparen.

9 Kommandoworte bei DIRS2 stehen jeweils weit über 20 bei DIALOG und ORBIT entgegen. Bei DIRS2 wird allerdings zwischen einstufigen und zweistufigen Kommandos unterschieden. Einstufige Kommandos werden vom System unmittelbar ausgeführt. Bei zweistufigen Kommandos werden weitere Angaben des Benutzers in ein vorgegebenes Formular erwartet. Der Schreibaufwand wird zum Teil durch die Möglichkeit des Ankreuzens bzw. des Verkürzens der Kommandos bis auf einen sinnvollen Rest verringert (5,6).

DIALOG bietet bei vielen Befehlen die Abkürzung auf den Anfangsbuchstaben oder ein Sonderzeichen an. Eine Reihe von Kommandos kann - durch Semikolon getrennt - eingegeben und auf einmal ausgeführt werden (7,8).

ORBIT erlaubt meistens nur dreibuchstabige Abkürzung der Befehle. Der Benutzer kann allerdings eigene Abkürzungen definieren. Kommandos können über mehrere Zeilen hinweg gesammelt werden (9).

In der Anlage der Dialogsprachen sind die unterschiedlichen Konzepte der 3 Systeme zu erkennen, die auf verschiedenen technischen Möglichkeiten beruhen. Während DIRS2 auf Bildschirmterminals und Datenübertragungsgeschwindigkeiten von 1200 bis 4800 bit/sec ausgerichtet ist, orientieren sich die wesentlich älteren amerikanischen Systeme an Fernschreibterminals mit Übertragungsraten von 120 bis 1200 bit/sec. Vorteilen dieser teletype-kompatiblen Terminals ,wie geringere Anschaffungskosten, Suchprotokoll und Ausgabe gleich als Hardcopy, größere Hardwareunabhängigkeit, stehen Nachteile bei der Realisierung einiger Funktionen und längere on-line Ausgabezeiten gegenüber.

3. Organisatorische Dialogfunktionen

Bevor die eigentliche Suche beginnen kann, sind einige Weichen zu stellen, um zum gewünschten System mit der ausgewählten Datenbasis zu gelangen. Es hat sich gezeigt, daß gerade diese organisatorischen Vorarbeiten den Zugriff zu den Datenbanken in Informationsnetzen wesentlich verlangsamen und damit behindern können.

Zugang zum System

Wenn man keinen Direktanschluß an die Hosts hat, wird man im Normalfall über Fernsprechleitungen zuerst einen Netzknoten der Datenübertragungsnetze (TYMNET, TELENET, DIMDINET) anwählen, der dann die Verbindung zu dem gewünschten Host herstellt. Erst nachdem bestimmte Voraussetzungen erfüllt sind - der Terminaltyp muß bezeichnet und die Benutzerkennung vom System akzeptiert werden -, kann die fachliche Recherche mit der Wahl der Datenbasis beginnen. Dabei können gelegentlich Schreib- und Datenübertragungsfehler mehrere Anwählversuche notwendig machen. Ist der Anschluß geschaffen, wird man bei ORBIT etwas persönlicher als bei anderen Systemen empfangen: "Hello from SDC-ORBIT...". Auch mit der Verabschiedung "Please hang up your telephone now. Good-bye..." soll wohl ein erster Schritt zur Vermenschlichung von Computer-Mensch-Kommunikationssystemen gemacht werden.

Bei DIRS2 ist der Eingangsdialog recht aufwendig geraten. Zusätzlich zum LOGON mit Passwort und Abrechnungsnummer muß DIRS2 von der Betriebssystemebene aus aufgerufen werden. Danach müssen Benutzerkennungen, Kundennummer und -name sowie eine Suchnummer in eine Tabelle eingetragen werden. Erst wenn auch diese Daten akzeptiert sind, kann der Benutzer mit der eigentlichen Arbeit beginnen.

Auswahl der Datenbasis

Da die Zahl der Datenbasen, die in jedem Host als Datenbank zur Verfügung stehen, ständig wächst, wird die Wahl der Datenbasis zunehmend schwieriger. Man wird manche Suchfragen nicht nur in einer, sondern in mehreren fachlich angrenzenden Datenbasen erneut abarbeiten müssen, so daß während einer Terminalsitzung ein Wechsel der Datenbasis notwendig wird. Man sollte allerdings immer vor der Dialogrecherche Erkundigungen über die in Frage kommenden Datenbasen einholen, so daß deren Inhalt, Umfang und Struktur bekannt sind. Alle Datenbasenhersteller und Hosts bieten gedrucktes Material dazu an.

Bei DIRS2 werden dem Benutzer alle momentan zur Verfügung stehenden Datenbasen in einem Formular angeboten. In diesem Formular erhält er zusätzliche Informationen über den Zeitraum, der vom online vorliegenden Teil der Datenbasis abgedeckt wird, sowie über mögliche Einschränkungen bei der Suche. So kann entweder nur ein Wörterbuch einer Datenbank vorhanden sein, so daß nur Deskriptor-Informationen möglich sind und Profilpflege betrieben werden kann, oder nur das Wörterbuch mit Adressendatei liegt online vor. Dann kann die Suche zwar durchgeführt werden, der Einblick in die gefundenen Dokumente aber bleibt dem Benutzer in dieser Sitzung verwehrt. Der ausgewählte Datenbestand wird im Formular angekreuzt. Ein Wechsel der Datenbasis ist nur bei Ende oder Abbruch des Dialogs mit "END BUT" möglich.

Bei Lockheed stehen im Frühjahr 1979 ca. 100 Datenbasen online zur Verfügung. Die Datenbasen sind nummeriert, und über "BEGINnummer" oder "FILEnummer" ist dann die Wahl zu treffen.

ORBIT bietet einen Index zu den Datenbasen als zusätzlichen online Datenbestand an (File DBI = Kumulierter Suchbegriff-Index der verschiedenen Datenbasen). Mit einem solchen Index ist allerdings lediglich eine Grobauswahl zu treffen. Ein Wechsel der Datenbasis ist bei beiden amerikanischen Systemen jederzeit über das FILE-Kommando möglich.

Auf die Übernahme von Suchfragen und Suchergebnissen beim Datenbasiswechsel wird im nächsten Kapitel noch eingegangen.

Einschränkungen in dem Umfang der zur Verfügung stehenden Datenbasen werden bei den amerikanischen Systemen seltener getroffen, sind aber letztlich nicht von den Dialogfunktionen abhängig, sondern von Datenbankaufbau- und Speicherorganisationsproblemen der Hosts.

Beenden des Dialogs

Allgemein werden nach dem END- oder STOP-Kommando einige Daten, z.B. zur bisherigen Anschaltzeit und CPU-Zeit oder zu den bisherigen Kosten ,angegeben. Dann kann der Benutzer wählen, ob er die Recherchesitzung endgültig beenden will oder nur mit einer neuen Suchfrage in derselben oder einer anderen Datenbasis fortfahren bzw. neu starten will.

4. Retrievalfunktionen

Der Hauptteil der Recherche wird sich mit dem Auswählen der Suchwörter und Suchelemente, dem Formulieren der Suchfrage und der Einengung oder Verbreiterung der Suchergebnisse befassen. Hierbei sind natürlich starke Abhängigkeiten von den vorhandenen Kategorien der Datenbasis zu beachten. Gibt es ein Abstract oder ist nur der Titel invertiert? Wurde zur Auswertung ein kontrollierteres Vokabular verwendet, und welche Kategorien sind mit ins Wörterbuch aufgenommen bzw. für welche Kategorien gibt es Wörterbücher? Diese Fragen bestimmen wesentlich den Rechercheablauf.

Wörterbucheinblick und Auswählen der Suchelemente

Das Wörterbuch enthält normalerweise die verschiedenen Suchwörter mit Häufigkeitsangaben zum Vorkommen in Dokumenten. In DIRS2 wird mit dem BROWSE-Kommando im Deskriptorenbestand bzw. in den einzelnen Kategorie-Indexen geblättert. Durch Ankreuzen können am Terminal geeignete Suchelemente ausgewählt werden. Sind in bestimmten Datenbeständen noch Zusatzinformationen zu den Deskriptoren gespeichert, können diese ebenso angezeigt werden wie die Hierarchiestruktur eines Thesaurus. Weitere Funktionen sind die Selektion von Begriffen mit einer beliebigen Maske sowie die Übersetzungfunktion von Begriffen. Angekreuzte Deskriptoren werden automatisch in eine Profiltabelle übernommen und können später durch Angabe der Tabellennummer angesprochen werden.

In Dialog zeigt das Kommando "EXPAND..." 20 nummerierte Begriffe zu dem Eingangsbegriff. Gleichzeitig wird auf (äquivalent oder hierarchisch) verwandte Begriffe aus einem Thesaurus hingewiesen. Die Wörter können jetzt direkt mit ihrer Nummer angesprochen werden, sei es, um die verwandten Begriffe zu erforschen, oder sei es, um sie mit "SELECT..." für eine weitere Verwendung bereit zu halten. Wird mehr als ein Begriff von jeweils 51 gezeigten Wörtern (maximale Ausdehnung eines EXPAND-Kommandos) notiert, werden diese automatisch mit logisch ODER verbunden. Wörter können rechts-trunkiert werden und in Wortinneren ist außerdem ein einzelnes variables Zeichen erlaubt.

ORBIT zeigt beim Wörterbucheinblick zuerst nur 5 Begriffe, die dann in jeder Richtung erweitert werden können. 5 Begriffe scheinen für einen ersten Überblick nicht auszureichen. Ausgewählte Begriffe müssen neu eingetippt werden, werden dann tabelliert und können dann mit der Tabellennummer angesprochen werden.

Insgesamt wirken sich hier die hardware-mäßigen Beschränkungen der amerikanischen Systeme stark aus. Das Blättern im Wörterbuch ist doch zeitaufwendiger. Bei der Auswahl der Suchelemente und der Einbeziehung eventuell vorhandenen kontrollierten Vokabulars weist besonders ORBIT Nachteile auf.

Verknüpfung der Suchelemente und Suchfragenverarbeitung

Die verschiedenen ausgewählten Suchelemente werden mit logischen Operatoren verknüpft, und die Datenbasis wird nach der Zahl der Zitate auf diese Suchfrage hin abgefragt. Gleichzeitig werden die Adressen der Zielinformationen ermittelt.

In DIRS2 sind bei der Suche mit dem SEARCH-Kommando als Hauptsuchelemente die Deskriptoren (feste oder freie), eine Tabellennummer aus einem BROWSE-Eintrag oder die Nummer eines früheren Suchkommandos zugelassen. Selektierende Operatoren, die als Zusatzinformation in der invertierten Datei gespeichert sein können (z.B. Jahr, Sprache, Gewichtung), sollten nur in Zusammenhang mit Hauptsuchelementen gesucht werden, entweder als zusätzlich qualifizierende Angaben oder als ausschließlich qualifizierende Angaben. Weiterhin ist die Suche nach einzelnen Kategorien (AU (AU(tor)=Smith,XX) sowie die Verknüpfung mehrerer Thesaurusbegriffe möglich. Bei der Vorgabe eines strukturierten Thesaurus können die hierarchischen Stufen über oder unter dem Suchbegriff mit einbezogen werden. Die Anzahl der möglichen Stufen ist dabei frei wählbar. Ohne weitere Angabe werden diese durch logisch ODER verknüpft. Die Suchoperanden können mit AND, OR, AND NOT in beliebiger Reihenfolge verknüpft werden, wobei die Bindungsstärke von AND über AND NOT nach OR abnimmt. Diese Prioritäten können jedoch durch Klammerung umgangen werden. Werden mehrere Suchelemente mit dem gleichen logischen Operator verknüpft, so kann die sogenannte Polnische Notation angewendet werden, um den Schreibaufwand zu verringern. Nur bei den Operatoren OR und AND wird hierbei der Operator nur einmal vor die durch Semikolon getrennten einzelnen Suchbegriffe gestellt. (Aus "XXXXX AND YYYYY AND ZZZZZ" wird "AND XXXXX, YYYYY, ZZZZZ"). Auch die Ausklammerung gemeinsamer Operanden ist möglich. (Aus "AU=Smith OR AU=Schmidt OR AU= Schmitt" wird "AU = (OR Smith, Schmidt, Schmitt)"). Zusätzlich zu der Suche mit logischen Operatoren sind bei Zahlenwerten in den Suchelementen (Publikationsjahr, Datenbasis-Eingabemonat) auch Vergleichsoperatoren erlaubt. Bei der Suche mit Freitextwörtern (Stichwörtern) kann genau bestimmt werden, welchen Abstand zwei Suchbegriffe im Text haben sollen (unmittelbare Folge, bestimmter Abstand, maximaler Abstand oder beliebiger Abstand). Diese Kontextabfrage kann noch mit weiteren Bedingungen verbunden sein, z.B. kann sie auf ein bestimmtes Feld oder auf einen Satz eingeschränkt werden. DIRS2 erlaubt, die Suchbegriffe zu maskieren und sieht dabei die Möglichkeit der Endmaskierung (right hand truncation), der fixen oder variablen Frontmaskierung (left hand truncation), das Ersetzen eines unbekannten Zeichens sowie die kombinierte Maskierung mit der Bezeichnung "floating stem" vor. Auch serielle Zeichenkettensuche in allen, vor allem aber in den nicht invertierten Feldern ist als Feinrecherche möglich.

Das ORBIT-System ist nach dem Starten sofort im Suchmodus, braucht also nicht gesondert aufgerufen zu werden. Bei einer normalen Suche werden nur die Suchwörter mit den logischen Operatoren aneinandergereiht. Klammerung ist nicht erlaubt, weshalb komplizierte logische Ausdrücke nur über Aufspaltung in mehrere Teilfragen möglich sind. Die Begriffe können für ein oder mehrere Zeichen rechts trunkiert werden. Dabei kann man die Zahl der angehängten variablen Zeichen begrenzen. Weiterhin ist auch die Einschränkung auf bestimmte Kategorien möglich. Nur als Feinrecherche ist die Möglichkeit der Zeichenkettensuche mit "STRINGSEARCH" gegeben (eingeschränkt auf einen Satz SENSSEARCH). Diese Rechercheart wird auch nur für jeweils sehr wenige (30-60) Dokumente ausgeführt. Danach wird gefragt, ob das System weitersuchen soll. Das kann bei ca. 200 zu durchsuchenden Dokumenten aufwendig und lästig sein, weist aber ohne zu großen Kostenaufwand auf mögliche Schwächen in der Frageformulierung hin. Einschränkungen der Suche können über numerische Kategorien wie Datum etc. mit der Form FROM... THRU... vorgenommen werden.

In DIALOG werden die Operanden durch "COMBINE..." mit logischen Operatoren verbunden. Die Bindungsstärke nimmt hier von NOT über AND und OR ab. Klammerung ist erlaubt. Seit Anfang 1979 kann man auch die Auswahl der Suchelemente gleich mit der Kombination der Suchtermini verbinden - eine wesentliche Erweiterung des SELECT-Kommandos, das jetzt COMBINE mit einschließt. Bei der Freitextsuche kann in bestimmten Feldern die maximale Anzahl der Wörter zwischen den Begriffen angegeben werden, wobei allerdings die Suchbegriffe bisher nicht trunkiert werden können (vorgesehen für 1979). In allen anderen Fällen können die Suchbegriffe trunkiert werden. Daß die Zahl der ausgewählten Terms dabei auf 800 begrenzt ist, bleibt normalerweise ohne praktische Bedeutung. DIALOG erlaubt keine serielle Zeichenkettensuche. Eine Einengung des Retrievalergebnisses ist über bestimmte formatierte Felder möglich.

Zusammenfassend sind die wichtigsten Funktionen in DIRS2 und DIALOG etwa gleichwertig gut gelöst. DIRS2 bietet wohl im Detail etwas mehr Möglichkeiten, während bei ORBIT in Suchformulierung und Volltextsuche Einschränkungen beachtet werden müssen.

Speichern, Reaktivieren und Löschen von Suchfragen

Zwei wesentliche Aufgabenstellungen sind hier zu beachten: Eine ausgetestete Suchfrage kann als Dauerfrage zum SDI eingesetzt werden, indem sie entweder automatisch in bestimmten Zeitabständen aufgerufen oder bis zur nächsten Terminalsitzung gespeichert wird. Zweitens, und das besonders in Systemen mit vielen fachlich aneinandergrenzenden Datenbasen, möchte man eine an einer Datenbasis schon erarbeitete Suchfragenformulierung auch ohne aufwendiges Neueingeben auf anderen Datenbasen anwenden.

In DIRS2 werden benutzereigene Profildateien gespeichert. Diese sind entweder temporär,dann werden sie am Ende der Terminalsitzung wieder gelöscht, oder sie bleiben eine bestimmte Zeit erhalten und können jederzeit wieder reaktiviert werden. Mit dem TAB-Kommando wird der aktuelle Stand der Profiltabelle erfragt, in der nun die bereits verarbeiteten Suchfragen und/oder die ausgewählten Deskriptoren gespeichert sind. Dabei kann man die Anzeige auf Teile der Tabelle beschränken. Ein vollständiges oder teilweises Löschen der Tabelle ist möglich. Für die SDI-Verarbeitung braucht im Ausgabekommando (siehe nächsten Abschnitt) nur der Zeitraum vordatiert zu werden, um ein monatlich erneutes Abarbeiten der Frage zu erreichen. Datiert man den Zeitraum zurück, bedeutet das eine Batchsuche in der Rest-Datenbasis. Vor längerer Zeit abgelegte Suchfragen können wieder in die aktuelle Profiltabelle zurückgeholt werden, auch für die Suche in anderen Datenbasen.

Bei ORBIT können überhaupt nur 25 Fragen in der temporären Datei gespeichert werden (11). Man kann alle bisherigen Suchfragen einsehen, diese löschen oder einige aussortieren, die neu nummeriert werden. Mit "STORE-SEARCH..." werden Fragen von Datenbasis zu Datenbasis hinübergerettet und mit RECALL wieder aufgerufen (12). Diese Suchfragen werden beliebig lange aufgehoben, müssen also auf Wunsch vom Benutzer gelöscht werden. Die gespeicherten Suchfragen können mit oder ohne Suchstrategie jeder Zeit angesehen werden.

Auch bei DIALOG ist jederzeit ein Rückblick auf die bisherige Suchstrategie möglich. Die Suchfragen können auch für spätere Benutzung in derselben oder einer anderen Datenbasis gespeichert werden. Suchbegriffe und Suchfragen werden aufgelistet und können jederzeit mit EXECUTE STEPS... ganz oder teilweise aufgerufen, ausgeführt und auch geändert werden. Ein Suchprofil wird aber nur als Ganzes gelöscht. Suchfragen können als monatlicher SDI-Batchlauf nur in ca. 10 der 100 Datenbasen verarbeitet werden.

Insgesamt sind diese für häufige Benutzer wichtigen Fragestellungen von allen Systemen befriedigend gelöst. Bei den amerikanischen Systemen wurden dabei erst in den letzten beiden Jahren die Bedeutung solcher Funktionen erkannt und ausgefeilte Lösungsmöglichkeiten entwickelt.

5. Ausgabefunktionen

Die Dokumente, die als Zwischenergebnis oder als Endergebnis einer Suche gefunden wurden, können entweder während der Terminalsitzung selbst noch angesehen und ausgegeben werden (Online-Ausgabe) oder im Anschluß an die Suche als Batch-Prozeß (Offline-Ausgabe). Wichtige Fragen sind bei der Anzeige und Ausgabe z.B.

- kann man aus dem Rechercheergebnis die tatsächlich zu druckenden Dokumente auswählen?
- sind nur bestimmte Ausgabeformate vorgegeben?
- können die Ausgabekategorien vom Benutzer selbst bestimmt werden?
- in welcher Reihenfolge werden die Dokumente ausgegeben und kann man im Ergebnis online beliebig blättern?
- kann man die Ausgabe jederzeit unterbrechen?

Anzeige/Ausgabe online

Besonders bei der Ausgabe üben die technischen Gegebenheiten einen starken Einfluß aus: Bei einem Fernschreibterminal oder einem Bildschirm mit angeschlossener Hardcopy-Einheit kann das Suchergebnis sofort auf Papier übertragen werden. Das ist nur bei der Ausgabe von wenigen Dokumenten sinnvoll oder wenn besondere Eile bei der Weiterverwendung geboten ist. Die relativ langsame

Online-Ausgabe größerer Datenmengen kann die Recherchekosten wesentlich erhöhen. Bei der Recherche mit Fernschreibterminals ist als besonderer Vorteil zu werten, daß nicht nur die Ergebnisse sofort on-line ausgegeben werden können, sondern auch automatisch eine Protokollierung des gesamten Suchvorgangs vorhanden ist.

In DIRS2 kann man sich das Suchergebnis jedes beliebigen Suchkommandos in der Profiltabelle auf dem Bildschirm anzeigen lassen. Die Auswahl der Dokumente nach Blöcken oder nach Nummernabstand (z.B. jeder 5.) ist möglich, wobei die höchste Dokumentnummer zuerst ausgegeben wird: last in - first out = LIFO). Die Anzeige kann auf bestimmte Dokumentenabschnitte beschränkt und auch beliebig unterbrochen werden. DIRS2 bietet darüber hinaus noch die quasi-beliebige Ausgabe und Weiterverarbeitung des Suchergebnisses durch einen im Gesamtsystem GRIPS enthaltenen Listenreport-Generator an.

DIALOG kennt je nach Terminalart zwei Kommandos zur Online-Ausgabe. Nach LIFO-Reihenfolge können bei beiden Befehlen nummerierte Dokumente oder Nummernbereiche angezeigt werden. Das Ausgabeformat muß aus über 10 angebotenen Formaten mit unterschiedlicher Zusammenstellung der Felder ausgewählt werden. Dies verringert den Schreibaufwand (nur Eintippen der Formatnummer), bedingt aber auch eine Einschränkung der Zusammenstellungmöglichkeiten.

ORBIT dagegen bietet sowohl Standardformate als auch beliebige Feldkombinationen an. Die Anzahl der Felder der Standardformate kann vergrößert oder verkleinert werden. Weitere ORBIT-Funktionen sind: Zuletzt eingegebene Dokumente werden als erste angezeigt; Dokumente können aus dem Gesamtergebnis einer früheren Suchfrage sowohl positiv (nur bestimmte Dokumente sollen angezeigt werden) als auch negativ (Ausschluß von einzelnen Dokumenten) selektiert werden.

<u>Ausgabe offline</u>

Suchendergebnisse und auch längere Zwischenergebnisse werden meist aus Kostengründen im Rechenzentrum des Datenbankbetreibers ausgegeben und dem Benutzer zugeschickt.

In DIRS2 wird nach dem LIST-Kommando ein Formular auf den Bildschirm ausgegeben, in das der Benutzer die gewünschte Papiersorte, die Nummer der Suchfrage aus der Profiltabelle und die maximale Anzahl der Dokumente sowie weitere kleine Ausgabemodalitäten einträgt. Die auszugebenden Dokumente können nach Feldern sortiert werden. Hier kann auch durch die Angabe des abzudeckenden Zeitraumes gegenüber dem online vorliegenden Segment der Datenbasis eine Batch-Rückwärtsverarbeitung oder ein laufender SDI-Dienst erreicht werden.

In ORBIT und DIALOG sind zwar andere Kommandonamen als bei der Online-Ausgabe anzugeben, die Funktionen und Parameter werden aber äquivalent übertragen. Außerdem ist auch die Sortierung nach Kategorieinhalten möglich. SDC/ORBIT bietet zusätzlich zur Ausgabe der Referate bei einigen Datenbasen noch die Besorgung von Kopien der Originaldokumente an (Electronic Maildrop System). Die Kopien werden innerhalb von 48 Stunden nach der Terminalsitzung von einer Literaturversorgungsstelle (Depot) in den Postweg gegeben.

6. Hilfsfunktionen

In allen Retrievalsysystemen sind Funktionen eingebaut, die den Benutzer beim Dialog unterstützen sollen. Dazu gehört die Abfrage von Systemneuigkeiten über neu implementierte Datenbasen, über Datenbankspezifikationen und über Anschaltzeiten. Ein System sollte auch Unterstützung bieten können, wenn der Benutzer im Dialog die Funktion eines Kommandos nicht mehr genau kennt oder nicht mehr weiß, welches Kommando als nächstes eingegeben werden sollte. Auch sollte dem Benutzer angezeigt werden, wenn das System eine Eingabe von ihm erwartet. Die Möglichkeiten zur Korrektur von Tippfehlern, also Löschen und Ersetzen von Zeilen und Zeichen, machen ebenfalls den Komfort eines Systems aus. Die Anzeige der bisher verbrauchten Zeit und der anfallenden Kosten hilft dem Benutzer, einen Überblick über den Rechercheaufwand zu erhalten.

In allen drei Systemen können Erläuterungen zu den Kommandos und Informationen zu Systemänderungen und -neuigkeiten erfragt werden. Kommandoinformationen werden jedoch so wie in den Systemhandbüchern gegeben, so daß ein Blick ins Manual denselben Effekt hat. Bei den amerikanischen Systemen gibt es ein 'Inhaltsverzeichnis' zu den Erläuterungsmöglichkeiten: So zeigt DIALOG auch die absuchbaren Felder einzelner Datenbasen an. ORBIT gibt Unterstützung bei Schwierigkeiten in der Suchstrategie, wenn auch in etwas verallgemeinerter Art. Verbrauchte Zeit und Kosten können bei den amerikanischen Systemen jederzeit abgefragt werden, bei DIRS2 nur zu Ende der Recherche oder beim Wechsel der Datenbasis.

7. Zusammenfassung und Bewertung

Ein vollständiger Vergleich der Systeme ist natürlich nicht möglich ohne die Einbeziehung von Ausführungsparametern wie Antwortzeiten, CPU-Zeiten, Ausgabeformaten, Zahl und Qualität der gefundenen Zitate etc. (Über praktische Retrievalerfahrungen wird im dritten Band berichtet.)

Bei der Gegenüberstellung der 3 Systeme hat sich gezeigt, daß jedes System besondere Vorteile und Nachteile zu bieten hat.

Am ausgewogensten scheint wohl DIRS2 zu sein. Hier fallen besonders auf:

- die Sprache mit den wenigsten Befehlen
- eine sehr variable Freitextsuche
- große Ausgabeflexibilität
- die Möglichkeit der Einbeziehung eines strukturierten Thesaurus
- die "kleinen Erleichterungen" bei der Deskriptorauswahl und der Suchfragenformulierung,die dieses von vorneherein für den Bildschirm konzipierte System bietet.

Es bleibt anzuwarten, welche Kompromisse bei der Überleitung von DIRS2 nach DIRS3 gefunden werden, um sich ab Mitte 1979 den geringeren technischen Möglichkeiten der EURONET-Anfangsphase anzupassen.

DIALOG und ORBIT stehen DIRS2 kaum nach. Neben Schwachstellen wie der mangelnden Ausgabeflexibilität bei DIALOG und den Einschränkungen bei der Auswahl der Suchelemente und Suchformulierung bei ORBIT sind hier alle Funktionen übersichtlich und benutzerfreundlich enthalten. Diese Gleichwertigkeit wird auch von anderen Untersuchungen bestätigt (14,15,16,17).

Die individuelle Bewertung durch Benutzer wird auch stark davon abhängen, ob der angebotene Komfort überhaupt ausgenutzt werden kann oder gebraucht wird. Sogenannte "quick und dirty" Suchen, in denen man möglichst schnell (und damit billig) zu einem relativ ungenauen, meist umfangreichen Rechercheergebnis kommt, stehen ausgeklügelten Suchstrategien gegenüber, die alle angebotenen Hilfsmittel ausnutzen, um das Ergebnis einzuengen. Die amerikanischen Systeme waren von Anfang an - den Möglichkeiten und Notwendigkeiten der online-Retrieval Anfangsphase entsprechend - mehr auf die erste der Recherchestrategie eingestellt, haben sich aber in letzter Zeit besonders mit dem Angebot, ausgetestete Suchfragen aufzuheben und öfters einzusetzen, stark erweitert. Die Retrievalsysteme spielen zwar bei der Recherchestrategie neben Recherchevorbereitung und Datenbank-Qualität nur eine etwas kleinere Rolle, können den Ablauf der Suchstrategie aber stark beeinflussen.

Gefallen kann bei ORBIT auch der persönliche Stil der Systemantworten, der nach Aussagen von C. Cuadra (auf der 6. Cranfield Konferenz 1977) noch weiter gepflegt und zu einem "virtuellen Benutzersystem" ausgebaut werden soll. Damit ist gemeint, daß jeder Benutzer das Gefühl der alleinigen Datenbankbenutzung haben soll; er wird in seiner Sprache angesprochen, die für ihn gültige Tageszeit wird angezeigt, er braucht viele Dinge nicht jedesmal erneut einzugehen, denn das System weiß mit der Benutzerkennung sofort alle gewünschten Kommunikationsdetails.

In den letzten Jahren ist eine starke Annäherung der Funktionen zu erkennen, ein gewisser Standard für Retrievalsysteme hat sich herausgebildet. So ist es dann nicht verwunderlich, wenn für DIANE/EURONET ein "standard command set" als Obermenge der Funktionen empfohlen wird. Gleichen Funktionen sollen gleiche Kommandos entsprechen und umgekehrt, da es z.B. für den Benutzer mehrerer Retrievalsysteme ärgerlich ist, wenn identische Kommandowörter Ausführungsunterschiede in den Systemen ergeben. Die meisten kommerziellen Datenbankanbieter halten eine solche standardisierte Kommandosprache allerdings für unnötig (1). Es wird behauptet, der technische und organisatorische Aufwand sei zu groß und die Flexibilität, auf Benutzerwünsche einzugehen, nehme ab.

Die zunehmende Vernetzung der Informationsangebote erleichtert den Zugriff zu vielen Datenbanken und Retrievalsystemen. Bei ansteigenden Benutzerzahlen entwickelt sich vermutlich allmählich ein kritischeres Benutzerbewußtsein. Ein Hinweis darauf ist im Entstehen vieler Benutzergruppen (Benutzerbeiräte) in allen europäischen Ländern zu sehen. Eine der Aktivitäten dieser Benutzergruppen sollte darin bestehen, eine Vereinheitlichung der Dialogfunktionen hinsichtlich Benennung und Auswirkung zu fordern und auf eine Meinungsänderung bei den großen Datenbankanbietern hinzuwirken.

Literaturverzeichnis

1 Bemerkungen auf dem "online vendor panel". 2. online meeting, London, 5.-7. Dez. 1978

2 Brühl, G.; Meder, W.: Funktionenkatalog. Benutzungsseitige Anforderungen an Information Retrieval Systeme. Frankfurt: ZMD 1977. 217 S. - ZMD-A-30

3 Stellmacher, I.: Gestaltung benutzerfreundlicher Abfragesprachen. Entwicklungsunterlage MAJUS 2. Bonn: GMD 1976. 26 S.

4 Gebhardt, F.; Loosen, J.; Stellmacher, I.: Zielkonkurrenzen zwischen den Forderungen an eine benutzerfreundliche Abfragesprache. Entwicklungsunterlage MAJUS 6. Bonn: GMD 1976. 13 S.

5 DIRS2-Einführung. Vorläufige Ausgabe vom 1.4.1978. Köln: DIMDI 1978. 91 S.

6 DIRS2-Benutzerhandbuch. Vorläufige Ausgabe vom 1.4.1978. Köln: DIMDI 1978. 196 S.

7 A brief guide to DIALOG searching. 2 rev. ed. Palo Alto, Calif., US: Lookheed Febr. 1978. 62 S.

8 Pocket guide. DIALOG Palo Alto, Calif., US: Lookheed Nov. 1978. Faltblatt.

9 ORBIT-Commands. Quick user guide. Santa Monica, Calif., US: SDC Juni 1978. ca. 20 S.

10 Lawrence, B. (Bearb.); Prewitt, B.G. (Bearb.): On-line commands. A users quick guide for bibliographic retrieval systems. Philadelphia, Pa., US: NFAIS 1977. 2 S.

11 Stockey, E.A.; Basens, S.J.: An introduction to data base searching. A self-instructional maual. Philadelphia, Pa.,US: Drexel Univ. 1977. 112 S.

12 Bemerkungen auf den Product Review Sessions. 2. online meeting. London, 5.-7. Dez. 1978.

13 Houghton, B.; Convey, J.: On-line information retrieval systems. An introductory manual to principles and practice. London: Bingley 1977. 160 S.

14 Weiss, I.: Evaluation of ORBIT an DIALOG. Using 6 databases. Special libraries 67 (1976) 12, S. 574-581.

15 Rouse, S.H.; Lannom, L.W.: Some differences between three online systems. Impact on search results. On-line review 1 (1977) 2, S. 117-132.

16 Prewitt, B.G.: Searching the Chemical Abstracts Condonsates database via two online systems. Journal of chemical information and computer sciences 15 (1975) 3, S. 177-183.

17 Bement, J.H.: The new prices - some comparisons. Online 1 (1977) 2, S. 9-22.

Register

Das Register ist - von wenigen Ausnahmen abgesehen - ein Stichwortregister. Die Einträge sind durchgehend invertiert. In das Register wurden auch Eigennamen, zitierte Verfasser und Herausgeber, Institutionen, Abkürzungen und Programmsysteme aufgenommen. Das Register bezieht sich lediglich auf Band 2. Alle drei Register werden in Band 3 kumuliert.

Autorenverzeichnis

Dipl.-Math. Georg Barth
Gesellschaft für Information u. Dokumentation
- Sektion für Technik der Fachinformation und -kommunikation (GID-SfT) -
Herriotstraße 5
6000 Frankfurt/Main 71

Rüdiger Bernhardt
Gesellschaft für Information u. Dokumentation
- Sektion für Technik der Fachinformation und -kommunikation (GID-SfT) -
Herriotstraße 5
6000 Frankfurt/Main 71

Dr. Peter Bollmann
Technische Universität Berlin - VSH 9 -
Otto-Suhr-Allee 18/20
1000 Berlin 10

Klaus Brothun
Zentralarchiv für empirische Sozialforschung
Bachemer Straße 40
5000 Köln 41

Dipl.-Ing. Karl-Heinz Dreckmann
Betriebsforschungsinstitut
VDEh - Institut für angewandte Forschung GmbH
Sohnstraße 65
4000 Düsseldorf 1

Dr. Brigitte Endres-Niggemeyer
Informationszentrum der Gesellschaft für Information und Dokumentation (GID-IZ)
Lyoner Straße 44-48
6000 Frankfurt/Main 71

Ing.-grad. Walter Grothstück
DIN Deutsches Institut für Normung e.V.
DIN Informationssystem Technik Datenbanken
Postfach 11 o7
1000 Berlin 30

Dipl.-Soziologe Matthias Herfurth
Informationszentrum Sozialwissenschaften
Lennéstraße 30
5300 Bonn 1

Dipl.-Math. Hubert Hüther
Tecnische Hochschule Darmstadt
Fachbereich Informatik
Fachgebiet Datenverwaltungssysteme II
Alexanderstraße 22a
6100 Darmstadt

Dipl.-Informatiker Reinhard Jabben
Lehrinstitut für Dokumentation der Deutschen Gesellschaft für Dokumentation
Westendstraße 19
6000 Frankfurt/Main

Dr. Erhard Konrad
Technische Universität Berlin
- VSH 9 -
Otto-Suhr-Allee 18/20
1000 Berlin 10

Dr. Rainer Kuhlen
Lehrinstitut für Dokumentation der Deutschen Gesellschaft für Dokumentation
Westendstraße 19
6000 Frankfurt/Main

Dr. Horst Langendörffer
Institut für Informatik der Technische Universität München
Archisstraße 21
8000 München 2

Dipl.-Kfm. Ekkehard Mochmann
Zentralarchiv für empirische Sozialforschung
Bachemer Straße 40
5000 Köln 41

Dr. Friedrich Rau, M.A.
Zentralarchiv für empirische Sozialforschung
Bachemer Straße 40
5000 Köln 41

Dipl.-Phys. Hans Eberhard Seelbach
Kayser-Threde GmbH
Würmtalstraße 3
8000 München 70

Dr. Willy Siegler
Zentralbereich Förderung der Gesellschaft für Information und Dokumentation (ZBF-GID)
Lyoner Straße 44-48
6000 Frankfurt/Main 71